本书的出版得到了教育部首批"思想政治教育中青年杰出人才支持计划"资助支持

大学学科
文化管理研究

高山◎著

中国社会科学出版社

图书在版编目（CIP）数据

大学学科文化管理研究/高山著. —北京：中国社会科学出版社，2016.8
ISBN 978-7-5161-8821-7

Ⅰ.①大… Ⅱ.①高… Ⅲ.①高等学校—学科建设—文化管理—研究—中国 Ⅳ.①G642.3

中国版本图书馆 CIP 数据核字（2016）第 205133 号

出 版 人	赵剑英
责任编辑	喻　苗
特约编辑	胡新芳
责任校对	任晓晓
责任印制	王　超

出　　版	中国社会科学出版社
社　　址	北京鼓楼西大街甲 158 号
邮　　编	100720
网　　址	http://www.csspw.cn
发 行 部	010-84083685
门 市 部	010-84029450
经　　销	新华书店及其他书店
印　　刷	北京君升印刷有限公司
装　　订	廊坊市广阳区广增装订厂
版　　次	2016 年 8 月第 1 版
印　　次	2016 年 8 月第 1 次印刷

开　　本	710×1000　1/16
印　　张	15
插　　页	2
字　　数	215 千字
定　　价	58.00 元

凡购买中国社会科学出版社图书，如有质量问题请与本社营销中心联系调换
电话：010-84083683
版权所有　侵权必究

序

　　学科是大学赖以生存和发展的基础，是大学实现人才培养、科学研究、社会服务和文化传承创新四大职能的平台和竞争力的基础，也是大学赖以生存和发展的核心。学科文化的形成是学科成熟的标志，它促进着学科建设与发展，并能为学科建设与发展提供不易被模仿、最基本与最持久的竞争优势。然而现实情况是，不同学科由于价值取向的不同、符号系统的差异和思维方式的独特，带来了学科文化之间的隔阂、矛盾与冲突，严重制约着学科建设与发展水平的提升和大学的可持续发展。

　　基于长期的理论关切和迫切的现实需要，笔者在全面梳理已有研究成果，客观分析国内外大学学科文化管理实践经验的基础上，撰写了《大学学科文化管理研究》一书，力图为广大高校管理者提供理论借鉴，为高校学科建设建言献策。

　　本书从大学管理者的视角出发，综合运用管理学、教育学、社会学、心理学等学科理论知识，结合大学学科文化的独特性，界定学科文化研究范畴，理清学科文化的层次结构，构建学科文化体系，探明学科文化的异质来源，分析学科文化的异质表现，探讨协调学科文化异质性的融合与创新的模式，同时在比较分析的基础上，归纳出企业文化管理对学科文化管理的启示。通过开展问卷调查与统计分析，克服以往对大学学科文化定量研究较少的短板，提出学科文化建设的影响因素模型，探索大学管理模式下学科文化建设的策略和实施途径。

　　本书的写作，始于2006年的博士学习阶段，其间，笔者参考了国内外有关书籍、文献和资料，尽可能地征求了学术界相关专家学者的意见和建议，进行了一些多学科的专家访谈，以完善本书的理论架构和研究内容。在此谨向为本书写作提供支持帮助的人士表示衷心感谢，也希望有更多的同人来关心、研究和探讨大学学科文化管理问题，共同探索具有中国特色的世界一流学科建设之路，积极推动我国高等教育改革与发展。同时，限于笔者的研究水平，书中仍有许多待完善之处，恳请同人、读者批评指正。是为序。

目 录

第一章 绪论 …………………………………………………… (1)
  一 研究背景及意义 ……………………………………… (1)
    （一）研究背景 ……………………………………… (1)
    （二）研究意义 ……………………………………… (2)
  二 相关领域的国内外研究 ……………………………… (7)
    （一）关于大学文化的研究 ………………………… (7)
    （二）关于学科文化内涵的研究 …………………… (12)
    （三）关于学科文化管理的研究 …………………… (20)
  三 研究思路与方法 ……………………………………… (24)
    （一）研究思路 ……………………………………… (24)
    （二）研究方法 ……………………………………… (24)
  四 本书架构 ……………………………………………… (26)

第二章 文化管理理论基础 ……………………………………… (28)
  一 文化及文化管理的内涵 ……………………………… (28)
    （一）文化 …………………………………………… (28)
    （二）文化管理 ……………………………………… (30)
  二 文化管理的产生与发展 ……………………………… (31)
    （一）文化管理的产生 ……………………………… (31)
    （二）文化管理的发展 ……………………………… (34)
  三 文化管理理论的多学科分析 ………………………… (41)
    （一）从管理学角度分析文化管理理论 …………… (41)

（二）从心理学角度分析文化管理理论……………………（46）
　　（三）从社会学角度分析文化管理理论……………………（48）
　　（四）从组织行为学角度分析文化管理理论………………（50）
　　（五）从系统论角度分析文化管理理论……………………（52）
　四　文化管理的作用…………………………………………（55）
　　（一）文化管理是提高企业竞争力的根本手段……………（55）
　　（二）文化管理是管理智力资本的基本要求………………（56）
　　（三）文化管理是提升企业商誉的主要保证………………（56）

第三章　学科文化体系的构建…………………………………（58）
　一　学科的概念………………………………………………（58）
　二　学科文化的概念…………………………………………（60）
　　（一）学科文化的内涵………………………………………（60）
　　（二）学科文化与大学文化的联系…………………………（62）
　　（三）学科文化与大学文化的区别…………………………（62）
　三　学科文化的特点…………………………………………（62）
　　（一）学术性…………………………………………………（62）
　　（二）内隐性…………………………………………………（63）
　　（三）独特性…………………………………………………（63）
　　（四）多样性…………………………………………………（64）
　　（五）稳定性…………………………………………………（64）
　四　学科文化的构成要素分析………………………………（64）
　　（一）学科文化的组成要素…………………………………（64）
　　（二）学科文化要素及作用分析……………………………（67）
　　（三）学科文化的构成要素之间的相互关系………………（74）
　五　学科文化的层次结构模型………………………………（78）
　　（一）学科物质文化…………………………………………（79）
　　（二）学科行为文化…………………………………………（79）
　　（三）学科制度文化…………………………………………（81）
　　（四）学科精神文化…………………………………………（82）
　六　学科文化的功能及实现…………………………………（83）

（一）导向教化功能 …………………………………… (83)
　　　（二）激励约束功能 …………………………………… (84)
　　　（三）凝聚维系功能 …………………………………… (86)
　　　（四）辐射传播功能 …………………………………… (86)
　七　本章小结 ……………………………………………… (89)

第四章　学科文化的差异融合与创新 …………………… (91)
　一　学科文化异质性 ……………………………………… (91)
　　　（一）学科文化异质性的来源 ………………………… (91)
　　　（二）学科文化异质性的表现 ………………………… (95)
　二　学科文化融合 ………………………………………… (101)
　　　（一）学科文化融合的含义 …………………………… (103)
　　　（二）学科文化融合的制约因素 ……………………… (103)
　　　（三）学科文化融合的过程 …………………………… (105)
　　　（四）学科文化融合模式 ……………………………… (106)
　三　学科文化创新 ………………………………………… (107)
　　　（一）学科文化创新的含义 …………………………… (108)
　　　（二）学科文化创新的价值 …………………………… (111)
　　　（三）学科文化创新的过程 …………………………… (113)
　四　本章小结 ……………………………………………… (117)

第五章　企业文化管理对学科文化管理的启示 ………… (120)
　一　企业文化管理理论概述 ……………………………… (120)
　　　（一）企业文化的内涵 ………………………………… (120)
　　　（二）企业文化的功能 ………………………………… (122)
　　　（三）企业文化与企业核心竞争力之间的关系 ……… (124)
　　　（四）企业文化的差异与融合 ………………………… (125)
　　　（五）企业文化的变革与创新 ………………………… (128)
　二　企业文化管理与学科文化管理的联系 ……………… (129)
　三　企业文化管理与学科文化管理的区别 ……………… (132)
　四　企业文化管理对学科文化管理的启示 ……………… (133)

五　本章小结 ………………………………………………（135）

第六章　学科文化管理的实证分析 ……………………………（136）
　　一　调查的背景及目的 ……………………………………（136）
　　　　（一）问卷调查背景 …………………………………（136）
　　　　（二）问卷调查目的 …………………………………（137）
　　二　调查问卷的设计 ………………………………………（137）
　　　　（一）问卷编制流程 …………………………………（137）
　　　　（二）问卷主要内容 …………………………………（139）
　　三　调查的实施 ……………………………………………（140）
　　　　（一）问卷的发放与回收 ……………………………（140）
　　　　（二）样本构成 ………………………………………（140）
　　四　调查结果实证分析 ……………………………………（141）
　　　　（一）问卷的信度与效度分析 ………………………（141）
　　　　（二）学科文化的观念与态度分析 …………………（142）
　　　　（三）学科文化管理影响因素分析 …………………（144）
　　五　本章小结 ………………………………………………（178）

第七章　完善学科文化管理的对策 ……………………………（180）
　　一　明确学科文化发展战略 ………………………………（180）
　　　　（一）学科文化建设的指导原则 ……………………（181）
　　　　（二）学科文化建设的战略定位 ……………………（183）
　　　　（三）学科文化建设的实施途径 ……………………（184）
　　二　完善学科文化管理环境 ………………………………（186）
　　　　（一）调整大学组织结构 ……………………………（187）
　　　　（二）建立大学学术交流制度 ………………………（189）
　　　　（三）协调学术权力与行政权力 ……………………（190）
　　三　加强学科文化管理监督检查 …………………………（193）
　　四　制定学科文化管理宣传机制 …………………………（193）
　　五　构建学科文化管理评估反馈机制 ……………………（194）

访谈实录 …………………………………………（196）

参考文献 …………………………………………（217）

后　记 ……………………………………………（230）

第一章 绪论

一 研究背景及意义

（一）研究背景

人类社会进入21世纪以来，科学技术发展日新月异，知识经济已见端倪，国力竞争日趋激烈。在当今知识经济时代，以知识的生产、传播和应用为主要活动内容的大学（特别是研究型大学）逐渐由社会的边缘地带不断向轴心转移，并在经济发展、社会进步中日益发挥着举足轻重的作用。现代大学是科学研究和技术开发的重要基地，是培育新思想、新理论、新知识的肥沃土壤，是培养创新型、高层次、高素质人才的摇篮，是发展知识经济、提高综合国力的基础和依托。面对新的时代特点和日趋激烈的国际竞争，世界主要发达国家和新兴工业国家都将高水平大学建设作为提高综合国力、增强科技创新能力和迎接知识经济挑战的战略举措。

纵观国内高等教育形势，我国高等教育基本形成了多元、开放和竞争的办学格局。随着高等教育大众化时代的提前到来，市场经济体制的确立和大学办学自主权的落实，以及大学之间竞争的日趋激烈，各高校都在积极研究和制定自身的发展战略。在全球化趋势和可持续发展的背景下，国内大学正从"扩招、扩建的外延时代"逐步走向"管理、提升的内涵时代"。大学发展也正沿着规模竞争、质量竞争、品牌竞争、文化竞争四个台阶拾级而上。目前，我国高等教育改革与发展正处于关键时期，高等教育面临着世界多极化、经济全球化、知识经济化、教育大众化、信息数字化等因素的冲击。大学如何确定科学合理的战略目标，如何制定科学有效的战略规划并付诸实施，如何使大学更具有竞争力而不断走向卓越，成为我国大学面临的最重要的现实问题。

（二）研究意义

学科是承载大学教学、科研、社会服务和文化传承四大职能的平台和大学竞争力的基础，也是大学赖以生存和发展的核心。大学的声誉源于学科的活力，大学在某种意义上说就是不同学科的集合，学科集中体现大学的人文观念、科学精神和学术制度，学科广泛调动大学资源实现汇聚队伍、凝练方向和创新机制，学科的结构布局、服务功能、创新机制和发展活力决定了大学的办学质量和学术水平。作为国家创新体系中重要的创新子系统，大学的知识传播与知识创新也是依托学科来实现的。

学科建设是大学建设的核心，是提高大学核心竞争力的根本保证。作为高等学校长期性的系统工程，学科建设是学校赖以生存和发展的关键，是大学发展的原动力，也是衡量一所大学办学质量、办学层次以及办学理念的重要标志。目前，学科、学科建设对于大学的重要性已引起人们的广泛关注，学科在高等教育领域已成为一个耳熟能详的高频词。不论是教育行政机关还是高等学校，只要一谈高教改革必谈学科建设。在我国，从宏观范围来看，以学科点建设、学科结构调整、学科布局规划为重要内容的教育改革正日渐深入；从微观层面看，高校内部的学科发展规划、学科点建设、学术梯队建设、基地建设、项目建设等引起了高校的高度重视。在这种实践背景下，学科的理论研究显得更加重要。但总体看来，关于学科建设的理论研究相对薄弱，对学科这一大学最基本的问题仍然缺乏系统的理论研究和有力的理论支撑。

文化是社会发展的产物，是人类在社会历史实践中所创造的精神财富和物质财富的总和。文化属于上层建筑范畴，是思想意识、价值观念、社会制度等的综合反映。教育是人类文化成果的表现形式之一，文化对教育起指导和引导作用，教育对文化起传承和推动作用。文化力是指在经济活动中以人为主体,并通过人们的活动整合所显示出来的综合力,其核心是人的素质在经济、文化、科技和社会生活领域所表现出来的创造性能量。文化力已成为综合国力的重要组成部分。江泽民同志曾指出,"有中国特色社会主义的文化,是凝聚和激励全国各族人民的重要力量,是综合国力的重要标志"。党的十六届六中全会明确提出了建设"和谐文化"的重大任务。十七大报告中也明确提出要"推动社会主义文化大发展大繁荣"。

大学文化是社会文化的重要组成部分,受社会文化的影响和制约,又对社会文化起反作用。作为社会文化的一种区域性文化,大学文化是社会文化和大学教育交相发展的产物。作为一种独特的社会文化形态,大学文化主要凝聚于大学在长期的教育和办学实践中积淀和形成的深厚的文化底蕴之中,是大学精神文化、大学学术文化、大学制度文化和大学环境文化的总和。大学文化同一般意义上的校园文化有联系也有区别,它是具有特定意义的校园文化,是内涵和外延更加深厚的校园文化,是最高层次的校园文化。近年来,大学文化开始引起人们的日益关注,并逐渐在大学人才培养和社会文化发展中发挥着无形而巨大的作用,相关研究成果层出不穷。学术界普遍认为,大学文化是大学的核心竞争力之一,已成为高校发展战略的重要组成部分。大学文化建设也是发展具有中国特色的社会主义先进文化的重要内容。

大学是由多种多样的学科组成的,不同学科本身的特性形成了不同的学科文化,不同学科知识本身的品性使得不同学科成员之间形成了专业化的语言、认知传统上的风格、不同的思维方式和情感模式。学科文化作为学科建设和发展中所形成的独特的语言形式、价值标准、伦理规范、思维方式和行为准则,是学科发展中一种无时不在、无所不在的精神。从学科文化的角度看,每门学科都形成了自己独特的学术传统、价值信念和研究范式。学科文化一方面是学科发展的标志,促进学科建设;是学科成熟的标志,推动学科的交叉、融合和创新。另一方面,学科文化又是大学文化最直接的源泉和动力,大学文化建设要以学科文化建设为基础。学科文化也是学科的生长环境,它能为学科发展提供不易被其他院校所模仿的、而且是最基本与最持久的竞争优势。

2007年3月20日,中国科协举行"2007中国科协学术建设发布会",发布我国《学科发展报告》,认为"学科间交叉渗透融合趋势日益明显""我国学科发展整体水平仍需大幅提升"等6个方面是我国学科领域发展的主要特点及趋势。目前,学科问题在高等教育领域已经引起了广泛的重视,国内高校普遍已将学科建设作为各项事业发展的龙头来抓,但在实践和探索过程中过多地将重心放在学科梯队建设、学科条件建设和学科研究建设方面,忽视了学科作为功能单位的文化建设。事实上,学科文化因为其潜隐性特征而常被人们忽视,作为学科深层理念的学科文化研究也还没有引起国内学术界的足够重视。鉴于学科文化建设在学科建设中具有不可替代的地位与作用,如何推动大学学科文化建设就成了一个亟待解决的重大理论和实践问题。

从大学文化的角度来看,一所大学的学科结构就形成了若干个相互交叉和相互重叠的"文化圈"。大学内部的学科文化传播着不同的思维方式、价值标准,形成了不同的文化氛围和历史传统,并且相互碰撞、交叉和渗透。在大学,影响人的主要因素不是已经高度专门化的学科专业知识,而是学科所代表的背景文化。学科及学科文化的多元性是科学体系日益发达的重要标志。随着学科的不断专门化与分化,学科文化的分化愈加强烈,学科文化的多元性更加突出。大学学科的多样性和综合化趋势,为学科文化的多元化提供了依据。学科文化的多元化又是院校文化形成和发展的重要来源。不同学科由于价值取向的不同、符号系统的差异和思维方式的独特,带来了学科文化之间的隔阂、矛盾与冲突,因此需要协调、整合这些多元的学科文化,使之互相交流、借鉴,和谐发展。世界一流大学学科结构的综合化趋势表明,多元化的学科文化是大学发展的重要动力。如何深刻认识学科文化差异,化解学科文化冲突和矛盾,推进多元化学科文化整合,使其既有利于本学科的深化与发展,又有利于不同学科之间的交叉融合,同时还有利于维系大学组织的发展,是大学管理者面临的一个重要课题。

伴随着经济的全球化,文化全球化亦不可避免,文化全球化和文化多元化并存。世界大学学科文化日益走向沟通与互动,互相整合与重构,不断融合与创新。在大学文化相互激荡和激烈竞争中,国内大学学科文化如何锻造出强健的体魄以抵御"强势"的西方学科文化的侵蚀而避免同化?在全球学科文化格局中,如何展现自己解决学科文化诸多问题的独特功能，为世界高等教育的进步和发展做出自己应有的贡献？如何应对这些变化的挑战，以便使自身更好地适应不断发展变化的现实世界？这些也是我国大学无法回避和亟待解决的时代课题。

在学科形成与成熟的过程中，学科文化是学科成熟的重要表征。一个研究领域成为学科，主要是因为其具有特定的研究对象、研究方法和手段、独特的思维方式以及较为成熟的概念体系等内容。一个学科通过不断地与其他学科划清界限，并吸收其他学科的优秀成果，促使学科不断分化并向纵深发展，一些新的分支学科、新的研究成果以及新的有探索价值的研究领域便随之产生。学科文化在传播过程中，会不断促使学科向纵深和横向发展。首先，学科文化不仅是构建学科的基石，而且一旦形成，就会成为学科发展的内在动力和源泉，不断促使学科向纵深发展；其次，学科文化的交叉碰撞与融合，促使一些交叉学科、边缘学科、综合学科、横断学科的形成。在现代科学技术的发展特别是高新科技的发展中，一些重大的科技成果往往产生于学科连续体中的多学科交叉曲面上。学科交叉融合的动力来源于不同学科文化的整合，不同学科文化互相渗透、交叉、移植、借鉴、碰撞、吸收，成为一种新的亚文化，推动着新兴学科、边缘学科、交叉学科的产生。因此，学科文化的形成和发展不是孤立因素作用的结果，而是一个多因素融合升华的过程。

大学学科文化研究是时代和社会发展对大学提出的要求，也是大学自身发展的需要。改革开放以来，我国高等教育获得长足发展，高等院校经过多次调整、合并、扩招、后勤社会化等改革，目前处于相对稳定的发展时期。企业文化研究对企业的快速发展发挥了至关重要的作用，而在文化特征最为明显的大学，作为大学文化重要子系统的学科文化研究显得尤为重要。一方面，目前科学和教育的战略地位已经被提到了前所未有的新高度，大学的进一步发展需要开展学科文化的研究；另一方面，当前高等教育面临着各式各样的变化与挑战，大学学科之间存在激烈的竞争，学科竞争力的此消彼长，新旧学科的频繁更替，大学要适应这种变化的形势，就需要有相应的文化理念作为指导，正确理解和把握运用大学学科理论科学指导大学的理性发展。今天，面对国内大学呈现出来的文化稀薄之势，从多学科视角出发，全面、系统地探讨与建构适合现代大学学科文化发展的逻辑及理论已迫在眉睫。

近年来，正值我国高等教育蓬勃发展的时期，作为长期学习、工作和生活在大学校园的人，笔者也耳闻目睹所在高校在建设研究型大学过程中所取得的突出成绩，深刻感受到大学文化建设和学科文化建设对于高校发展的重要意义。通过实地考察、文献调查、专家访谈和长期思考，也进一步感受到大学（特别是合并型综合性大学）发展过程中由于学科文化差异所导致的诸多矛盾和挑战。学科文化在学科建设中的地位与作用如何？如何理性认识学科文化差异？学科文化冲突有哪些表现形式？合并高校如何实现学科文化融合？如何调适行政权力与学术权力的冲突与矛盾？学科带头人在学科文化建设中的地位和作用如何？真正的大学管理者综合素质和产生模式是什么？如何推动大学学科文化创新，构建现代大学学科文化的新概念和新体系？诸如此类的问题多年来一直萦绕在笔者心中，挥之不去。2007年，笔者申报的湖南省哲学社会科学基金项目"大学学科文化创新研究"被批准立项，加之利用撰写学位论文的机会，决定对这一系列问题展开相对深入而全面的研究。以《大学学科文化管理研究》作为本书选题，希望一方面可以从理论上丰富人们对学科文化这一特殊文化实体的理论认知；另一方面，通过研究学科文化对学科建设、大学文化的影响和作用，有助于高校管理者根据自身情况，制定科学合理的学科文化可持续发展战略。

我国大学在从近代向现代过渡的历史演变过程中，已逐渐从社会生活的边缘走向社会生活的中心，成为社会发展的"轴心机构"。但是我国大学在百年发展过程中经历了太多的曲折和反复，致使我国的大学没有及时、积极地吸取其他国家卓有成效的大学文化思想，没有系统、科学地建设理性的、高格调的学科文化，因而存在着现实中的学科文化品位不高、学科文化理论不成熟等现象。理性认知中国的大学学科文化，重视和加强大学学科文化创新，可以促使人们对现实的文化现象进行深刻而理性的反思，认真地思考真正的大学应该是什么，真正的学科文化应该是什么，目前的学科文化应该进行哪些革新和改造，以营造和提升大学的文化品位，从而推动大学学科文化建设和管理。加强大学学科文化研究，不仅有利于深化学科建设和大学文化理论及其发展规律研究，而且对于推动大学文化的可持续发展、提高学科核心竞争力、重塑大学管理理念、深化大学内部管理体制改革，均具有十分重要的理论与实践意义。

二 相关领域的国内外研究

（一）关于大学文化的研究

曾几何时，大学研究世上各种科学，却很少研究大学自身。随着大学从象牙塔逐渐成为社会的轴心，社会对大学关注程度越来越高，对大学的研究正逐步深入到大学的各个层面。20世纪80年代，教育理论界开始对校园文化进行较为深入的研究，至90年代末期校园文化研究已日趋成熟。进入21世纪，在市场化、全球化、信息化的背景下，大学的基本属性、功能定位、办学宗旨同20世纪相比发生了深刻的变化。市场经济大潮给大学校园带来了前所未有的新气象的同时，也使大学出现了不同程度的人文精神滑坡和文化品位下降的现象。在长期的思考和探索中，人们发现大学需要找到一种起统摄作用的要素——大学的精神或灵魂。在这种背景下，学术界开始了对大学文化的研究。近年来，随着大学文化对于高校发展战略重要性的重新被认识，大学文化研究之热潮已悄然兴起。2002年9月，为了推动大学文化理论与实践研究，清华大学、北京大学和高等教育出版社共同发起成立了"大学文化研究与发展中心"（CRDUC），成为我国大学文化研究的专门学术机构。该中心旨在通过多种活动弘扬大学文化精神，促进大学文化品位和格调的提升，并通过大学文化研究和建设成果引导社会文化，推进先进文化的积累、传播和发展。自2002年至2010年，教育部已连续举办四届"中外大学校长论坛"，大学文化一直是论坛的热点主题。袁贵仁认为，"文化是一个大学赖以生存、发展的重要根基和血脉，也是大学间相互区别的重要标志和特征"[①]。

近年来，学术界对大学文化的内涵、功能、地位、发展对策产生了

[①] 袁贵仁：《加强大学文化研究，推进大学文化建设》，《中国大学教学》2002年第10期，第4—5页。

新的认识，相关研究成果层出不穷。学术论文是研究成果的最主要表现形式，代表着一个学科领域的研究水平，也反映了该领域的研究规律。为了从整体上反映我国在大学文化方面的研究状况，笔者利用《中国期刊全文数据库》（CNKI），以题名为检索途径，对 1994—2014 年期间有关大学文化方面的学术论文进行检索和分类统计，剔除部分无关文献后，共检出相关文献 1410 篇。各年度论文数量及变化趋势分别如表 1—1、图 1—1 所示。

表 1—1　1994—2014 年我国大学文化研究论文年度分布统计

年　份	1994	1995	1996	1997	1998	1999	2000
篇　数	3	0	2	1	1	10	10
百分比（%）	0.21	0	0.14	0.07	0.07	0.71	0.71
年　份	2001	2002	2003	2004	2005	2006	2007
篇　数	16	22	39	72	80	103	145
百分比（%）	1.13	1.56	2.77	5.11	5.67	7.30	10.28
年　份	2008	2009	2010	2011	2012	2013	2014
篇　数	175	167	151	134	112	93	74
百分比（%）	12.41	11.84	10.71	9.50	7.94	6.60	5.25

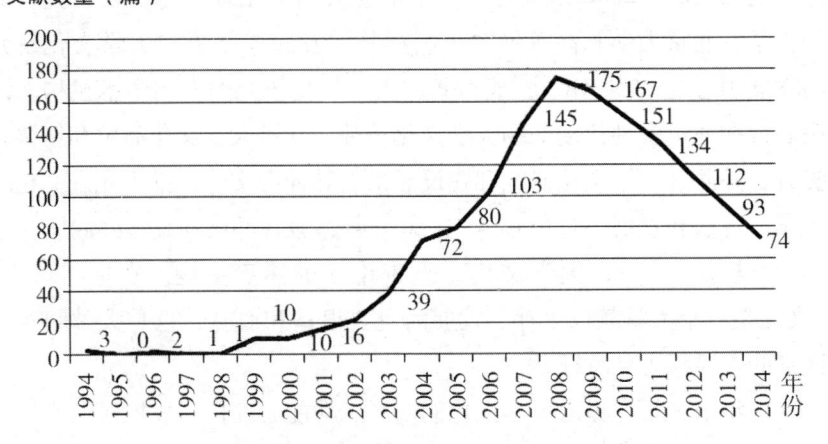

图 1—1　1994—2014 年我国大学文化研究论文随年代变化的曲线

从表1—1和图1—1可以得出以下基本结论：自1994—2000年，我国有关大学文化的论文数量不多，但从2001年开始，数量有了较大增长，2008年达到最高峰；大学文化相关文献量整体呈逐年上升趋势，表明大学文化已日益引起学术界的关注。

在研究专著方面，王冀生教授（2002）在《现代大学文化学》一书中，对大学文化所涉及的一系列基本问题进行了比较系统的论述，初步构建了大学文化学的基本框架。① 张建新和董云川（2006）在《大学文化的传承与创新——云南大学个案研究》中，以云南大学作为分析对象，对大学文化的理论基础、构成要素、建构机制进行了实证研究。② 申作青（2006）在《当代大学文化论——基于组织文化子系统视野的认知与探索》中，对教育文化、道德文化、学习文化等文化子系统展开了研究。③ 韩明涛（2006）的《大学文化建设》，探讨了大学文化建设的地位、作用、原则、对策与趋势。④ 方明（2007）的《现代大学制度论》则从高等教育发展过程中存在的问题入手，探讨了现代大学制度的本质、特征、结构和功能，分析了现代大学制度的构建模式和运行机制。⑤ 肖谦（2009）的《多视野下的大学文化》从大学文化内涵、中外大学文化历史与现状、大学文化建设指向与路径、大学文化建设案例等多个视角对大学文化的有关问题进行了理性探索。⑥ 蔡劲松（2009）所著《大学文化理论构建与系统设计》对大学文化建设的战略选择、大学文化传播系统及建设、大学文化建设指标体系设计等开展了创新性研究。⑦

在学位论文方面，阎光才（2002）的《识读大学——组织文化的视角》，选取大学这一独特的学术组织作为研究对象，对于大学组织文

---

① 王冀生：《现代大学文化学》，北京大学出版社2002年版。
② 张建新、董云川：《大学文化的传承与创新——云南大学个案研究》，云南大学出版社2006年版。
③ 申作青：《当代大学文化论——基于组织文化子系统视野的认识与探索》，浙江大学出版社2006年版。
④ 韩明涛：《大学文化建设》，山东人民出版社2006年版。
⑤ 方明：《现代大学制度论》，安徽大学出版社2007年版。
⑥ 肖谦：《多视野下的大学文化》，西南交通大学出版社2009年版。
⑦ 蔡劲松：《大学文化理论构建与系统设计》，文化艺术出版社2009年版。

化的本质、特征、发展规律、基本模式等进行了较为深入的研究。李福杰（2006）的《大学文化视野下的大学发展研究》，把大学文化作为大学发展中的一个中心要素，探讨了大学文化与大学发展的作用机制，并提出了通过大学文化提升大学核心竞争力的相关对策建议。严峰（2005）的《中国大学文化研究》，从大学精神文化、制度文化、物质文化三方面阐述了中国大学文化的内涵和现实意义。张悦和牛枫（2011）的《国外一流理工科大学发展人文社会科学学科发展启示》，吸收和借鉴国外一流理工科大学在建设和发展人文社会科学学科方面积累的成功经验，对国内理工科大学的人文社科科学提出了自己的建议。薛健飞（2012）的《地方行业特色高校文科发展的路径选择》从"弯道超越""交叉融合""特色凝练""夯实基础"等学科战略角度出发，认为需要在创新文科师资队伍建设、平台建设、评价体系建设等方面进行努力，构建合理、良性、有效的文科发展生态系统，以实现地方行业特色高校的战略升级。王广禄和孙妙凝（2014）在《办好文科关键在尊重其发展规律》中指出，文科发展应遵循高等教育规律和各学科发展规律，明确发展导向，推进文、理、工交叉融合发展，在发展进程中进一步实现人文社会科学的价值。

  对于大学文化的内涵，是学术界讨论最为激烈的一个问题。文化概念的不确定性，使得学术界对于大学文化的理解也有诸多解释。"二分说"认为，从内容方面看，大学文化包括两个最重要的亚层次文化——科学文化和人文文化；"三分说"认为，大学文化主要包括物质文化、精神文化和制度文化三个基本方面；"四分说"将大学文化分为精神文化、制度文化、行为文化、物质文化；"五分说"认为大学文化全面体现在高校及其特殊群体的价值、伦理、制度、目标等具体关系中，包括价值理念及其大学精神、大学形象、发展目标、规章制度、大学环境等基本内容。王胜桥借用理查德·帕斯卡尔（R. Pascale）提出的"7S 管理模式"，提出了大学文化的"7S 要素说"，即共同价值观（Shared values）、战略（Strategy）、结构（Structure）、制度（System）、人员（Staff）、技能（Skill）、作风（Style）。[①]

---

① 王胜桥、敖晓妍：《论合并高校的文化整合与重构》，《教育发展研究》2001 年第 1 期。

学术界普遍认为，大学文化是社会大文化系统的一个子系统，属于亚文化范畴。大学文化是大学人在长期的教育教学实践和生活学习活动中形成的价值观、思维方式、行为方式和生活方式，是大学人创新创造所取得成果的积累。大学文化的基本内容包括物质层面、制度层面和精神层面的文化。物质层面的文化是大学文化建设的基础，制度层面的文化是介于物质层面和精神层面之间的文化，是激励、约束、指导大学人行为的制度规范。精神层面的文化又称为无形文化，是大学文化研究的主要内容。精神文化是大学文化的最高层次，其核心是大学精神，精神文化对物质文化和制度文化的发展起主导作用。大学文化的基本功能包括导向、凝聚、激励、控制、协调、传播等。王冀生认为，大学文化是大学核心竞争力之所在，是大学发展的动力之源。[①] 总之，大学文化研究是当今教育理论不可缺少的部分，是当代教育研究中不可偏废的视角。未来大学文化的研究主要集中在大学文化创新、大学文化学科体系构建、21世纪大学文化建设实践等方面。

我国学术界从不同角度对大学文化进行了探讨，如概念界定、研究内容、国外经验介绍、面临的问题与对策等，取得了可喜的研究成果。然而目前国内大学文化研究也存在一定的不足，主要表现在以下几个方面：一是过于注重物质文化层面，忽视精神文化层面，致使大学商业气息浓厚，缺少精神支撑和理念引导；二是过分强调制度文化建设，忽视精神文化建设；三是盲目从众，缺乏大学文化的自主整合与创造，致使大学特色不突出，个性平淡，竞争力和开拓力不足，大学文化的庸俗化、趋同化和简单化现象较为严重；四是作为文化研究之一大特色和独具魅力的个案研究方式还尚未得到足够重视，还未被用来解读各种现象以及日常生活经验或生活实践背后的意义。一些研究还没有系统深入，仅局限于大学文化的某些问题，专门论述大学文化，特别是21世纪大学文化的著作较少。部分研究成果以静态的观点去看待大学文化，认为大学文化所具有的特征与内涵是相同的、固定不变的；五是对于国外大学文化的成功经验、发展动态的研究还有待完善和深入。最为重要的是，学术界对大学文化作为若干个学科相互交叉、相互重叠的"文化

---

① 王冀生：《大学文化是大学核心竞争力之所在》，《高教发展与评估》2007年第1期。

圈"研究进行的比较有限。大学文化其实在某些方面就是在这些学科的差异与竞争、冲突与融合中实现其特质的界定。

(二) 关于学科文化内涵的研究

1. 学科文化的内涵

学科具有文化特质，人们在探索、研究、发展学科知识过程中积累并传播独有的语言、价值标准、伦理规范、思维与行为方式等，即形成了自己的学科文化。学科文化是学科发展中一种无时不在、无所不在的精神，在大学学科建设、校园文化建设等诸多方面承担着极为重要的作用。不同学科在各自学科文化的熏陶下，已经渐渐形成了各自独特的文化内涵和思维理念。

对于大学学科文化，目前还没有较为统一的定义。薛瑞丰等认为，"学科文化是指由历代学者在创建该学科的过程中，发现、创造和形成的学科理论体系以及所具有的思想、方法、概念、定律，是学科中所采用的语言符号、价值标准、科学精神或人文精神、文化产品以及工作方法的总和"[1]。刘慧玲认为，学科文化是"人们在探索、研究、发展学科知识过程中积累并传播独有的语言、价值标准、伦理规范、思维与行为方式等"[2]。庞青山认为，学科文化是"在学科形成发展过程中形成的学科特有的语言、学科理念、价值标准、思维方式和伦理规范等"[3]。张晓琴等人认为，学科文化是指"在特定时期内的学科本身所具有的价值观念、知识体系及其成员特有的精神风貌和相应行为准则的总和"[4]。邹晓东把学科作为组织看待，把学科文化等同于学科组织文化，认为学科文化是"学科组织在形成和发展过程中积累的语言、价值标准、伦理规范、思维和行为方式等"。李余生等从学科文化和学科建设关系的角度，把学科文化界定为"一定范围内的人们在学科建设和发

---

[1] 薛瑞丰等：《浅谈学科文化教育与学科知识教育的关系》，《华北水利水电学院学报》（社科版）2001年第9期。

[2] 刘慧玲：《试论学科文化在学科建设中的地位和作用》，《现代大学教育》2002年第2期。

[3] 庞青山、廖俊：《论大学学科文化的功能与作用》，《宜春学院学报》（社会科学版）2006年第1期。

[4] 张晓琴、张萍：《学科文化与高校管理创新》，《长春工业大学学报》（高教研究版）2004年第3期。

展过程中，通过有计划、有目的的建设和培养逐渐形成的，具有科学意义的、能有效指导学科建设实践的、以管理为目的的独特的文化体系和系统完整的、以文化为内容和手段的管理理论体系"[1]。

国外研究学科文化的学者也没有给出有关"学科文化"的明确定义。伯顿·R.克拉克从组织的观点出发，认为高等教育是由生产知识的群体构成的学术组织，它既是一种社会结构，又是一种文化存在。[2]其中学术文化（学术信念）是其组织特质和基本要素，学科文化是学术文化的核心和基础。学科文化根植于学科，每一学科都有一种知识传统和相应的行为准则。这种知识包含特定的理论、方法论和专门的技术。每门学科的成员拥有共同的信念，拥有自己的符号系统、价值观念、学术精神等，这些正是学科文化的组成部分。托尼·比彻及保罗·特罗勒尔在其代表作《学术部落和领地》中把学科视为一个个相对独立的"学术部落"（academic tribes），每个部落拥有各自不同的文化，具有认可的身份和特别的文化属性。[3]

2. 研究成果统计

长期以来，囿于各种原因，学科文化一直没有引起学术界的足够重视，相关研究资料极少。笔者利用《中国期刊全文数据库》（CNKI），以题名和关键词为检索途径，对1998—2014年期间的有关学科文化方面的学术论文进行检索和分类统计，剔除部分无关文献后，仅检出相关文献77篇。各年度论文数量及变化趋势分别如表1—2、图1—2所示。

表1—2　1998—2014年我国学科文化研究论文年度分布统计

年　份	1998	1999	2000	2001	2002	2003
篇　数	1	0	0	2	1	2
百分比（%）	1.3	0	0	2.6	1.3	2.6

---

[1] 李余生：《高校学科文化及其建设探讨之一——学科文化的涵义》，《地质科技管理》1998（增刊）。

[2] [美]伯顿·R.克拉克：《高等教育系统——学术组织的跨国研究》，王承绪等译，杭州大学出版社1994年版。

[3] [英]托尼·比彻、保罗·特罗勒尔：《学术部落及其领地》，北京大学出版社2008年版，第17页。

续表

年　份	2004	2005	2006	2007	2008	2009
篇　数	1	4	2	4	14	9
百分比（%）	1.3	5.2	2.6	5.2	18.2	11.7
年　份	2010	2011	2012	2013	2014	
篇　数	5	14	12	3	3	
百分比（%）	6.5	18.2	15.6	3.9	3.9	

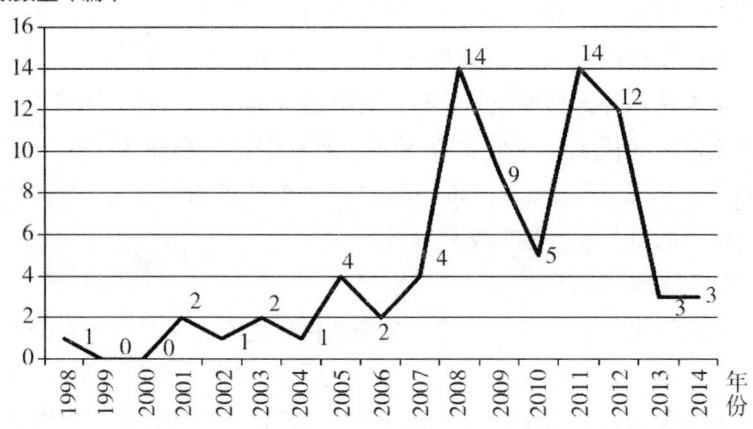

图1—2　1998—2014年我国学科文化研究论文随年代变化的曲线

从表1—2和图1—2可以得出以下基本结论：学科文化相关研究成果数量较少，表明学科文化的研究尚有待深入；波动曲线显示表明相关文献量总体上呈逐年上升趋势；从1998—2007年，文献数量增长缓慢，2007年以后文献数量增长迅速，2008年和2011年分别达到最高峰，表明学科文化已日益引起学术界的关注。

3. 研究成果介绍

国外学科文化的研究状况。对于学科文化，各国学者存在较大的争议。英国学者斯诺（C. P. Snow）在《两种文化和科学革命》和《再论两种文化》两部著作中，把学科文化分为科学文化和人文文化。科学文化主要指自然科学和一些其他知识领域（如物理学、数学）的文化；人文文化主要指历史学、社会学、法律学等领域的文化。斯诺认为科学文化和人文文化是对立的。科学文化中的科学主要是指自然科学，而自然科学的研究对象是外在事物，探求自然界的客观规律，满足人类的功利性需求，因此科学文化的精髓是客观、求实、理性的科学精神；人文文化的人文则主要指人文科学，而人文科学的研究对象是历史的、社会的、现实的，是人的活动及生命，因此人文文化的精髓是以人为中心并推崇人的身心和个性全面发展的人文精神。实质上，在18世纪以后，科学文化和人文文化就由于研究对象、思维方式的差异而形成了一种客观的对立形态。托尼·比彻认为斯诺对学科文化的划分过分简单化，不能为人们所接受。比彻认为盖夫和威尔逊的文化分类较为细致，即分为人文学科、社会科学、自然科学和专业学科。他们的结论是："各学科领域的学者教授在教育价值、教育方向和生活方式等文化问题上有重大的差别。这些差别之大足以把上述四个部分看作不同的学科文化，当然，这并不意味着这些文化之间毫无联系，事实上每一个类别、每一个层次都有相当重叠的领域"。托尼·比彻本人则采用比斯诺更精细的分析方法，探讨各种学科文化的异同，重点研究了六个能提供有价值的比较分析的学科：生物学（植物学、动物学）、工程学（机械工程学）、历史学、法学、物理学和社会学。托尼·比彻在对这六个学科进行人类文化学研究的基础上揭示了各学科文化的异同，认为各学科文化具有较大的差异，但是某些学科文化之间具有可比性和接近性。托尼·比彻及保罗·特罗勒尔还在《学术部落及其领地》中运用文化人类学的方法，通过对英美两国18个学术机构中的大量学者的深入访谈和大量经典文献的辨析，对学科知识与学术文化之间的关系做了细致而富有启示性的探究。① 2000年，芬兰学者（Oili-Helena Ylijoki）通过对芬兰大学计算机科学、图书情报学、公共管理学、社会心理学等四个学科的比较研究，分析了不同学科的学科文化特征。②

国内学科文化的研究。1998年，李余生首先探讨了学科文化的含义和高校学科文化建设的意义，随后又探讨了学科文化和学科建设的相互

---

① ［英］托尼·比彻、保罗·特罗勒尔：《学术部落及其领地》，北京大学出版社2008年版。
② Oili-Helena Ylijoki, *Academic tribal cultures and the socialization of novices*, Tampere: Vastapaino, 1998.

关系。2002年，刘慧玲撰文研究了学科文化在学科建设中的作用。杜建华认为学科文化的融合是学科融合的根本，并将学科文化的融合概括为吸附式、替换式、促进式三种类型。蔡琼等人揭示了大学学科文化建设中"格雷欣法则"现象及其消解对策。陈平、唐安奎等人阐述了学科文化与研究生教育的关系，认为学科文化在学科知识中产生，同时又促进学科知识的进一步发展。张晓琴则探讨了学科文化与高校管理创新的相互关系，认为高校必须遵循学科文化的学术性和专业性，不断创新教育管理理念和实践。庞青山在其博士论文《大学学科结构与学科制度研究》中，分析了学科文化的内涵、特征、功能和作用，并研究了合并型大学学科文化冲突和整合的途径。向东春从学科文化的角度出发，探讨了"985工程"平台中学科互涉的阻力与对策问题，并认为跨学科的平台文化是消解平台中学科互涉导致学科文化张力的关键。刘少林运用教育文化学理论揭示了学科文化建设的本质，认为学科文化建设本质是以文化为内容和手段的管理理论体系。陈锡坚认为学科文化是大学文化的核心部分，重视学科文化建设是大学提升核心竞争力的关键途径。

对于学科文化的地位和作用，学术界的主要观点可以概括为以下几个方面：

（1）学科文化是学科发展的主心骨。学科文化如同其他文化，有积极与消极、进步与保守之分。良好的学科文化氛围是学科成熟的标志，是推动学科建设发展的重要力量，而恶性的学科文化氛围对学科建设的发展具有极大的阻碍和破坏作用。

（2）学科文化是学科发展趋势的风向标。学科文化中的价值标准、哲学思想、思维模式等都影响着学科的发展趋势。当学科文化呈现消极、保守或反动的特征时，该学科将被淘汰，行将消亡；当学科文化呈现积极、进步、革命的特征时，该学科或衍化出新的学科文化内容，或与不同的学科文化整合为另一种新的学科文化体系，而得以发展。

（3）学科文化是学科能够持续发展的有力保障。一个学科要得到持续发展必须有其特定的语言文化、价值观念、思维行为方式，有自身独特的理论体系和研究方法，即有利于其他群体的亚文化——学科文化。在大学学科建设中首先要努力营造自身的学科文化，使得这些文化信息在本群体中一脉相承、代代创新，从而能不断吸引一流的学科带头人，使之具有源源不断的生命力和创新力。

（4）学科文化的发展促进学科前沿的演进。学科的积累在很大程度上表现为学科文化的积累，文化积淀越深的学科越呈现出发展的优势。学科前沿总是动态地存在着，它的产生、演变依存于学科文化，学科文化的不断发展导致学科前沿的不断演进，学科因此充满生机和活力。

（5）学科文化促进学科向纵深发展。学科文化不仅是学科构建的基础，也是学科发展的内在动力。学科文化本身是一个过程，它呈现从发生、发展到转化，由低级向高级、从简单到复杂的波浪式前进和螺旋式上升的运动形态。学科文化的动态过程，推动学科向深度和广度迈进，促进学科文化总在向更高、更新的阶段发展。

（6）学科文化推动学科间相互融合渗透。学科文化作为亚文化形态相对活跃，在不断的分析、融合中演化，整合为新的文化体系。现代科学技术的发展呈现出学科交叉、融合的趋势。学科交叉、融合的动力来源于学科文化的整合，不同学科文化相互吸收、融化、调和，从内容和形式上逐步综合为一种新的亚文化——学科文化体系。学科的综合发展形成新的交叉学科和边缘学科，这个进程依赖于不同学科的亚文化整合。

近几年来，越来越多的人发现学科文化对于学科和大学发展的重要性，并提炼出具体学科的学科文化的特质，为学科和学科文化建设提供参考。黄竹杭、杨雪芹等提出理性认识体育学科的学科文化，推动体育学科建设；张立等运用学科文化的相关理论，把高等教育会计学科文化与会计文化区别开来；杨光等从学科文化对人的教化功能方面提出化学学科文化及化学思维在指导社会行为中的应用。胡平等提出学科专业文化可以培养学生优良的个性，学科融合文化精神可以培养学生的专业素质。丁晋、王珺等从企业文化的理论出发，概括出教育技术学学科文化的内涵、传播方式和功能，进一步提出教育技术学学科文化建设的几点思考。

学科文化建设对于提高学科的核心竞争力、促进学科的可持续发展具有重要的现实意义。从学科文化数百年的发展历史来看，学科文化之所以历经沧桑、饱受磨难，但仍传承不辍，古今绵延，形成了生生不息的发展链条，其根本原因在于它总是能够顺应时势变迁，不断调节自身发展轨迹，并吸纳其他文化的精华。当然，并不是所有的学科文化都能够在历史的发展长河中不断地更新自身的要素，扩充和丰富自身的文化特质,以增强自身的内在活力。如果学科文化在时代的激流中僵化凝固,不能通过自身某些文化特质的改变和自身内部结构的协调适应生存环境的改变,必然会被顺应历史潮流的新文化所冲毁和湮灭。此外,一种新的学科文化模式的建立可以在学科建设中发挥巨大的促进作用。从学科发展的规律看,学科文化建设是学科进步的源泉,为学科发展提供永不枯竭的精神动力。在社会历史的发展进程中,学科文化建设为人们提供新的特定的价值观念、思想信仰、行为规范和科学知识,调节和干预人们的行为,培养人们的感情,增长人们的智慧,激发人们的创造力。一种新的文化模式通过对人的再设计和再塑造,进而对人类社会的发展产生强大的导向力和内在驱动力。

如何进行学科文化建设?只有刘少林明确提出了根据学科管理主体、管理过程与学科文化之间质的关联性和对应性来实现对学科文化的选择:培养目标与文化选择;课程和教材与文化选择;教师群体发展与文化选择;校园环境与文化选择。[①]

4. 研究现状评价

(1)相关研究成果数量少,学科文化研究尚处于起步阶段。如前所述,我国学者于1998年首次发表学科文化的研究论文,相关研究成果仅限于为数不多的散见于高等教育学领域的若干论文。国内至今尚未建立比较专业的学科文化研究机构,相关研究多以个人或某一机构为力量孤军奋战。研究资源的分散性造成了普遍低效率、单一化思维的"粗放式"研究局面。研究力量的分散性,导致无法产生对决策有直接影响的有分量的成果。研究成果的缺乏,使学科文化研究尚不能被看作已经成为一个相对成熟的、独特的、并已形成自身规范的研究领域,但已有研究成果仍为学科文化后续研究提供了有价值的参考依据。

(2)研究内容不完整,学科文化理论体系尚未真正建立。理论是实践的升华,我国学科文化基础理论研究明显滞后于应用实践。部分研究成果处于讨论阶段,属于通常的工作管理范畴,尚未进入理性思维和学术研究的轨道。由于研究力量的不足加上外部环境的迅速变化,在学

---

① 刘少林:《高等学校学科文化建设研究》,《民办教育研究》2007年第2期,第56—61页。

科文化理论研究方面,至今尚未形成一个完整、严密和成熟的理论体系,其主要表现在深层次理论研究数量少且缺乏系统性。在研究内容方面,对学科文化及其相关概念的界定在一定程度上还缺乏理性的解读和缜密的界定。对学科文化立体研究有待深入:如深入学科文化内部梳理其要素、了解其结构、概括其功能;对国内外不同大学相同学科的学科文化发展概况横向比较研究;同一大学内不同学科文化之间的竞争、冲突与融合;如何优化学科文化的内部机制以发挥其特有的功能;如何发挥大学管理的协调功能使不同学科的学科文化之间取长补短、相互借鉴,从外部为学科文化的发展创造条件,从而达到繁荣大学文化、提高大学竞争力的目的。

(3) 研究方法普遍落后,缺乏必要的定量和实证研究。在学科文化研究方面,学术界普遍使用定性理论分析,基本属于个人观点陈述型和经验总结型,定量模型分析、实证研究和大规模统计调查研究极为稀少。研究方法侧重于表层分析,研究深度不够,进行深刻的理论分析、实证分析、统计调查的研究成果较少,所得出的结论往往缺乏实证基础。在研究视角上,没有从社会大系统的角度来开展研究,往往将学科文化作为一个行业或业务问题而非社会问题(社会现象),导致研究成果缺乏应有的生命力和前瞻性,无法将大量的感性认识和经验介绍上升为理性认识和规律总结。此外,将学科文化局限于高等教育学的研究范围内,忽视了管理学、组织行为学、企业文化学等学科理论的吸收和运用,从而影响了大学学科文化研究的广度和深度。

综上所述,学科文化研究已开始引起国内外相关专家学者的重视,但是已有研究大多从学科文化的内涵、功能和类型等方面来阐述大学学科文化的重要意义。对于大学学科文化研究,大多数研究者普遍将其作为学科建设或学科发展的一个因素被提及,并没有透彻分析学科文化的构成要素及其相互关系,对于学科文化的冲突与融合、学科文化建设策略很少涉及,相关实证研究也极为罕见。目前,大学学科文化研究的主要问题是缺乏恰切的理论关照,还没对大学学科文化管理理论与实践进行系统的研究。因而,转换研究视角,引入较为成熟的现代管理理论特别是企业文化理论开展大学学科文化研究,将会为大学学科文化建设提供一个崭新的思维途径。

(三) 关于学科文化管理的研究

从文化的高度理解大学管理,更加自觉和有效地从事大学管理,提升大学管理的品位和层次,促进大学管理与大学文化的良性和健康互动,是当前大学管理研究的发展趋向。近年来,国内外学术界针对大学文化及大学管理的问题,开展了大量研究,其中不乏从文化及大学文化的角度进行思考的研究,这些研究为大学管理提供了理论依据和参考,客观上推动了实践工作的开展。

1. 研究概况

目前,关于研究"文化与大学管理"的文章较多,但直接在论题中标为"大学文化与大学管理"的文章却不多见。李延葆分析了中国大学的基本特征,探讨了我们需要建构什么样的大学精神和需要什么样的大学管理体制,指出以先进的办学理念、科学的制度规范、鲜明的传统特色作为评价大学文化建设水平的重要标准,正是中国大学实现现代化努力追求的目标。[①] 但并没有述及大学文化与大学管理的相互关系,更没有涉及如何构建大学管理文化的论述。当前此方面的研究虽然纷繁复杂,视角各异,但细心品读,可以发现如下三个特征:

(1) 以文化为中心词的研究。将文化作为中心词的研究把管理文化看作是一种类型文化或亚文化,以此为基点探讨高校管理及大学管理理念的相关问题。如赵敏在《大学管理文化的反思与创新》中认为"21世纪的大学管理文化应是以东方人本主义的和谐观念和集体价值观为主流,以'观念人'假设和'生活组织'假设为理论支点,借鉴西方理性主义和人本主义管理文化的合理成分的创新型管理文化",并就21世纪大学管理文化的建构与创新提出了初步的建议和构想。[②] 有学者从全面和普遍联系的视角探讨高校管理文化的变革和构建学术评价新机制来改善高校科研与学术评价机制的问题。[③] 李延成提出"高等教育管理文化应从单纯的政治与行政文化发展成为一种学术管理思想、市场管

---

① 李延葆:《大学的文化与大学的管理》,《中山大学学报》(社会科学版) 2006 年第 2 期。
② 赵敏:《大学管理文化的反思与创新》,《教育研究》2004 年第 7 期。
③ 陈兴德、王萍:《高校学术评价标准与管理文化反思》,《高等教育管理》2005 年第 6 期。

理思想、政治与行政思想三者互动的文化"①。杜嘉华认为"以人为本"的大学管理理念是大学管理文化的灵魂。人才资源建设、建立人性化的创新教师管理机制和树立"以教师、学生为本"的管理理念,增强民主管理和服务意识,是大学人本管理文化建设的主要内容。② 此外,陈士衡的《创造中国特色的大学管理文化》一文从国情、哲学观点、传统文化、学校改革四个方面对我国大学管理文化的建设问题提出了建议。还有西南师范大学李世讴的硕士论文《管理文化的反思与前瞻》对管理文化的模式和路径研究得比较深入。东北师范大学于胜刚的硕士论文《弱势高校管理文化的反思与重塑》对弱势高校的管理文化进行了反思,提出重塑的构想。

(2) 以管理为中心词的研究。这类研究的视角为"文化管理",更倾向于将文化管理限定为一种管理模式或是管理观念,探索这种管理范式在大学管理中的推行之路。广西师范大学蒋文宁的《文化管理:大学管理变革的新探索——对广西四所高校管理的文化诊断》,对大学文化管理的定义、特征、价值取向、基本策略结合实证案例做了系统阐释。陈三鹏认为大学是一个特殊的文化机构,应在组织文化理论与大学组织特点二者结合的基础上确立新的大学管理理念,发挥大学精神的文化凝聚力,凸显大学制度的文化性,提升大学管理人员的文化素质,使大学管理达到一种新的境界。③ 还有学者认为"制度管理与文化管理是大学管理的两种范式,具有很多不同的特点。大学是一个文化组织,根据大学组织的特点和当前我国大学管理的现状,大学应引入文化管理"④。王飞在《大学管理:应上升到文化管理的层次》中论证了"人管人、制度管人、文化管人"三个管理的基本层次,认为文化管理是基于"人的价值观"和"人的情绪"的管理,以学习型组织的构建、自我控制的实现、自动自发的状态、以人为本的管理理念为基本特征。⑤

---

① 李延成:《中国高等教育管理文化的变迁趋势》,《国家高级教育行政学院学报》2001年第3期。
② 杜嘉华:《论以人为本的大学管理文化建设》,《临沂师范学院学报》2006年第4期。
③ 陈三鹏:《大学管理的新境界——"文化地"管理大学》,《韩山师范学院学报》2008年第2期。
④ 蒋喜锋、游美琴:《浅论大学的文化管理》,《江苏高教》2008年第4期。
⑤ 王飞:《大学管理:应上升到文化管理的层次》,《广西青年干部学院学报》2006年第5期。

（3）边缘研究。还有一些相关研究，视角比较独特，思路比较新颖，由于这些研究彼此之间的相关性不是很强，主题联系也不紧密，不容易归类，在这里用边缘研究来统称。如欧阳康将大学管理视为形成、传承、构建、更新、发展大学文化的重要内在机制。蒋家平认为大学管理需要文化的支撑，文化必然渗透于管理和组织的全过程，面向新世纪的大学管理必须确立"以人为本"的核心管理理念，大力开展大学管理制度、管理机制、管理组织、管理技术、管理形式的创新。① 王智平、王瑞祥等人认为，构建现代大学制度、完善现代大学管理的根本目标，就是要在不断调适大学内外各种关系，从而实现大学与社会经济和谐发展的同时，使大学更好地履行其文化传承与文化创新职能。② 刘子实、闫燕在《大学管理创新中的组织文化构建》一文中论述了组织文化与大学管理创新的关系，并从大学理念演进、学术组织变革、管理文化融合、组织效能改进、领导率先锻铸品牌等五个方面论述了在推进管理创新中应当注意的组织文化构建问题，并提出在今后大学管理实践中应当充分强调大学文化的基础性作用，以和谐的理念指导学校协调健康发展。③ 戴玉纯主张现代大学管理追求卓越的办学绩效，应实施以绩效文化为血液的绩效管理模式，从现代大学理念、精神、形象和心理契约等方面构建绩效文化的核心体系，以实现和谐的绩效管理。④ 申丽云认为面向新世纪的大学管理必须确立"以人为本"的核心管理理念，并形成一系列与其相适应的管理理念，同时开展大学管理制度、机制、管理组织、管理技术、管理形式的创新。⑤

还有的学者认为在大学管理中，文化是牵引力，制度是止动力。牵引力即文化管理，止动力即制度管理。二者在大学管理中有着不同的地

---

① 蒋家平：《论文化创新与大学管理》，《现代教育科学》2002年第3期。
② 王智平、王瑞祥：《和谐文化建设与现代大学管理》，《中国农业教育》2008年第2期。
③ 刘子实、闫燕：《大学管理创新中的组织文化构建》，《宁夏大学学报》（人文社会科学版）2008年第1期。
④ 戴玉纯：《现代大学管理绩效文化的构建》，《安徽工业大学学报》（社会科学版）2007年第4期。
⑤ 申丽云：《现代大学管理的文化创新探讨》，《邵阳学院学报》（社会科学版）2003年第4期。

位，体现为互动、并存、双向发展等辩证关系。①

2. 当前研究存在的局限性分析

从笔者掌握的文献资料来看，关于大学文化与大学管理的交叉研究已经取得了一定的进展，积累了一些成果，这表明学者们已经认识到从文化的角度审视大学管理的重要性，并且也进行了一些多视角、多维度的尝试与探讨，部分研究还显示出了深刻的思考性，具有一定的经验性价值，也为后续研究提供了思想平台。特别是已经形成了一些有代表性、具有认同价值的观点，为更全面、更辩证地分析大学文化与大学管理的相互关系、为大学内部管理活动进行文化思辨性研究奠定了良好的基础，也为创新管理方式、树立新的管理文化理念等后续研究提供了有启迪作用的观点、方法和研究资料。然而，由于大学管理本身是一个庞杂、笼统、涉及面很广的概念，很少有人在对大学管理进行分析限定的基础上来审视大学管理问题，特别是把大学内部管理作为对象来进行文化思考的研究就更少。概括地说，现有的研究成果表现出以下几方面的局限性：

（1）大多数论文是对国外经验的引述或评述，或是对本土经验的总结和分析，部分文章呈现出思想性和探索性，但创新的程度不高，思考的深度不够。部分研究提出了一些试探性的建议，但是相对来说还局限于理论的推演，尚缺乏实践的检验。而实践性思考方面，多是某所学校的个案经验，由于大学管理的文化思考是一个形而上的复杂概念，要求具有较高的普适性和规律性价值，已有经验能否推广也是一个值得商榷的问题。

（2）许多学者发表的论文侧重于从文化的视角探讨大学的管理问题，或是对大学管理的某一方面进行文化的思考，如何在深刻分析大学本质使命的基础上系统研究大学的管理活动的成果还比较欠缺。由于大学管理是一个复杂的概念，文化又是一个思辨的词汇，现有研究文献中不加限定的泛泛漫谈居多，从教育本质、大学根本任务、管理本质进行深刻思考、厚积薄发的研究成果较少。

---

① 魏俊峰、王飞：《论大学文化与管理制度的辩证关系》，《德宏师范高等专科学校学报》2007年第2期。

(3) 现有研究在探寻大学文化与大学管理、大学管理文化建构的内在关联方面还很薄弱,对如何合理构建大学文化理念以指导大学管理、如何在大学管理中进行大学文化建设、怎样树立大学管理的文化理念、构建大学管理文化模式的实证性系统研究等还存在不足。

以上研究的不足之处正是本书研究的重点和主要内容。

三 研究思路与方法

(一) 研究思路

学科文化是大学学科建设和大学文化建设的落脚点,学科文化管理和学科文化建设是每一个大学人所应关注的问题。本书在文化管理理论基础上,首先对学科文化的特点、学科文化的组成要素及相互关系、学科文化的功能等进行分析,为完成学科文化体系的构建打下理论基础。其次,从学科精神文化、学科制度文化、学科行为文化、学科物质文化四个层面探讨协调学科文化异质性的融合与创新模式。再次,通过比较分析,探寻企业文化管理与学科文化管理的区别与联系,从而归纳出企业文化管理对学科文化管理的启示。然后,以大学师生为调查对象,通过问卷调查和数据分析,对大学学科文化的影响因素、建设现状和发展对策进行了深入分析,为完善学科文化管理理论提供了翔实的数据支持。最后,从一个大学管理者的角度提出了有利于提升大学核心竞争力、完善学科文化管理的具体对策。

(二) 研究方法

课题整体上采用实证研究与规范研究相结合、定量分析与定性分析相结合、综合分析与逻辑归纳相结合的方法,同时采用比较分析、案例研究、统计分析等具体技术。主要研究方法包括:

1. 文献研究法

文献研究法是一种传统的定性研究方法,通过对大量的中英文资料的对比分析,归纳演绎出某个研究结果。文献研究法的理论支撑是质的研究方法(Qualitative Research),即通过研究者与被研究者之间互动,对事物进行细致、深入、长期的体验，然后对事物的"质"得出一个比较全面的解释。为了了解国内外学科文化的研究现状，笔者利用各类型文献信息机构及其文献检索系统，全方位地查阅、搜集20世纪80年代以来有关大学学科文化的中、外文研究文献（包括专著、学位论文、会议文献、报刊文献、网络资源等），为本书的研究提供了坚实的基础。

2. 调查分析法

调查分析法包括问卷调查与定量分析两层含义。问卷调查是一种常用的调查方法，本研究采取在大学抽取适量样本进行问卷调查的方法，通过获取比较全面可靠的第一手材料，分析大学学科文化建设的现状与主要矛盾。定量分析方法是通过对事物可以量化的部分进行测量和分析，检验关于该事物对某些理论假设的一种研究方法。此方法需要与其他方法交互使用，相互验证。运用定量分析方法，通过数据统计分析提升研究的准确性和可靠性。

3. 专家访谈法

访谈法是研究者通过与访谈对象面对面交谈来了解情况、搜集资料的一种研究方法。由于学科文化问题极为复杂，许多深层次问题并不是通过文献所能了解清楚的，这就需要采用访谈法。为了深入了解大学学科文化的相关问题，笔者和团队的学生利用专家来校访问、外地调研等可以利用的机会，对一些知名文化理论专家、国内著名大学校长、高校重点学科带头人进行深入访谈，就学科文化建设、学科文化冲突和融合、学科文化与高校管理创新等问题虚心求教，认真听取他们的真切感受和深入思考。他们的真知灼见和深切体会有利于加深笔者对大学学科文化创新问题的认识，为研究这一问题提供新的路径和视角。

4. 比较研究法

比较研究法是指根据一定的标准，对某类现象在不同情况下的不同表现，进行对比、分析、归纳和总结，找出其普遍规律和特殊本质，以得出符合客观实际结论的一种研究方法。在研究过程中，本书重点对学科物质文化、学科行为文化、学科制度文化和学科精神文化，自然学科文化、社会学科文化和人文学科文化，教师文化、学生文化和管理文化以及中外大学学科文化分别进行深入的比较研究。

5. 案例分析法

在研究过程中，通过对一些典型案例的分析，可以使研究更加生动具体。由于本研究的立意是为大学学科文化建设与管理寻找对策，因此在本书的实证部分，运用课题的理论框架进行案例分析。

四　本书架构

全书共七章，除第一章绪论和第二章的文化管理理论基础外，其余均为研究的重点内容，主要内容为第三章至第七章。课题的研究框架如图1—3所示。

```
          第一章　绪论
              ↓
       第二章　文化管理理论基础
              ↓
    ┌─────────┴─────────┐
第三章　学科文化    第四章　学科文化的
体系的构建          差异融合与创新
    └─────────┬─────────┘
              ↓
   第五章　企业文化管理对学科文化管理的启示
              ↓
       第六章　学科文化管理的实证分析
              ↓
       第七章　完善学科文化管理的对策
```

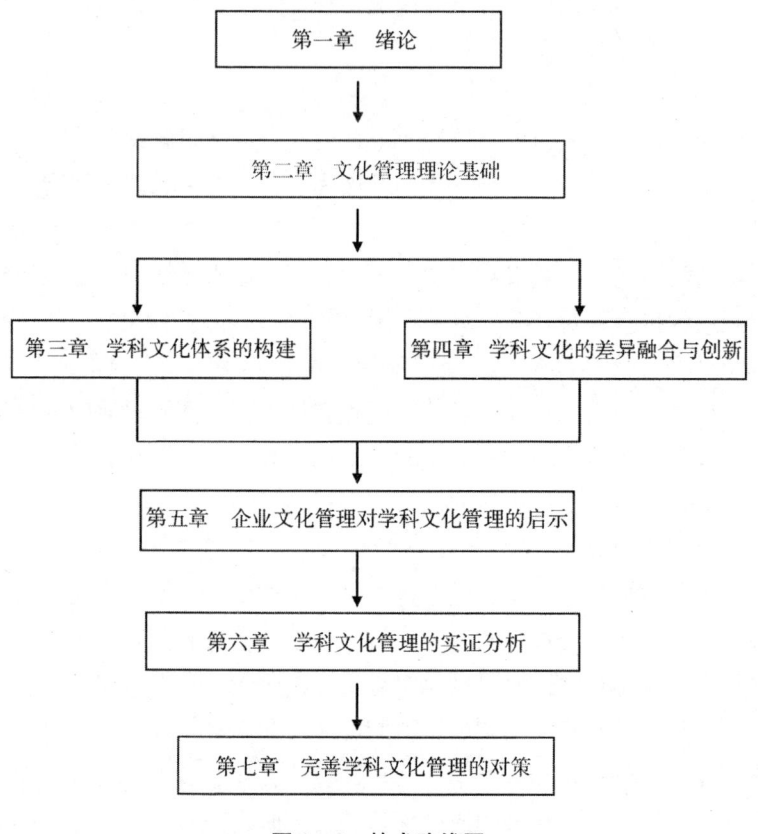

图1—3　技术路线图

本书研究包括四大部分。第一部分是第三、四章，为全书的研究核心，以文化管理理论为基础，结合大学学科文化的独特性，构建由学科精神文化、学科制度文化、学科行为文化、学科物质文化组成的学科文化四层次结构模型，完成大学学科文化体系的构建。在此基础上，系统性地分析了学科文化异质性的来源及其影响，提出协调学科文化异质性的融合与创新模式。第二部分为第五章，在比较分析的基础上，归纳出企业文化管理对学科文化管理的启示。第三部分为第六章，开展基于问卷调查的学科文化实证研究。第四部分是第七章，探讨完善学科文化管理的具体对策。

第二章 文化管理理论基础

一 文化及文化管理的内涵

(一) 文化

文化是人们多年来一直不断探索的一个话题,也是人类语言中最难廓清内涵和外延的概念之一,特别是第二次世界大战以来,文化更是成为世界范围内探讨的热门话题。研究者从自己所属学科和研究对象出发,对文化提出了不同的解释。英国"人类学之父"爱德华·泰勒(E. B. Tylor)于1871年在《原始文化》一书中第一次将文化作为一个中心概念提出来,认为"文化或者文明,就其广泛的民族学意义而言,乃是这样一个复杂整体,它包括知识、信仰、艺术、道德、法律、习俗,以及包括作为社会成员的个人习得的能力和习惯"[1]。我国《辞海》对"文化"的定义是:"文化从广义上说,指人类社会历史实践过程中所创造的物质财富和精神财富的总和;从狭义上说,指社会的意识形态以及与之相适应的制度和组织机构。"一般认为,文化是人在实践过程中认识、掌握和改造客观世界的一切活动及其创造、保存的物质产品、精神产品和社会制度的总和,具有丰富的内涵。文化的本质作为人类社会中的群体精神,是由一定社会群体在生存和发展过程中所形成的思想观念和心理状态构成的。人类社会的形态及其发展阶段是文化积累

---

[1] [英]爱德华·泰勒:《原始文化》,连树声译,广西师范大学出版社2004年版,第7页。

的结果，是人类社会的形态及其发展到一定阶段的外在表现。文化类型通常包括精神文化、制度文化、行为文化、物质文化等类型。时至今日，有关文化定义的研究和争论仍在持续。尽管文化的定义不胜枚举，但笔者认为，开展文化研究首先必须对文化的内涵有基本了解，然后才能根据自己研究的背景和角度，选择适合自己研究领域的文化内涵和外延。

文化的含义可以概括出文化的基本特征：

（1）人为性。文化不是什么纯粹的自然物，而是人们在各种活动（生产的、生活的和交往的）中创造或形成的物质、行为和观念。

（2）群体性。尽管说文化是由人创造出来的，并且每一个个体对文化的形成都有所贡献，但文化绝非是由某一个体的人创造的，而是由一定的人群在共同的生产生活以及交往活动过程中自然而然地产生出来的，是合力的结果，是文化塑造着个人而不是个人塑造着文化。

（3）传承性。文化必须是一代一代地传承下来的东西，在一代一代的传承过程中，总有一些新生因素逐渐加入进来并被群体成员共同接受而成为新的文化因素，这种新因素又会汇聚到传统当中并与传统一起被继承下去，文化就是以这样的不断传承又不断创新的方式得到延续和发展的。

（4）差异性。文化的形成受地理环境、历史背景和发展历程等多种因素的影响，不同地域的人群所形成的文化各不相同甚至是风格迥异，即使是同一民族，在不同时期的文化特征也有差异。

（5）平等性。各种民族文化尽管在风格和特点上具有很大差别，但不存在谁优谁劣的问题。[1]

文化的内涵与特征显示出人与文化是不可分的。"文化是人的根本特性，而人是文化的载体。就群体而言，人与文化是相互塑造，互为因果的。人和文化的相互作用是以人类活动为中介的。"[2] 一方面，在人类生存的基本方式中，即改造自然、改造社会的活动中产生了文化，"我们必须与对象有亲密的接触，无论用我们的外部器官也好，还是用

---

[1] 潘少云：《管理的本质研究》，华中师范大学 2011 年版，第 113 页。
[2] 郭启贵、潘少云：《文化管理及其对管理本质的凸显》，《求索》2013 年第 4 期，第 103—106 页。

我们较深邃的心灵和真切的自我意识也好"①。

　　人与文化的不可分离性对管理活动提出的要求是，必须把文化视为一种环境、一种生态、一种客观存在，必须把人看作是"文化人"，把文化看成是重要的管理因素，讲究管理活动对文化的适应性。文化一经形成，就具有群体性、传承性，即使随着时间推移必然会产生一些变化，但也相当缓慢，"不是来一次革命、下几道命令便可以把它改掉的"②。也就是说，"一定文化圈中已经存在的物质文化、精神文化、制度文化，必然会渗透和反映在各种管理活动中。这个文化圈中各种社会组织的管理文化，都是民族文化在管理中的体现"③。

（二）文化管理

　　文化负有管理功能是重视文化因素的一个重要原因。文化与人如影随形，从这个意义上讲，每一个个体的思维、习惯和行动都受制于社会文化。单个人的思维方式、行为方式等逐渐汇成一种共同遵守的模式，这种模式由每个个体的思想和行为方式组合而成，而对个体的思想和行为又会产生某种无形的控制力量，引导着个体按照集体的共有方式来思考和行动。

　　需要指出，管理本身也是一种文化活动，管理文化是人类学意义上文化的反映和缩影。"有管理就有相应的管理文化。管理文化表现在组织的规章制度、价值观念、发展目标等方面，还表现在由这些因素形成的文化氛围以及相应的人际关系上。"④ 不仅被管理者承载着一定的文化，管理者也是"文化人"，也深受习惯、风俗、价值观等文化的影响，管理活动折射着一定社会文化的价值、习俗和信念传统。"什么样的管理风格更占主导，管理者的角色和责任的定义和内涵，如何看待管理者与被管理者的关系都会因文化的不同而不同。"⑤ 因此，文化系统

---

　　① ［德］黑格尔：《小逻辑》，贺麟译，商务印书馆1980年版，第46页。
　　② 李兰芬、崔绪治：《管理文化——管理哲学的新视野》，苏州大学出版社1999年版，第31页。
　　③ 高文武、王虎成：《从管理思想发展趋势看文化管理与战略管理的互补》，《长安大学学报》（社会科学版）2011年第3期，第37—42页。
　　④ 同上。
　　⑤ 陈晓萍：《跨文化管理》，清华大学出版社2005年版，第23页。

对管理者的管理行为具有导向作用是不言而喻的。

文化的"人化"与"化人"双向互动过程，在管理活动中也得到了充分的体现。文化作为一种管理资源促使管理者实行文化管理，而文化也影响着管理者的行为倾向，使之表现为一种管理文化。不过，两个方面应该具有一致性而不是相互冲突，否则管理活动将没办法正常开展，即使开展了也难以持续进行。美国学者菲利普·R. 哈里斯（Philip R. Harris）曾对文化与管理的一体化做出概括，他指出，文化的功能不仅体现在组织内部管理活动中，也体现在对管理环境的觉察能力上，还体现在管理活动的模式选择上。[①]哈里斯的概括表明，从文化背景的判断到组织特征的分析，再到对外部环境的敏感以及管理者在本行业的国际影响，管理活动的每个环节和每个方面无不透露出文化的气息，管理与文化特别与文化的核心——价值观是息息相关的。

二　文化管理的产生与发展

（一）文化管理的产生

文化管理从 20 世纪 80 年代提出，发展到今天，已经成为最具代表性的一种管理理念和管理模式，任何组织和机关都要受其独特文化的影响。文化管理的基础是了解文化的管理功能，在管理过程中有意识地构建有个性文化的一种管理模式。

1981 年，加利福尼亚大学的日裔美籍管理学家威廉·大内教授发表了《Z 理论——美国企业界怎样迎接日本的挑战》一书；同年，斯坦福大学的理查德·帕斯卡尔与哈佛大学的安东尼·阿索斯合著的《日本企业管理艺术》和哈佛大学的特雷斯·迪尔与麦金赛咨询公司的顾问阿伦·肯尼迪的《企业文化——企业生活中的礼仪与仪式》两本管理学经典著作发表。1982 年，著名管理学家托马斯·J. 彼得斯和小罗伯特·H. 沃特曼发表了《成功之路——美国最佳管理企业的经验》一

[①] ［美］菲利普·R. 哈里斯、罗伯特·T. 莫兰：《跨文化管理教程》，关世杰主译，新华出版社 2002 年版，第 23 页。

书。这几位代表人物以这四本著名的管理书籍宣告了文化管理的诞生。

1.《Z理论——美国企业界怎样迎接日本的挑战》

威廉·大内教授在考察日本企业时，发现日本企业以其特有的管理方式，使企业有着强烈的竞争力和极高的效率。他们通过建立信任和微妙的合作关系，协调员工的个人努力，使企业的效率得到提高。[①] 若美国企业想要赶超日本企业，就必须借鉴日本的经验，形成新的管理风格和管理方式。这种新的管理风格和管理方式即Z（Zygote，生物学中的合子、受精卵）型组织管理。

威廉·大内认为，美国和日本企业的差异是由不同文化造成的。"每种文化都赋予其人民以互不相同的特殊环境。因此，虽然同样的行为原理对于不同的文化是适用的，但由于当地情况的差别而形成的社会结构和行为模式可能使其具有很大区别。"[②] 日本文化具有的集体主义"基因"使日本企业在管理上充满生机。威廉·大内认为，他的这一发现有助于美国企业找到改善管理的有效通道。日本企业特别注重文化的作用，而这正是美国管理学界所忽视的。美国企业要在效率和竞争力上赶上和超过日本企业，在管理上就要既借鉴日本的管理方式，但又不一味模仿，而是注重向Z型组织转化。[③] 为此，威廉·大内提出了包括把握企业的指导思想和基本方针等13个步骤的转化程序。[④]

2.《日本企业管理艺术》

在《日本企业管理艺术》一书中，理查德·帕斯卡尔和安东尼·阿索斯强调，美国的管理文化使得企业发展受到限制，美国企业的敌人正是自己。

帕斯卡尔和阿索斯依据管理的七要素——战略、结构、制度、人员、作风、技能和共同价值观，发现美国企业普遍重视前三个要素而轻视后四个要素，日本企业正好是相反，特别注重后四个要素。美国企业为了重新获得竞争优势，就必须直面自己存在的问题，并敢于以优秀者的姿

---

① ［美］威廉·大内：《Z理论——美国企业界怎样迎接日本的挑战》孙耀君、王祖融译，中国社会科学出版社1984年版，第4—8页。
② 同上书，第11页。
③ 同上书，第12页。
④ 同上书，第84—112页。

态向日本企业挑战。为此，必须在重视"硬"要素的同时，像日本企业那样在管理中重视"软"要素，而且"只强调一个或两个 S 是不够的，必须使七个要素协调一致"①。"必须走自己的路子，发扬自己的作风使各 S 之间融会贯通。实用主义的'答案'对企业家爱莫能助，只能帮倒忙，所以每个企业家都应该去开创自己的道路。"②

3.《企业文化》

特雷斯·迪尔和阿伦·肯尼迪的《企业文化——企业生活中的礼仪与仪式》以企业文化为题，进行了细致分析。通过该书，迪尔和肯尼迪明确指出，打造企业文化可以促使企业获得成功。③ 因为企业文化"影响着企业实践中的每一件事：从晋升什么样的人到做出什么样的决策，从员工上班的着装到他们所热衷的活动。正是由于这种影响，我们认为文化对于企业的成功起着重要作用"④。

迪尔和肯尼迪强调，企业环境、价值观、企业英雄、风俗和礼仪、文化网络是企业文化的五大要素，其中，价值观最为重要，具有奠基和导向作用。它能决定营造什么样的企业环境、风俗和礼仪，挑选什么样的员工作为企业英雄，还能为所有员工提供共同的目标，作为他们工作的行动指南。

4.《成功之路》

1982 年托马斯·J.彼得斯和小罗伯特·H.沃特曼从文化方面提炼了优秀企业的八项标准，并发表了《成功之路》，该书首先对美国企业一直奉行的理性主义管理模式提出了批评。托马斯·J.彼得斯和小罗伯特·H.沃特曼认为，美国企业一贯强调在管理中决策、分析和控制，必须尽量发挥理性的作用，但是，对于理性的过分迷恋，却使企业中最重要的资源——人被忽略了。对美国企业来说，当务之急是转换思路，对员工备加关注。但这不是说要像以往管理型中的人际关系学派所主张

---

① ［美］理查德·帕斯卡尔、安东·阿索斯：《日本企业管理艺术》，张小冬、周全译，新疆人民出版社 1988 年版，第 165 页。

② 同上书，第 167 页。

③ ［美］特雷斯·迪尔、阿伦·肯尼迪：《企业文化——企业生活中的礼仪与仪式》，李原、孙健敏译，中国人民大学出版社 2009 年版，第 5—18 页。

④ 同上书，第 4 页。

的那样，去着力营造员工之间的关系，而是要着力营造优秀的企业文化，通过实行文化管理使企业充满勃勃生机。

彼得斯和沃特曼通过对43家优秀公司进行调查分析，概括总结出优秀企业的八条准绳或八种文化品质：贵在行动、紧靠顾客、鼓励革新、挖掘人力资源、以价值观为动力、不离本行、精兵简政、绝对一致和自主创造（紧中有松，松中有紧）。①

上述四本书共同强调了文化因素对管理效果的直接影响，都论证了企业文化在企业管理中的独特作用。不过，也必须注意，倡导文化管理，不是说要在管理实践中可以轻视组织机构设计和规章制度建设，不注重理性在管理中的作用，而是强调必须将管理中的理性方面和非理性方面有机结合起来。换言之，实行文化管理，就是要在注重管理的规范化、制度化的同时，也要从中解放出来，重新确立人的主体地位，用组织文化给成员以强大的精神支柱，使他们具有牢固的安全感和强烈的归属感。文化管理的这一特征，适应了新时期管理活动的需要，因而被广泛关注和运用。

（二）文化管理的发展

文化管理诞生后，实行文化管理的必要性和可行性便很快成为管理学界的一种共识。有越来越多的人投身这一领域。至今，关于文化管理的专著已有许多，还有大量学术论文发表在管理学和心理学的期刊中。

对文化管理的研究兴盛于20世纪80—90年代，这个时期被称为管理的"企业文化时代"。在80年代，学界主要探讨的是文化管理的一些基本理论问题，如企业文化的概念、结构和分类等，并形成两种进路；90年代，对企业文化的研究由重理论转向重应用，并形成四个走向：一是进一步探讨企业文化的基本理论问题；二是研究企业文化与企业业绩的关系；三是讨论如何对企业文化进行测量；四是探讨如何对企业文化进行诊断和评价。

1. 20世纪80年代企业文化研究的两种进路

20世纪80年代对文化管理的研究主要集中在美国，关于研究方法

---

① ［美］托马斯·J. 彼得斯、小罗伯特·H. 沃特曼：《成功之路——美国最佳管理企业的经验》，余凯成等译，中国对外翻译出版公司1985年版，第28—34页。

主要有两种主张。一些人主张企业文化研究只能采取定性的方法，理由是文化这种东西很抽象很模糊，无法进行定量研究。另一些人则对定性方法持反对态度，认为运用这种方法不能充分认识企业文化，只有进行定量化的研究，才能正确把握它。

麻省理工学院的埃德加·沙因（Edgar H. Schein）是定性研究的代表性人物。他于1984年发表《对企业文化的新认识》一文，并于次年出版专著《组织文化与领导》（Organization Culture and Leadership）。在论著中，沙因对企业文化的概念和结构进行了系统深入的探讨，成就非凡。沙因的思考涉及企业文化的诸多问题，不仅包括组织文化的概念和内容的界定、组织文化的评估，也包括组织文化与领导者的关系、组织文化在组织变革中扮演的角色等。

通过展示组织文化的不同层次来对其进行分析是埃德加·沙因研究企业文化的另一重要特点。他的看法是，在价值观的底层，有更为本质的东西，即基本假设，这种基本假设"更容易被团体成员视为理所当然、不容置疑的定论，而对价值观则可以进行开放性的探讨和质疑"①。相比较而言，组织成员对基本假设可能不会有什么分歧，但对价值观却可能有不同见解，因此，基本假设比价值观更具稳定性，更不容反驳，处于更深层次。组织的基本假设"包含了一个团体要考虑和必须要处理的一切事物，除了这些外部的和内部的问题外，文化假设还反映了一些关于真理、时间、空间、人性和人际关系本质的更深层次观点"。主要有关于外界适应性的假设、关于管理内部整合问题的假设、关于现实和真理的深层文化假设、关于时间和空间本质问题的假设、关于人性、人类活动和人际关系假设等。②"一种文化的本质是建立在基本的深层假设的模式之上，一旦了解了那些基本假设，你就能轻易地理解并合理地处理其他更表面的层次。"③

另一类以罗伯特·奎因（Robert E. Quinn）等人为代表。在奎因等人看来，定性的方法无法进行客观化的测量，得出的结论可操作性不

---

① ［美］埃德加·沙因：《组织文化与领导》，马红宇、王斌等译，中国人民大学出版社2011年版，第19页。
② 同上书，第64—125页。
③ 同上书，第27页。

强,用处不大,特别是在讨论组织文化与组织绩效的关系上派不上用场。若想使研究成果在实践中派上用场,只有运用定量化的方法,对企业文化进行比较研究。奎因等人之所以致力于定量化研究,目的非常明确,就是要解决组织文化的测量与评估问题,使研究成果在管理实践中行之有效。

  定量方法是以量表和统计数据为基础的。如果量表存在漏洞,统计数据失真,这样的研究肯定存在问题。因此,进行定量研究,前提是用于测量的量表要好。为此,奎因设计和建立了许多图形和量表,用以诊断和评估组织文化。在奎因看来,图形和量表作为研究组织文化的工具,不仅有效而且可靠,它既提供了研究不同类型组织文化强弱的适当方法,还提供了分析管理技能的适当手段。采取量化的研究离不开对企业进行实地考察,奎因在图形和量表中就运用了众多企业组织文化方面的数据信息。

  起初,奎因的定量化研究是从不同维度选取企业文化的一些特征来进行的,他据此提出了一些组织文化的模型,指出利用这些模式可以测量、评估和诊断企业文化。然而,奎因的想法却受到冷遇。有人指出,按这种方法只能形成关于组织文化的肤浅认识,无法抓住组织文化的深层意义和结构。奎因宣称,他的研究成果给企业顾问、企业经理、教师和变革的推行者提供了"操作手册",可以使这些人对组织文化的图像胸有成竹,可以为他们推行组织文化变革提供参考,当然,也可用于其他领域的管理。后来为了扩大影响,奎因强调,如果组织的管理者们足够关注他的定量化研究成果,就能学到三种本事:①获得一种对组织文化和管理能力进行分析的工具(组织文化评估工具,OCAI);②领会一个专门用来理解组织文化的理论体系(竞争价值模型,CVF);③掌握一组变革组织文化和改造员工行为的系统化的步骤。① 在陆续接受大量实证检验后,奎因的竞争价值理模型逐步得到了学界的认可,也在企业管理中得到了广泛应用。奎因还强调,他的定量化研究,不是给出具体的办法让管理者照着去做,而是着重对改革组织中最基本事务的方法和

---

  ① [美]金·S.卡梅隆、罗伯特·奎因:《组织文化诊断与变革》,谢晓龙译,中国人民大学出版社2006年版,第4页。

步骤进行分析,从而为变革组织文化提供指导。

2.20 世纪 90 年代企业文化研究的四个走向

20 世纪 90 年代,企业文化研究沿着 80 年代开辟的道路继续前进,向纵深发展。主要研究领域包括基本理论研究、组织文化与绩效的关系研究、组织文化测量、组织文化诊断和评估等。

(1) 企业文化的基本理论研究。

在 20 世纪 90 年代,对企业文化的作用机制的研究变成基本理论研究的重心,课题包括企业文化与组织气氛、企业文化与人力资源管理、企业文化与企业环境等。

在企业文化与组织气氛方面,本杰明·歇赫德(Beenjamin Scheider)做出了杰出的贡献。1990 年,他出版《组织气氛与文化》(*Organizational Climate and Culture*)一书,提出了一个关于组织文化和组织气氛对管理过程、员工行为和组织绩效的影响关系的模型。歇赫德的模型凸显出组织文化发挥影响的一整套机制:组织文化影响人力资源管理,人力资源管理会影响组织气氛,组织气氛影响员工的工作态度和行为,员工的态度和行为最终影响到了组织的绩效。这套机制描绘的其实是组织文化影响组织绩效的关系图。

同年,荷兰学者吉尔特·霍夫斯塔德(Geert Hofstede)将定性化和定量化方法结合起来,运用他所归纳出的民族文化的四个特征(权力范围、个人主义和集体主义、男性化与女性化以及不确定性回避),多维度地研究组织文化,也建立了组织文化的量表。

1997 年,沙因出版了他的《组织文化与领导》第二版,该版增添了一些内容,如在组织发展的各个阶段如何营造组织文化,以及如何利用组织文化实现组织目标等。两年后,他和沃瑞·本尼斯出版了《企业文化生存指南》一书,用案例法说明组织文化在不同阶段的发展变化。

1999 年,迪尔和肯尼迪合作出版了《新企业文化》一书,该书集中讨论企业领导如何兼顾企业实力与员工需求。他们强调,企业领导者的重要任务是建立和谐的企业运行机制,吸取开拓型企业的成功经验,对员工进行有效而持久的激励,从而提高企业的经营业绩。

(2) 企业文化与企业经营业绩的研究。

1991 年,美国密歇根大学工商管理学院的金·卡梅隆(Kim S. Cameron）和萨尔·福瑞曼（Sarah J. Freeman）深入几百家研究机构进行现场调查，采集到大量数据信息，以此为样本探讨了组织文化与组织效益之间的关系，并发表研究报告《文化的和谐、力量和类型：关系与效益》（*Culture congruence, strength and type: relationships to effectiveness*），系统阐述了组织文化（包括文化整合、文化力量和文化类型）与组织效益之间的关系。

从 1987 年到 1991 年，哈佛大学商学院教授约翰·科特（John kotter）和珺姆斯·赫斯克特（James Heskitt）也对企业文化与企业绩效的关系给予了密切关注。他们深入研究了全美 22 个行业 72 家公司的企业文化与经营状况的关系，写成专著《企业文化与经营业绩》（*Corporate Culture and preformance*），该书援引一些知名公司的成败案例，分别对 3 种企业文化类型（强力型文化、策略合理型文化和灵活适应型文化）与企业的长期经营业绩的关系进行了详细描述，论证企业文化对组织业绩的影响，还据此对未来企业的经营活动进行了预测，强调在未来 10 年中，企业文化将成为企业经营业绩的决定性因素。

（3）企业文化测量的研究。

进入 20 世纪 90 年代，学界对如何测量企业文化问题的兴趣有增无减，这从论文发表的集中程度和对开发量表的热衷程度中都得到了明显体现。

英国的 JAI 出版公司于 1991 年出版了《组织变革与发展》（*Research in Organizational Change and Kevelopment*）。在第五卷里共收录了五篇组织文化方面的论文，关于企业文化的测量的文章就达三篇之多。第三篇论文是密歇根大学工商管理学院的达尼尔·丹尼森（Daniel R. Denison）和格里切恩·斯普瑞切尔（Gretchen M. Spreitzer）的《组织文化和组织发展：竞争价值的方法》（*Organizational Culture and Organizational Development: a Competive Values Approach*）。在这篇文章里，丹尼森和斯普瑞切尔主要分析了竞争价值模型在组织文化研究中的运用问题。他们先是对竞争价值模型做了介绍，然后以竞争价值模型为依据，对奎因于 1984 年提出的四种文化指向（群体型文化、发展型文化、理性化文化和官僚式文化）进行了描述。第二篇论文是科罗拉多大学工商研究生院的萨姆多（Rayamond F. Zammuto）和华盛顿美国医院学会克拉克沃尔（Jack Y. Krakower）的《组织文化的定性研究和定量研究》。这篇文章用聚类分析的方法，将定性研究和定量研究结合起来，成为混合研究的典范。第三篇论文是奎因和斯普瑞切尔合作的《竞争价值文化量表的心理测验和关于组织文化对生活水平的冲击的分析》。在这篇文章中，奎因与斯普瑞切尔转换了思路，探讨了不同文化类型与员工生活质量的关系，视角不可谓不独特。

英国的皮埃尔杜波依斯出版公司（Pierre DuBois and Associates Inc.）在1997年出版了一套组织文化测量和优化量表（Organiztional Measurement and Optimizaion），这些量表包含有对组织进行分析的模型和对组织文化进行研究的一系列步骤。分析模型主要包括7点内容：社会经济环境（社会文化的和市场竞争的）；管理哲学（组织的使命、价值观和原则）；对工作情景的组织安排（组织结构和组织决策）；对工作情景的知觉（对工作的和对管理的知觉）；反应：组织行为（指组织成员对于工作的满意度、工作压力、工作动机和归属感的反应）；企业经营业绩（质与量）；个人和组织变量（年龄、职位和个人价值观）。①

(4) 企业文化诊断和评估的研究。

这方面研究在90年代的代表人物主要有罗杰·哈里森（Roger Harrison）和赫布·斯托克斯（Herb Stokes）以及卡梅隆和奎因。

20世纪90年代初，哈里森和斯托克斯出版了《诊断企业文化——量表和训练者手册》（Diagnosing Organizational Culture—Instrument and Trainer's Manual, 1992），他们的诊断结果认为，大部分组织共享四种文化（群体型文化、发展型文化、理性化文化和官僚式文化），但这四种文化在不同企业中的地位和作用强弱不同，在一些组织中是这一种文化居于主流，而在另一些组织中是另一种文化占据上风。这个诊断结论与80年代奎因做出的结论大致相仿。

在引进竞争价值理论模型的15年后，奎因与卡梅隆出版了《组织文化诊断与变革》（Diagnosing and Changing Organizational Culture: Based on the Competing Values Framework, 1998），这部著作的主要贡献有三个：提出了诊断组织文化的一种工具（量表），系统介绍了理解组

---

① 杨月坤：《企业文化》，清华大学出版社2011年版，第13页。

织文化的理论框架（竞争价值理论模型），此外，还就组织文化和个人行为的改变提出了一些策略与方法。

从组织文化被发现至今的30年间，文化管理研究的发展确实十分迅速，采用的研究方法是定性法、定量法以及将两者结合在一起的混合方法，研究内涵逐渐在加深，外延也在不断扩展。比如，在定性研究方法上，由一开始的概念与结构探讨发展到后来的对组织文化作用的内在机制的研究，涉及的范围相当广泛，组织文化与组织领导、组织文化与组织气氛、组织文化与组织业绩、组织文化与组织环境等都进入了人们的研究视野。在定量研究方法上，研究开发量表的热情不断高涨。量表涵盖的内容也涉及了许多方面，如管理哲学、对工作情景的组织安排等。从这些内容上看，定量研究也在向纵深方向发展。

以上所述的是国外学界对组织文化的研究状况。相对来说，国内在这方面的研究呈现出三个特点：一是国内学界对文化管理的关注大多是跟在国外学者的后面，在理论和实践两方面都是如此，特别是在理论研究上基本上是在和着国外学者的曲调走。不过在实践研究上，国内学者倒是注意到了一些文化管理较为成功的企业案例，并将他们的经验大力地加以推广（如对海尔集团的企业文化的研究）。一些专著也陆续出版出来，如刘光明的《企业文化案例》、罗长海等的《企业文化个案评析》。二是国内学者对文化管理的研究至今尚停留在表面和外围，仍是以强调组织文化的重要意义、组织文化的结构和功能、组织文化与社会文化的关系以及组织文化对组织创新的影响等问题上，而没有开拓出理论研究的新领域。三是由于国内对文化管理的研究是以实践研究为主，只能是试探着进行，缺少像组织文化发展的内在逻辑、文化在特定组织中的地位以及组织文化变革的长效问题的研究，是缺乏理论指导的，因而也难以形成推动某一组织发展的持久的文化力量。

可以说文化管理的理论和实践都受到前所未有的重视，近年来国内对文化管理的研究还是取得了较大进展。理论研究触及了一些核心层面的问题，比如把文化管理与"以人为本"关联在一起进行讨论，再比如开始探讨建设核心价值理念的问题，还有研究文化管理对于构建和谐社会以及担负社会责任的重要意义问题等。在实践方面，尽管还要有更深入的理论支撑，但文化管理的实践已经成为一种时尚，且在一定程度上取得了良好效果，这是一种可喜的现象。

三 文化管理理论的多学科分析

（一）从管理学角度分析文化管理理论

管理学的发展主要经历了四个阶段：经验管理阶段（18 世纪末—19 世纪末）、科学管理阶段（19 世纪末—20 世纪 20 年代）、行为科学阶段（20 世纪 20 年代—60 年代初）、现代管理阶段（20 世纪 60 年代至今）。

1. 经验管理阶段

在经验管理阶段，企业规模比较小，员工在企业管理者的监控范围内，所以基本靠人治就能够实现。对员工的管理前提是经济人假设，持有这种看法的管理者采用的激励方式是以外部激励为主，激励方式是奖惩并施，对员工的控制也是外部控制，主要是控制人的行为。企业管理者的思想统治着企业，企业是在管理者的主观鞭策下机械地运行。1776年英国经济学家亚当·斯密发表了专著《国民财富的性质和原因的研究》[1]，他在该书中指出了劳动分工的重要性。1832 年英国剑桥大学教授查尔斯·巴贝奇出版了《论机器和制造业的经济》一书，该书开创了生产过程时间研究的先例，提出了对劳动者按分工不同付给不同报酬的原则。

劳动分工的出现提高了劳动熟练程度，节约了劳动转换时间和培训成本。分工程度较高，个人责任清楚，工作内容简单，容易监督，监督成本相应较低。但是劳动分工也使工作变得单调枯燥，导致工作效率下降。劳动条件较差的企业，需要付给工人更高的工资，才能有效地吸纳工人就业。劳动分工的出现对企业人力资源管理提出了更高的要求，在这种情况下，企业家开始考虑如何才能够增加人力的稳定性，在提高劳动生产率的同时使员工对企业有更大归属感。

科学管理阶段是管理发展成为一门科学的里程碑阶段，企业文化随

---

[1] ［英］亚当·斯密：《国民财富的性质和原因的研究》，商务印书馆 2002 年版。

着管理学的发展开始萌芽。这一阶段的管理学思想被称为古典管理思想,主要包括:科学管理思想、行政组织理论和一般管理理论。

(1) 科学管理思想。

科学管理理论的代表人物是泰勒(1856—1915),美国人,1911年他发表了《科学管理原理》一书,奠定了科学管理理论基础,标志着科学管理思想的正式形成,泰勒也因而被西方管理学界称为"科学管理之父"。著作还有《计件工资制》和《车间管理》。泰勒极力倡导企业建立一套以科学管理理念为核心的管理制度,即使这是一个追求最高劳动效率、缺乏对人的关心的管理理论,他仍旧提出,"任何一种管理制度,不管多么好都不应死板地加以运用,在雇主和工人之间应该保持良好的人事关系;在同工人打交道时甚至对工人的偏见也应予以考虑。工人们所需要的或者器重的与其说是大量的施舍,倒不如说是人的友爱和同情,友爱和同情可以是劳资之间建立起友好感情的纽带"。

泰勒在其提出的著名的科学管理四原则中提到:科学地挑选工人,并对他们进行培训、教育和使之成长,而在过去,则是由工人自己挑选工作,并尽自己的可能进行自我培训。泰勒的这一主张已经将企业文化渗透其中,通过以企业为主体对员工进行培训教育,体现企业对员工专业技能水平的重视。虽然在很大程度上是为了企业生产率的提高,为了企业自身利益,但是员工也是受益者,这可以认定为一种鼓励型的企业文化。泰勒强调管理部门和工人之间进行亲密无间的友好合作,以保证一切工作都按已形成的科学原则去办。而这种"亲密无间的友好合作",实际可以理解为企业的价值观念、行为准则,是企业文化的一种表达形式。

(2) 行政组织理论。

行政组织理论的代表人物马克斯·韦伯(1864—1920),被称为"组织理论之父"。韦伯认为的理想的行政集权制理论主要包括三方面的内容:理想的组织形式——神秘化的组织、传统的组织、合理化—法律化的组织;理想的组织形态的管理制度——组织中的官员在人身方面是自由的,只有在官方职责方面从属于上级的权力;官员们按职务等级系列组织起来;每一职务均有明确的职权范围;职务通过自由契约关系来承担;官员以技术资格从候选人中挑选出来;官员们有固定的薪金报酬，并享有养老金；这一职务是任职者唯一的或主要的工作；职务已形成一种职业，有较完善的法理化的升迁制度；官员没有组织财产的所有权，并且不能滥用职权；官员在司职时，受严格而系统的法律约束和监督；理想组织形态的组织结构分为三个层次：最高领导层、行政官员、一般工作人员。韦伯的行政组织理论是把管理非人格化，依靠单纯的责任感和无个性的工作原则，客观合理地处理各项事务。

（3）组织管理理论。

一般管理理论的代表人物是亨利·法约尔（1841—1925）。法约尔的研究与泰勒的不同，泰勒的研究是从工厂管理的一端——"车床前的工人"开始实施，从中归纳出科学的一般结论，重点内容是企业内部具体工作的效率；而法约尔则是从总经理的办公桌旁，以企业整体为研究对象，创立了他的一般管理理论。由于贡献突出，被称为"现代经营管理之父"。法约尔的贡献包括经营与管理的区别（经营活动的六项职能）、管理五要素、管理十四条原则。

法约尔第一次区分了"经营"和"管理"。法约尔认为，企业无论大小，简单还是复杂，其全部活动都可以概括为六种：技术职能、商业职能、财务职能、安全职能、会计职能、管理职能。其中法约尔对管理职能做了定义：管理，就是实行计划、组织、指挥、协调和控制。所以他认为管理的要素包括：计划、组织、指挥、协调、控制。在法约尔提出管理人员应具备的能力的同时，还提出了管理人员个人素质的问题。他认为，技术能力、商业能力、财务能力和管理能力等都是以下方面的素质和知识为基础：身体——健康、精力旺盛、敏捷；智力——理解和学习能力、判断力、精力充沛、头脑灵活；道德——有毅力、坚强、勇于负责任、有首创精神、忠诚、有自知之明、自尊；经验——从业务实践中获得知识，这是人们从自己的行为中汲取教训的记忆。法约尔始终强调管理教育的必要性与可能性。法约尔总结了管理的十四条原则：劳动分工、权力与责任、纪律、统一指挥、统一领导、个人利益服从整体利益、人员的报酬、集权、等级制度、秩序、公平、人员的稳定、首创精神、人员的团结。法约尔以上观点的提出为企业文化做了铺垫。实际上，法约尔提出的管理教育以及强调的首创精神、人员的团结就是企业文化建设的重要内容。组织管理理论是在韦伯理论基础上的升华，促进了企业文化萌芽阶段的发展。

2. 行为科学阶段

行为管理思想产生之初侧重于研究人们之间的相互关系，所以被称为"人际关系学说"，这种思想经历了三四十年的发展后，已经形成了一个庞大而复杂的学科群，吸引着来自心理学、社会学、人类学、管理学、人机工程等众多领域的研究者。组织行为学研究内容大体有三个层面：有关员工个体行为的研究、有关员工群体行为的研究、有关组织行为的研究。随着行为科学阶段的到来，企业文化在管理学领域取得了突飞猛进的发展。

（1）梅奥的人际关系理论。

梅奥是行为科学的早期代表人物。1927年，梅奥应邀参加了对行为科学理论做出最重要贡献的"霍桑试验"，研究工作环境、物质条件与劳动生产率的关系。在此基础上发表了他的代表作《工业文明中人的问题》和《工业文明中的社会问题》，提出了人际关系理论的一系列思想：梅奥的人际关系理论的主要观点——人是"社会人"；重视"非正式组织"的存在和作用。梅奥人际关系论为企业文化建设提供了很好的依托和理论基础。首先，梅奥认为人是"社会人"，人的社会性就要求企业在进行劳动生产时必须考虑员工的内在情感问题，而不是把员工当成工作的机器。一套员工共同享有的价值观念是维系员工情感的最好纽带，而这种价值观念就是企业文化。因此，人的"社会性"客观上要求了企业文化的产生。其次，梅奥认为，生产效率主要取决于职工的工作态度和人们的相互关系，所以领导者应该注重通过提高员工的满意度来激发士气，从而达到提高生产率的目的。领导者在提高员工满意度的过程中，就渗透了企业文化的内涵。领导者对员工进行精神上或者物质上的激励、鼓励，从而提高员工的理想追求，是一种典型的企业文化表现形式。最后，梅奥还提出了领导者要重视"非正式组织"的存在和作用。这种非正式组织是指"存在于正式组织中，人们在共同的工作中所形成的靠感情和非正式组织规则连接的群体"。这种"非正式组织"是企业文化的一种物质载体，领导者可以参与其中或者对某些行为进行认可或者禁止，从而实现领导者所倡导企业文化在整个企业中的运行。

(2)麦格雷戈的"X—Y"理论。

美国麻省理工学院的心理学家道格拉斯·麦格雷戈（Douglas M. McGregor）在《企业中人的因素》一书中，提出了"X—Y"理论。X理论所代表的是"关于指挥与控制的传统观念"，其假定包括：人一般生来厌恶工作，只要有可能就想逃避工作；人一般愿意受人指挥，希望逃避责任，相对而言没什么进取心，把安全感看得重于一切；人们通常容易受骗，容易受人煽动；人生来就以自我为中心，漠视组织的要求。基于这种对人性的判断，对大多数人必须采用强迫、控制、指挥、威胁、惩罚、解雇等手段，以鞭策他们努力去实现组织的目标。Y理论与X理论对人性的认识恰好相反：一般人并非天生不喜欢工作；外界控制与惩罚的威胁并非是导致向组织目标努力的唯一手段；对任务所做出的承诺与完成任务后所得到的回报成正比；人一般都明白，在恰当的条件下，不仅仅是接受责任，而且要寻求责任；解决组织问题时，水平较高的想象发明和创造的能力在员工中分布很广，在现代工业生活条件下，一般人的智力潜能只是部分得到了利用。

麦格雷戈的基本信念是：组织中的和谐是可以做到的，并不是靠硬性或软性的手段，而是靠改变对人性的假设，要相信他们是可以信任的，能够自我激励、自我控制的，具有将自己的个人目标与组织目标结合起来的能力。即要求管理者要改变对人性的看法，而不是试图去改变人性。麦格雷戈的"X—Y"理论可以作为企业文化建设的理论基础的原因在于：因为员工值得信任，可以自我激励自我控制，因此领导者可以通过某些价值观念的传达对员工的生产效率产生效应。这是企业文化可以在企业中运行并且发挥效应的重要理论基础，为企业文化的建设提供了保证。

(3)其他行为科学理论的主要观点。

所有研究行为科学理论的学者的一个共同的主题：管理中最重要的因素是人，因此要研究人，尊重人，关心人，满足人的需要以调动人的积极性，并创造一种能使组织成员充分发挥能力的工作环境。具体有：强调以人为中心研究管理问题，重视人在组织中的关键作用；强调个人目标和组织目标的一致性；主张在组织中恢复人的尊严，实行民主参与管理，改变上下级之间的关系，由命令服从变为支持帮助，由监督变为引导，实行组织成员的自主自治。

因为前期的科学管理思想尽管在提高劳动生产率方面取得了显著的成绩，但由于忽视了组织中人的情感和成长需要，从而引起员工的不满和社会的责难。所以科学管理已不能适应新的形势，需要新的管理理论和方法来进一步调动员工的积极性，从而提高劳动生产率。由于组织是由一群人组成的，因此需要对人类工作的行为进行研究。所以"行为管理思想"受到广泛重视。

企业文化重视人文的关怀、人力资源的培养和人的思想与企业文化的融合。行为科学提出的"以人为本"的思想，是企业文化建设的基础。

4. 现代管理阶段

现代管理阶段主要理论有：经验管理理论、管理过程理论、人类行为理论、社会系统理论、决策管理理论、组织管理理论、管理科学理论、权变管理理论、战略管理理论、系统管理理论。20世纪80年代，威廉·大内发表了《Z理论——美国企业界怎么迎接日本的挑战》，提出美国式管理的转变核心是信任和关心职工。理查德·帕斯卡尔和托尼·阿索斯在《日本的管理艺术》一书中，详尽地描述了日本企业如何重视"软件的"管理技能，而美国的企业则过分依赖"强硬的"管理技能。可见，企业文化一直是蕴藏在管理理论与实践发展中重要的理论因子。至此阶段，企业文化随着管理学的发展逐渐成熟。它是管理理论发展的必然结果，代表企业文化发展的一种新趋势。

（二）从心理学角度分析文化管理理论

文化是人类的"共同的心理程序"，随着心理学的发展，许多理论和观点为企业文化建设提供了理论基础。

1. 马斯洛的需求层次理论

马斯洛在1943年发表的《人类动机的理论》一书中提出了需求层次论，认为需求包括生理需求、安全需求、社交需求、尊重需求和自我实现需求等五种层次。五种需求像阶梯一样从低到高，按层次逐级递升，但这个次序不是完全固定的，可以变化，也有种种例外情况。一般来说，某一层次的需求相对满足了，就会向高一层次发展，追求更高一层次的需求就成为驱使行为的动力。相应的，获得基本满足的需求就不再是一股激励力量。

马斯洛和其他的行为科学家都认为，一个国家多数人的需求层次结构，是同这个国家的经济发展水平、科技发展水平、文化和人民受教育的程度直接相关的。在不发达国家，生理需求和安全需求占主导的人数比例较大，而高级需求占主导的人数比例较小；在发达国家，则刚好相反。

2. 心理契约理论

最早使用"心理契约"[①]（psychological contract）这一术语的是组织心理学家阿吉里斯（Argyris），他在1960年所著的《理解组织行为》(Understanding organizational behavior) 一书中，将"心理契约"这一术语在20世纪60年代初首先引入到管理领域，强调在员工与组织的相互关系中，除正式雇佣契约规定的内容外，还存在着隐含的、非正式的、未公开说明的相互期望，它们同样是决定员工态度和行为的重要因素。另一位组织行为学家谢恩（Schein）在其《组织心理学》(Organizational psychology) 中将"心理契约"定义为"在任一组织中，每一成员与该组织的各种管理者之间及其他人之间，总是有一套非成文的期望在起作用"。企业文化是企业的最高管理境界，是对制度管理优缺点的一种扬弃。制度是一种书面上的契约，重在约束人的行为；而文化是一种"心理契约"。作为"心理契约"表现形式的"企业文化"对企业、员工及其他社会公众行为规范、约束、协调和激励作用正是通过"心理契约"对企业成员心理活动过程的规范、约束、协调和激励而实现的。只有在无形的"心理契约"（企业文化）和有形的"行为契约"（劳动合同及各种规章制度）共同作用下，企业与员工及其他社会公众之间的合作行为才可能达到空前高度的一致，从而为增强企业凝聚力和核心竞争力提供了基本条件。

企业与员工、员工与员工之间的"心理契约"形成是一个双方协商、妥协和协调一致的结果。它的形成不可能是单向的或者是一厢情

---

① 暴占光：《组织文化与心理契约的理想缔结》，《管理现代化》2005年第1期，第41—44页。

愿，而是一个双向共同完成的过程。"心理契约"的特点主要表现为："心理契约"形成过程相当漫长；"心理契约"具有不稳定性，它将随着社会主体所面临的主客观环境变化而变化；"心理契约"维护与完善的艰难与复杂程度较高；"心理契约"一旦形成其约束时效具有不确定性，但是一般较长；"心理契约"形成可能有两种类型：合作双方共同推动型和某一方主导推动型。

"心理契约"的这些特点决定了作为"心理契约"表现形式的企业文化在一个企业形成并被企业每个成员和其他社会成员接受是一个十分复杂漫长而艰难的过程，而且还决定企业文化形成和发展可能有三种类型：一是企业主导型，即企业组织主动全力推进企业文化建设和管理；二是员工主导型，即员工作为企业文化建设和管理主导主动推进；三是企业组织与员工共同推动型。其中第一种类型最容易失败，或者是容易形成"上层建筑"式企业文化，这种情况在企业文化建设和管理中最常见；第三种类型最容易成功，但是最罕见；第二种往往也比较容易成功，但是需要有高瞻远瞩的企业管理者因势利导，循循善诱。

（三）从社会学角度分析文化管理理论

在社会学的发展历程中，产生了功能主义、冲突论、交换论、符号互动论这四大经典理论。我们可以由此方面了解社会学为企业文化建设提供的理论基础。

1. 功能主义与企业文化

功能主义思想源于19世纪，是社会学中非常重要的一个理论体系。功能主义的基本观点是：社会是一个由那些为了保持一种稳定状态而满足整体需要作用的部分所构成的复杂体系。理解社会学的功能主义对理解企业文化建设的意义有着重要作用。结构功能论是由孔德和斯宾塞提出，是社会学功能主义的基石。结构功能论认为：社会是由处于均衡或平衡状态中的各个相互依赖的部门所构成的体系。社会中数目巨大、种类繁多的企业是构成社会的部门之一。因此，企业之间互相依赖且组合在一起构成社会的一部分。根据结构功能论我们可以看出，企业在进行企业文化建设时，不光要考虑内部因素，还要认真分析其外部环境，其原因就在于此。因为企业是社会组成的一部分，与其他企业、社会的其他要素都在发生着作用,企业文化建设绝不能闭门造车,必须联系内外部环境具体问题具体分析。

2. 冲突论与企业文化

冲突论是社会学中的一个重要理论,认为社会和社会秩序不是被共有的社会价值观粘在一起的,而是由强权维持着,通过运用强权,较有权力的社会成员能够使弱小的社会成员遵守他们的社会价值观。因此,他们研究社会中起主导作用的团体,揭示他们是怎样维护他们的统治以及他们最初是如何获得权力的。冲突论始终强调权力阶级对于社会价值观的控制力。当我们在分析企业文化时,可以参考冲突论分析领导阶级对一个企业文化的重要性。实际上,企业文化的核心就是企业的战略目标,企业其他层面的文化建设都是为了实现核心文化而服务的。企业领导者的价值观决定了企业文化发展的方向。领导者通过不断调整各个层面的企业文化,使其更好地服务其核心价值观。

3. 交换论与企业文化

交换论(又称理性选择理论)认为:人的互动与经济交易相类似,人们在付出与得到资源(象征的、社会赞成或是物质的)、努力争取最大利益的同时,极力避免痛苦、损失和丢脸的事,交换关系趋向于平衡。如果失去平衡,有信用的人就能支配他人。交换论对企业文化建设有着重要的意义。员工在付出与得到资源、努力争取利益时,也在努力避免痛苦、损失和丢脸的事。因此在企业文化建设之中,考虑到这种交换关系趋于平衡,需要切实考虑员工的利益,使企业文化符合员工获得交换关系平衡的要求。例如对优秀员工进行表彰,员工犯错误时进行温和型惩罚等。

4. 符号互动论与企业文化

符号互动论认为,当人们进行社会互动时,他们传递并接受符号性的交流。人们创造出对彼此以及对社会环境的感知。大部分情况下,人们是根据他们的感知而采取行动。人们如何看待自己与他人,完全根据他们的互动。在进行企业文化建设时应该重视这种符号性的交流,加强员工之间的互动。这一理论也为企业文化的许多物质载体提供了理论依据。在企业内,以符号形式展示的企业文化是为员工所接受的。当企业在设计其文化传播路径时,需要考虑这一形式。

(四) 从组织行为学角度分析文化管理理论

企业就是一个组织，组织文化就是企业文化。一般认为组织文化是一个组织主动建构起来的文化，管理活动要求把组织文化当成提高效益的有效资源，不断加以优化，人类学意义上的文化则要求管理活动主动地适应它。

组织行为学是系统研究组织环境中所有成员的行为，以成员个人、群体、整个组织以及外部环境的相互作用所形成的行为为研究对象的学科。从组织行为产生的基础来看，组织行为学实际上是以西方管理领域中行为学派的理论和方法为支柱发展而来的。在梅奥人际关系学说的基础上，许多人类学家、心理学家、社会学家、管理学家等进行了广泛研究，形成了由各种新理论构成的行为科学学派。其中具有代表性的包括：麦格雷戈的"X—Y"理论；马斯洛的需求层次理论；赫茨伯格的"双因素理论"；卢因的"团体动力学理论"；巴纳德的"组织结合理论"。在这些理论中，需求层次理论和"X—Y"理论的影响最大，被认为是西方管理学和管理心理学的重要基础理论。

最早使组织文化引起人们注意的当属迪尔和肯尼迪，后来沙因也对组织文化给予了格外的关注，他们的组织文化研究对管理学界的启发很大。不过需要注意的是，他们的研究主要集中在组织文化存在的普遍性以及创建组织文化的重要性方面。到了20世纪90年代，彼得·圣吉（Peter M. Senge）从另外方面对组织文化进行了专门研究，他回答了该创建怎样的组织文化以及如何创建的问题，他的学习型组织理论把组织文化研究大大地向前推进了一步。此外，近些年来由于经济全球化以及相伴而生的跨国企业的不断涌现而产生的跨文化研究也在很大程度上推动了文化管理理论研究的发展。

彼得·圣吉通过他的学习型组织理论提出随着知识经济的形成，组织的外部环境变得越来越复杂多变。因此，组织必须要善于处理好内部协调，同时也要注重对外部环境的适应，而要同时做到这两个方面，组织必须把知识当成最可贵的资源，鼓励员工积极创新。为了让创新成为组织的一种氛围，使之成为促进组织发展的不竭动力，就必须要创建有利于创新的组织文化，创建"学习型组织"。不断学习对于组织极为重要,"组织的智障妨碍了组织的学习和成长,使组织被另外一种看不见的力量腐蚀,甚至吞没了。因此,90年代最成功的企业将会是'学习型组织',因为未来唯一持久的优势,是有能力比你的竞争对手学习得更快"①。彼得·圣吉指出要使组织成为真正的"学习型组织",必须进行"五项修炼":自我超越、改善心智模式、建立共同愿景、团队学习、系统思考。其中,系统思考最为重要。

彼得·圣吉的"学习型组织"理论所强调的主要是:①不断创新是组织应对外部环境的激烈竞争、追求组织内部行动协调有序的基本举措;②创新需要有创新的文化环境,为此,必须形成有利于创新的文化氛围,把组织建设成"学习型组织"。在这一点上,彼得·圣吉实际上回答了建构什么样的组织文化的问题,他认为,应当建构起鼓励创新的组织文化;③如何建立起鼓励创新的组织文化呢?他强调需加强以系统思考为主要内容的"五项修炼",只有这样,方可使创新成为一种风尚,也才能创造适当的组织条件。

文化管理是人性认识深化的产物,也是组织理论发展的结果,同时,还受到文化探讨特别是跨文化研究的推动。组织文化管理理念和模式是人们综合认识的结晶。组织文化在不同研究路向上的层层推进,使我们能够从组织文化的角度领略文化管理的要义:"它依据人的文化属性,把文化当成一种宝贵的管理资源,旨在强调恰当的组织文化对管理活动具有统领作用"②。组织文化之所以能成为管理资源,主要原因是:具备一定的管理功能,特别是其价值观,能够对组织成员产生导向、协调、规范、激励和凝聚等作用;另外,需要强调的是,组织文化是一种可以人工建造的管理资源。尽管它"也要受制于既定的文化传统,但它更注重在管理中进行文化创新,它批判继承已有的管理文化,强调针对新情况、新问题,创新组织文化"③。人工建造组织文化可能从多方面着手,如从产品外形或包装风格、礼仪和仪式、英雄人物、文化网络

---

① [美]彼得·圣吉:《第五项修炼——学习型组织的艺术与实务》,郭进隆译,上海三联书店1998年版,第1页。

② 高文武、王虎成:《从管理思想发展趋势看文化管理与战略管理的互补》,《长安大学学报》(社会科学版)2011年第3期,第37—42页。

③ 同上。

和价值观等方面打造出独具风格且效果良好的组织文化。但要特别注意，组织文化需适时地更新、重塑或变革（当然也不必全是这样），否则它的效用会逐渐衰退，甚至最终失效。在组织文化中，越是表层的东西，建造就越容易，其管理功能却越不明显。在营造企业文化上，最困难的但最有效的当属树立恰当的价值观。"企业价值观是企业经营的目的、宗旨，即企业为什么存在、企业对其价值的评判标准。企业对价值的评判标准一般有：企业认知价值——真和伪；企业实践价值——经营好与坏；企业行为价值——善与恶；企业艺术价值——美与丑。"[①] 企业文化的导向、凝聚、规范和激励等诸种管理功能，都能在价值观上得到充分体现。它能把全体员工聚集到企业的最高价值目标上来，并且能够使员工认可和赞同企业的决策，使他们的行为自觉趋于一致，利于决策的贯彻实施。

（五）从系统论角度分析文化管理理论

根据系统论的观点，企业文化是一个复杂的系统，具有系统所具有的基本特性。系统是由各个有机要素构成的整体。[②] 由于人们对于企业文化概念的理解不尽相同，所以对企业文化的构成要素也存在诸多不同的看法。西方企业文化学者大都把企业文化界定为企业精神文化。以此为基础，他们提出了不同的企业文化要素观。如美国学者肯尼迪和迪尔认为，企业文化包含5大要素，即企业环境、企业价值观、英雄人物、习俗与仪式、文化网络。帕斯卡等人提出7S模式，即战略、结构、制度、人员、作风、技能和最高目标。威廉·大内则认为一个公司的文化由其传统、风气以及价值观所构成。

1. 企业文化的系统性

从系统论的观点考虑，企业文化具有整体性。即企业作为一个大系统，在考虑和处理问题时，必须从整体出发，合理安排各种经营要素，充分发挥各自的功能，才能使系统整合功能达到最优水平。

企业文化作为一个系统，具有层次性。在这一体系中，首先是作为

[①] 陈佳贵：《企业管理学大辞典》，经济科学出版社2000年版，第38页。
[②] 吴今培，李学伟：《系统科学发展概论》，清华大学出版社2010年版。

其最高层次文化的企业哲学，然后是在总的方法论指导下的目标文化（企业目标）、政治文化（企业民主）、规范文化（企业道德）、制度文化（企业制度）、团体文化（企业群体意识）、功能文化（为发挥文化功能而展开的各种德智体美活动）和实体文化（企业的生产资料、产品以及保健卫生、文化娱乐等设施）。这些内容的文化层次由高向低逐渐拓展，性质由软向硬逐渐增强，因而其功能和作用也各不相同。

企业文化具有开放性。一个系统与环境保持着积极的相互联系与作用。开放性包括功能的开放性和结构的开放性。先进的企业文化，是面向现代化、面向世界、面向未来的。世界瞬息万变，企业的经营者不能墨守成规、故步自封，而要保持清醒的头脑并具有创新意识，保持同外界的动态平衡。

企业文化具有稳定性。企业文化是企业在发展过程中，在生产、经营、管理实践中逐步形成的、占主导地位并为全体员工认同和恪守的共同价值观念和行为准则以及做事方式的总和。企业文化作为一个企业长期历史形成的全体员工的共同价值观与行为模式的总和有其非常强的稳定性，这种稳定性是企业大多数员工心理惯性、思维惯性和行为习惯所导致的。

总之，企业文化是一个整体的、复杂的、开放的、稳定的系统。从系统论的角度出发，有利于更有效地构建企业文化。

2. 企业文化理论基础随系统论发展的建立

系统论的发展经历了从系统思想到系统观、一般系统论的形成和广泛系统论的形成三个阶段。

（1）从系统思想到系统观。

人们对系统的认识可追溯到古代。古希腊朴素辩证法奠基人赫拉克利特在《论自然界》一书中说过，世界是包括一切的整体。古原子论的创始人德谟克利特著的《世界大系统》一书是最早采用"系统"这个词的著作。而古希腊哲学思想集大成者亚里士多德就提出过整体大于它的各部分总和的观点。

在中国，古代儒家的最高典籍《周易》中，以阴、阳排列组合构成八卦，八卦进而重叠演变为六十四卦，并由此比照解释外在世界的状态及变化，体现了系统整体层次结构诸要素交互作用的思想和系统整体动态发展的思想。道家不仅利用系统整体论的思想来解释既成事物的存在状态,而且更紧密地同事物的发生、发展过程结合了起来,认为自然界是自发运动、自我组织的,且这种运动具有内在的规律性。

然而,古代朴素的自然观中整体性、统一性等的系统思想虽然丰富,但缺乏对这一整体的各个细节的认识能力,因而对整体性和统一性的认识是不完全的。同时由于当时自然科学的发展和人们思维能力的限制,人们往往只能用理想、幻想的联系来代替尚未知道的现实的联系,用臆想来补充缺少的事实,用纯粹的想象来填补现实的空白。古代系统思想不可避免地带有思辨性、模糊性,其间,天才的思想同基本的错误交织在一起。直到20世纪40年代,关于系统思想的科学理论——系统论才得以建立。

(2) 一般系统论的形成。

一般系统论或普通系统论,主要是由美籍奥地利生物学家贝塔朗菲(L. V. Bertalanffy, 1901—1971) 创立的。贝塔朗菲认为,存在着适用于综合系统或子系统的模式、原则和规律。普通系统论的目的就是确立适用于系统的一般原则。一般系统论产生的另一个重要原因是具有巨大实践意义的系统分析和系统工程方法的提出。

在系统论发展的前两个阶段,系统论对于企业文化建设的意义是提供了一种系统分析问题的方法。而随着系统论的发展进入第三个阶段——广泛系统论的形成,企业文化在系统论领域有了更强大的理论支撑。

(3) 广泛系统论的形成。

自贝塔朗菲提出一般系统论之后,出现了形而上学领域广泛探讨系统哲学的局面。比较流行的是欧文·拉兹洛的系统哲学,系统哲学的世界观为我们描绘了这样一个图景:从宇宙基本构件到有形自然实体,从有形自然实体到有机生物、人,再从人到大尺度的宇宙星体,一切存在都是相互联系的,但是万物的相互作用不是无序的一团乱麻,而是有组织、有条理的,它们都具有同一或者说不变的构型,这种构型叫作系统。在我们存在的光锥内,这些系统从最基本的能量波产生出来,在相互作用的过程中形成纽结、超纽结,在各种由相互作用构成的条件中,纽结逐步演化出一个我们现在所看到的一个透明的、具有高度有序性的系统世界。在每个等级上，系统都是其下层组分的整体，同时又是上层系统的参加者。在系统等级体系内，每一个等级结构都是协调其下层组分在整体意义上发挥由上层系统决定其配定位置的效能的分界面。由系统为基本构型的存在具有不可还原性，任何一个系统如果拆成其组分后都不可能具有作为整体上存在的系统的特性和功能，这就是整体大于部分之和。在由系统构成的世界中，只有一个方向，那就是从最基本的能量流向日趋复杂化的系统构型发展。这就是说系统的世界具有单一的时间之矢。系统一旦成形，它具有自我稳定特性，这种特性能够使它成为能在各种扰动环境中能够抵抗熵的宇宙的构件（构件的意义就是自稳定），任何一个系统解体都不会完全瓦解到宇宙史开端，同时任何一个系统解体而贡献出来的宇宙要素都能够在现在这个有序的世界中找到一个合乎现有秩序的容身之地。

耗散结构理论、协同学都是研究系统演化的理论，都是试图找到一个能对系统结构的自发形成起支配作用的原理。它们从两个不同的方面，互相补充地说明了系统的演化原理。

四　文化管理的作用

(一) 文化管理是提高企业竞争力的根本手段

文化管理是提高企业竞争力的根本手段，从而决定着企业的规模和寿命，因为文化管理是通过塑造企业共同的价值理念、行为规范来进行的，一个强力型的文化管理促成企业成员协调一致，以合作的方式朝共同的经营方向不懈努力，将形成比核心技术更持久、更坚硬的核心竞争力。大凡世界上著名的大企业都形成了一套独特的企业文化，藉以进行文化管理，激发员工的向心力、亲和力和创造力，往往可以克服一些硬件上的缺陷，减少企业用于人员管理和监督方面的内耗。

从外部来看，好的企业文化会改善企业与顾客的关系，减少获取客户和保留客户的成本，同时还有助于提升企业的社会形象，对企业的未来发展起到推动作用。另一方面，好的文化管理所带来的良好的客户关系和社会形象也可以使企业在相同的时间内争取到更多的客户和利益，使企业在外部获得相对的竞争优势。

（二）文化管理是管理智力资本的基本要求

21世纪是人们公认的知识经济、网络经济、新经济时代。在这种经济条件下最突出的一点是GDP增长中思想、方法、技术和体制等要素的贡献率逐步上升，也就是说现代社会的关键资本不再是资金，而是知识，尤其是持续获得开发和应用新知识的能力。正如专家们认为，知识的价值、作用和地位发生根本变化，促使新的经济形态出现两个显著的特点：一是知识从作为传统经济发展的外生变量转变为知识经济发展的内生变量，二是传统的资本雇佣劳动逐步由劳动雇佣资本所代替。①

从微观经济角度看，现代的企业经营不仅仅是产品市场占有率的争夺，更多的是关于知识的载体——人才的竞争。人才的重要性使得企业管理必须突出对智力资本——人才的管理，然而人作为一个感情复杂的生物体，并不是纯理性的，不会因为组织设定的管理框架或给定的具体任务去按部就班地执行。美国哈佛大学的詹姆斯教授曾得出结论：如果没有激励，一个人的能力只能发挥20%—30%；如果施以激励，个人能力则可发挥到80%—90%。② 美国生产力研究中心的一份报告进一步强调：90%—95%的人认为，意识到自己工作杰出是非常重要的自我激励因素，而且，这比与工作表现相关联的具有吸引力的薪金更重要。③ 因此，一个好的企业不但有规范的管理制度，还要有一个激发员工上进的优秀的企业文化，特别是对具有高智力的人才更需要赋予体现自我、实现自我的权利和机会。企业通过文化将胸怀共同信念的人组织到一起，以文化、价值等人文因素来指导、规范企业的物质、制度等理性因素，使管理的效率更多地体现在人的自觉和自我激励上。

（三）文化管理是提升企业商誉的主要保证

信誉指的是诚实守信的声誉。企业通过诚实守信的经营可以获得高

---

① 洪智敏：《知识经济：对传统经济理论的挑战》，《经济研究》1998年第6期，第36—39页。
② 罗蕾：《双赢与竞争》，《科技进步与对策》2001年第12期，第45—47页。
③ 张静抒：《让员工的激情点燃企业成功的火焰——激情管理》，《管理科学》2001年第11期，第35—37页。

于企业正常投资报酬率的回报。信誉是一种新的资本形态,是企业的一种无形资产,我们习惯称之为商誉。成功的企业一般是建立在诚信的网络基础上,这个网络包括了企业的管理者、雇员、股东、供应商和顾客及其他们之间的信用关系。处在失信的文化环境中,企业对与之相关的利益群体的所作所为失去信任感,就会千方百计地保护自己的利益不受损害,最终导致企业陷入恶性的竞争中,信誉对企业及整个地区经济的正常发展是很重要的。

经济学中的"帕累托最优"强调,在完全竞争的经济中实现了价格与产量一般均衡时,没有一个经济实体能使自己的境况变好,而不使其他某个经济实体的境况变坏。换句话说,在一个有效率的经济体系内一个企业可以做到在不损害他人利益的基础上改善自己的生存状况,当达到效率最优时,企业只考虑自己利益的任何行为都会损害到他人利益甚至整个经济体系的利益。这个定理应用于企业的信誉经营,同样是非常适合的。也就是说,一个经济实体在市场经济的条件下可以利用信誉经营来保证自己的利益,如果该经济实体违反企业信誉和企业伦理,在经营中损害到他人利益,则会影响整个经济体系的效率改善,最终也会损害到自己的利益。

因此,如何建立企业信誉机制,确立诚信经营理念是当前企业管理中的一个大问题。这一切又不是单靠管理制度的健全所能做到的。美国可称得上是世界上各项制度最健全的国家之一,但从2001年以来一系列的大公司虚报利润的案件动摇了人们的投资信心,这是惨痛的教训。所以,我们必须从人抓起,从人的文化价值观念上抓起,在建立企业文化时就牢牢树立信誉经营的观念,并且使诚信观念深入到每个经营者的心中,贯彻到企业经营的每一环节中去,才能提高企业的商誉,从而确保企业的长远发展。[①]

---

① 王立凤:《论企业的文化管理与文化建设》,硕士学位论文西北大学,2003年。

第三章　学科文化体系的构建

文化是一个大学赖以生存、发展的重要根基和命脉，也是大学间相互区别的重要标志和特征。21世纪，在市场化、信息化、全球化的背景下，大学的基本属性、功能定位、办学宗旨同20世纪相比发生了深刻的变化。大学之路怎么走、它在社会生活和人的成长中应该起到怎样的作用等一系列重大问题开始进入人们的视野。在思考和研究中，人们发现大学学科的发展需要找到一种起统摄作用的形而上的要素——学科文化。深入系统地研究大学学科文化，构建学科文化体系，有助于全面了解不同类型学科的文化底蕴，准确把握大学学科的本质、使命和责任。

一　学科的概念

学科（discipline）一词的英文来源于拉丁文动词"discere"（学习）以及由其派生出来的名词"discipulus"（学习者）。Discipline具有多重而又相关的含义，包括学科、学术领域、课程、纪律、严格的训练、规范准则、戒律、约束以及熏陶等。《现代汉语词典》将学科定义为"按照学问性质而分的门类。"《辞海》将学科释义为"学术的分类或教学的科目"。我国第一个学科分类国家标准——《中国国家标准：学科分类与代码》则认为"学科是相对独立的知识体系"。美国著名教育学家伯顿·R. 克拉克认为，"学科明显是一种联结化学家与化学家、心理学家与心理学家、历史学家与历史学家的专门化组织方式。它按学科，即通过知识领导实现专门化。"① 托尼·比彻把学科看作是一个个既相互独立又相互联系的"学术部落"。综合上述观点，不论是把学科看成是一定科学领域或一门科学的分支，还是把学科看作是按照学问的性质而划分的门类或一种相对独立的知识体系，学科都是用来指称科学、学问或知识的一个部门的概念。

学科的内涵可以归纳为以下几个方面：①学科的基本内涵是相对独立的知识体系，是一定科学领域的分支和具有相同或类似知识的集合体；②学科有自己的逻辑发展规律，并表现出自身特有的独立性；③学科研究的对象具有稳定性，总是以特定的知识和事物作为自己的研究对象；④学科也是一种专门化组织，是划分和组合学术活动的基本方式，其中学术带头人及其确立的学科研究方向是学科存在和发展的关键所在。大学学科是高等教育学术系统中的基本组织，是承载大学三大基本职能的平台，是大学赖以生存和发展的核心。现代学科学研究认为，学科必须具有以下四个条件：专业组织、独特的语言系统、特殊的研究策略、特有的规则。学科的基本特征是学术性，具体体现在单元独立、保持张力、注重实效、自由探索。现代学科发展的一个重要趋势是各门学科、各层次分支学科将不断地交叉、综合，学科朝着在一个领域内不断深入同时在多个领域交叉的整体化方向发展。

学科和专业是两个联系最为密切的概念，在相当长时间内，人们往往把二者当作同一概念使用。学科与专业事实上是既有区别又有联系的概念。主要区别表现在：①在概念的内涵方面，学科是指根据知识分类而对人才进行定向培养的一种组织形式，专业是大学根据社会分工对人才进行定向培养的一种组织形式；②从结构上看，构成学科的元素是知识单元，而构成专业的元素是课程；③从发展过程看，学科发展的核心是科研，专业发展的核心是教学；④从发展动力看，学科发展动力是多元的，主要来自学者的好奇心和社会需求，专业发展的动力主要来自于社会需求；⑤从形成过程来看，一门新学科的形成主要表现在学科知识体系的成熟与完善，而一个新专业的设置则主要取决于办学者对该专业

---

① [美]伯顿·R. 克拉克：《高等教育系统——学术组织的跨国研究》，杭州大学出版社1994年版，第34页。

人才社会需求的价值判断；⑥从专业和学科起源看，学科分化在前，专业形成在后，并且随着科学技术的迅猛发展，新兴学科及学科群的涌现，专业形成往往落后于学科发展。学科与专业的联系在于，二者都以专业人才的培养为目标，都与一定知识相联系，以一定组织机构为依托，都是师生活动的主要领域。专业的划分通常以学科分类为基础，与社会职业分工需要相对应。

二 学科文化的概念

（一）学科文化的内涵

学科文化概念的出现是在大学教育高度发展以后。从现有可查阅的研究资料发现，最早关注学科及其相关理论的当属伯顿·R. 克拉克（Burton R. Clark）。他在1963年提到，"不同学科教员的亚文化正在形成，随着各学科成员的工作和学术观点的专业化……学科的存在就像不同的阶级之间，有各自独特的文化"[1]。此时，伯顿·R. 克拉克意识到，不同学科人由于不同的工作和生活习惯而具有不同的文化，但是他还没有正式提出"学科文化"这一术语。此后，T. Becher、Oili-Helena Ylijoki 等在伯顿·R. 克拉克研究基础上进行了更进一步的研究，但都没有对"学科文化"进行明确的定义。在国内，关于学科文化方面的研究十分缺乏，文献统计显示1998—2014年期间的学科文化方面的学术论文仅十余篇，这些文献初步提出了学科文化的概念，并探讨了相应的内涵、特征和功能等。由于研究视角不同，对"学科文化"具有如下不同观点：

从管理角度，提出学科文化是一定范围内的人们在学科建设与发展过程中，通过有计划、有目的的建设和培养逐渐形成的，具有科学意义的、能有效指导学科建设实践的、以管理为目的的独特的文化体系和系

---

[1] Becher T., Paul R., *Trowler Academic Tribes and Territories*, Buckingham: SRHE & Open UniversitPress, 2001 (Second Editon), pp. 44-46.

统完整的、以文化为内容和手段的管理理论体系。[1]

从内容角度，提出学科文化是指由历代学者在创建该学科的过程中，发现、创造和形成的学科理论体系以及所具有的思想、方法、概念、定律，是学科中所采用的语言符号、价值标准、科学精神或人文精神、文化产品以及工作方法的总和。[2]

从系统的角度，提出伴随学科知识发展而产生的同质性文化因子及其系统可统称为学科文化。[3]

从发展的角度，提出学科文化是人们在探索、研究、发展学科知识过程中积累而形成的独有的语言、价值标准、伦理规范、思维与行为方式等。[4]

从知识本源的角度提出大学学科文化是学者在一定时期内创造的以知识为本原、以学科为载体的各种语言符号、理论方法、价值标准、伦理规范以及思维与行为方式的总和。[5]

由于学科的含义丰富，对学科文化的理解也各有千秋。因此，笔者认为，不同的视角理解学科文化都有其侧重点，也有其局限性。比如以管理的角度来定义学科文化忽视了学科文化的全息性。学科文化的全息传播意味着学科文化以一种不受任何单一个人或团体直接控制的方式渗入到学科组织活动当中。从内容的角度或学科文化要素的角度来定义，是偏重一种静态的理解。学科文化分析是以一种特殊的方式来解读学者共同体的一种实践活动。这种实践活动的复杂性取决于学科性质的复杂性。学科文化不仅仅是从发送者到接受者的单线形式，不仅表现为一种内容的传播，其中还包括了参与者之间诸如对话的交流方式、学科文化产品的各种各样的使用等问题。

总之，学科文化作为一种文化体系，是学者、学科、知识三者在动态过程中相互影响的产物，是形而上的运思艺术和形而下的技术和技巧

---

[1] 李余生等：《学科文化建设的理性认识与思考——学科文化及其与学科建设和发展的关系》，《国土资源科技管理》2001年第4期。

[2] 薛瑞丰等：《浅谈学科文化教育与学科知识教育的关系》，《华北水利水电学院学报》2001年第3期。

[3] 唐安奎：《学科、学科文化与研究生教育》，《学位与研究生教育》2005年第12期。

[4] 刘权、邹晓东：《大学学科核心能力初探》，《辽宁教育研究》2004年第2期。

[5] 蒋洪池：《大学学科文化的内涵探析》，《江苏高教》2007年第3期。

等的有机统一的理论抽象，是社会文化在学科中的发散和分支，也是大学学术传统或学术文化体系向外发散的分支，是一个复杂的体系。学科文化管理则是指学科文化的梳理、凝练、深植、提升，是一个循环往复、螺旋上升的过程。

（二）学科文化与大学文化的联系

大学一向以学科齐全、不同学科学术研究人员齐聚共同研究学问而获得其他社会机构无法比拟的优势。学科文化就成为大学文化最核心的组成部分。一所大学学科建设程度高，学科语言符号系统和学科范式完善，学科领军人物或学科带头人成就显赫等，是一所大学文化最值得称道的地方，也是一所大学持续健康发展的动力所在。反过来，学科文化也需要大学文化提供一个良好的学术研究氛围。从管理的视角看，学科文化和大学文化都可以上升到管理的高度来研究，努力提高学科建设效果和大学管理效率。

（三）学科文化与大学文化的区别

学科文化与大学文化的差异是显而易见的。

学科文化最核心的是学科特有的语言符号系统和学科范式的形成和积淀，它是学科成熟发展的重要标志之一。大学文化最核心的是大学精神、理念等的凝结，它是大学持续发展的精神支柱。此外，学科文化与大学文化所涉及的范围是不同的，学科文化主要就一个学科领域而言，而大学文化要关注整个大学范围的文化认同和思维方式、行为方式的一贯性。

三 学科文化的特点

（一）学术性

作为学术组织，高等教育系统是由以知识为材料从事学术工作的群体所构成的，这些人被冠之以"学人""学者"或"知识分子"的称号。高等学校传授科学知识、发展科学知识的任务使得"每一个学科领域都在教学、研究和其他运用知识的活动中扮演第一线的角色。"①学科第一线的角色,决定着大学一切活动都需要围绕学科的发展和建设来进行,大学庞大而复杂的管理行政部门是为学科发展服务的,科学研究、教学和为社会服务职能的拓展不仅是经济社会发展的需要,也是学科自身演化发展的需要。因而,大学围绕学科而进行的各项活动要么本身具有学术性,要么是为学术研究活动服务的,大学学科建设进程中形成的学科文化必然具有较强的学术性。

(二) 内隐性

学科建设过程中我们常常容易看到人才队伍的建设、学术创新平台的构建、学术创新团队的培育、学术研究基地的创建、经费的投入以及设备的购置,但是,内隐性的学科文化常常不易被觉察,难以把握,因为学科文化只能由其学术成员模糊地感受到。伯顿·R.克拉克以纯理论性质的数学为例,举例说明了数学学科中所蕴藏的内隐性文化,斯坦尼斯劳·尤勒姆高瞻远瞩地指出:数学的美学方面在数学的成长过程中一直具有压倒一切的重要性。它在乎的不是定理是不是有用,而是如何使之更优雅。非数学家,甚至其他科学家中,也极少有人能充分理解数学的美学价值,但这种价值对于数学的使用者是不可否认的。然而,可以从反面看看所谓的数学的简朴一面。这种简朴与不得不谨小慎微和不得不做对每一步骤有关。在数学里,不能用宽大的刷子作画,所有的空隙必须在某个时候加以填满。②学科文化内隐性也许是学科建设进程中长期不被重视的原因之一。

(三) 独特性

每所大学学科的持续健康发展,都必须建立在特色鲜明的学科文化基础之上,中南大学高等教育研究所蔡言厚教授认为大学在沧桑岁月中经长期积淀而成的"个性鲜明的大学文化"就生动形象地揭示了学科文化的独特性。我们可以模仿一所大学学科建设中所建造的设施先进、设备先进的

---

① [美]伯顿·R.克拉克:《高等教育系统——学术组织的跨国研究》,杭州大学出版社1987年版,第45页。
② 同上书,第58页。

实验室，可以以高待遇、高条件挖走优秀人才，但是，一所大学学科建设进程中长期形成的独特的学科文化是无法模仿，更是无法被带走的。学科文化的独特性与大学的办学历史传统、办学思路、办学条件，以及大学所在区域经济社会发展水平等有很大关系，是它们共同作用的结果。

（四）多样性

不同国家、不同类型、不同层次的高等学校，由于学科建设水平和能力不同，学科发展历史背景和社会经济发展水平的缘由，同一学科的学科文化展现出不同的特征，不同的学科文化、不同的研究背景和研究思维，从不同的角度共同推进学科的深化发展。而不同的学科由于语言符号系统、价值取向、思维习惯等方面的巨大差异，学科文化呈现出丰富多彩的文化品位。同一高等学校，不同学科文化的差异，是大学文化多样性发展的表征。

（五）稳定性

任何学科的形成与发展都呈现出一个分化—综合—再分化—再综合的脉络，学科本身的丰富和发展是一个动态化的过程。但是，学科建设发展进程中积淀形成的特有语言符号系统、学科范式以及成员共同遵守的学术观念、学术规训制度等学科文化，使外行人常常感到高不可攀，在学科发展进程中具有相对的稳定性。可以说，稳定的学科文化的形成也是衡量学科发展是否成熟的一个重要标志。学科文化一经形成将影响甚至决定着学科内部成员的学术研究习惯、思维方式和行为方式等，促使学术成员以共同的学科文化为中心发展和丰富学科知识体系。①

四 学科文化的构成要素分析

（一）学科文化的组成要素

学科文化作为文化的一个亚类，和其他任何一种亚文化一样，具有

---

① 郑红午：《大学学科建设进程中的学科文化研究》，硕士学位论文，山西大学，2007年。

广义文化的特性。根据人类学之父爱德华·泰勒（E. B. Tylor）对文化所下的经典性定义，"文化或文明，是一复合整体，包括知识、信仰、艺术、道德、法律、习俗以及作为一个社会成员的人所习得的其他一切能力和习惯。"[①] 显然，这个定义将文化解释为社会发展过程中人类创造物的总称，包括物质技术、社会规范和观念精神。其中道德标准和习俗可以反映一个民族的思维方式，而法律和艺术则是他们的行为和语言表达方式。所以，泰勒的广义文化反映的要素包括：知识、信仰、行为习惯、思维和语言表达方式等。

国内一些研究者也对学科要素提出了自己的看法。唐安奎认为学科文化包括学科价值观、学科思维方式、学科规范、学科话语系统、学科的偶像等五个方面；[②] 李余生认为学科文化由学科环境、价值观、榜样、仪式典礼、学科文化网等五部分构成；[③] 薛瑞丰等认为学科文化包含知识体系、语言符号、观念形态、文化产品等四部分；[④] 庞青山认为学科材料即学科知识本身特性；[⑤] 蒋洪池则认为学科文化存在三种基本要素：人、知识和学科。[⑥]

不同的学者之所以对学科文化要素认识存在差异，除源自不同学者的研究领域和视角差别外，更重要原因在于学科文化自身的复杂性。从哲学的角度看，任何事物都有现象和本质、形式和内容之分，学科文化也不例外。那些已经公开宣传和倡导的、外人能够直接感知的、现象上和形式上的学科文化因素属于显性要素，容易被人们发现和接受；而那些由学科主体心理体验而外人不能够感知的、其至学科主体也难以直接感知的或近乎超感知的、本质上和内容上的因素属于隐性要素。正是由于构成学科文化

[①] Tylor E. B., *Primitive Culture*, [sine loco]: [sine nomine], 1871. Quoted from: Encyclopedia Britannica. The Concept and Components of Culture [K] // Encyclopedia Britannica. The New Encyclopedia Britannica, Volume 16. Chicago: Encyclopedia Britannica, Inc., 1992, p. 874.

[②] 唐安奎：《学科、学科文化与研究生教育》，《学位与研究生教育》2005 年第 12 期，第 6—9 页。

[③] 李余生等：《高校学科文化及其建设探讨之一：学科文化的涵义》，《地质科技管理》1998（增刊），第 45—50 页。

[④] 薛瑞丰等：《浅谈学科文化教育与学科知识教育的关系》，《华北水利水电学院学报》2001 年第 9 期，第 78—79 页。

[⑤] 庞青山：《大学学科论》，广东教育出版社 2006 年版，第 256—261 页。

[⑥] 蒋洪池：《大学学科文化的内涵探析》，《江苏高教》2007 年第 3 期。

的众多因素存在形态不同，不同研究者得到了不同的结论。

事实上，综合上面提到的研究者对学科文化要素的认识，我们基本上能够较全面地看到学科文化要素的主要内容：学科价值观、学科思维方式、学科规范、学科话语系统、学科偶像（榜样）、学科环境、仪式典礼、学科文化网、知识体系、语言符号、观念形态、学科主体等。由于这些研究者研究领域和目的的差异，这些要素有的抽象，有的具体，存在概念不对等的情形。通过大量调查和研究，从构成学科文化要素的显隐差别上，将学科文化要素归结为显性要素和隐性要素两大类，如图3—1 所示。

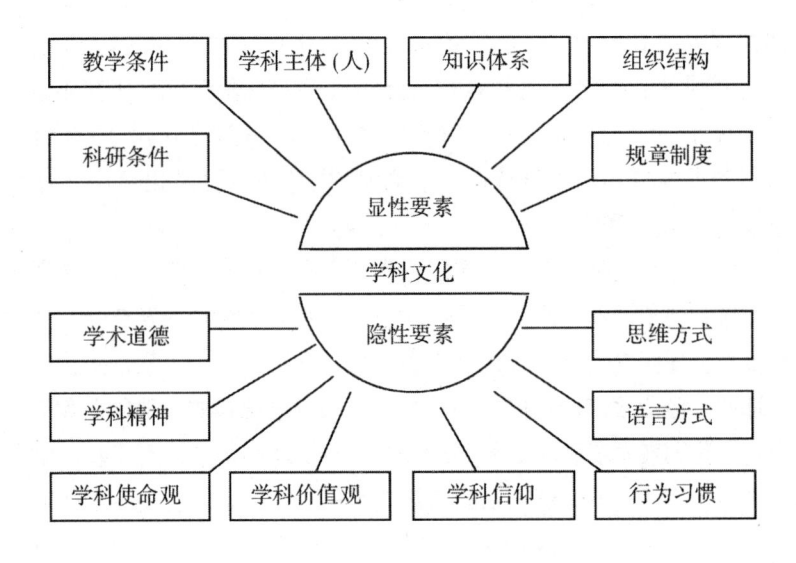

图 3—1 学科文化要素图

对于学科文化显性要素和隐性要素的关系，文化学家 E. 霍尔（Hall）曾说过，"文化存在于两个层次中：公开的文化和隐蔽的文化。前者可见并能描述，后者不可见甚至连受过专门训练的观察者都难以察知"。学科文化中的显性要素和隐性要素都是学科文化的有效载体，在学科文化体系中处于不同的地位，相互交融，相互作用，相互渗透，发挥着各不相同的功能。学科文化显性要素和隐性要素是不能分离的，隐性要素反映学科文化的内在品质，决定显性要素的发展方向和表现形态。显性要素则受制于隐性要素，是隐性要素的外在表现。

学科文化的显性要素主要是指学科文化得以形成并赖以存在的客观因素，包括科研条件、教学条件、学科知识体系、学科组织结构、学科规章制度和作为学科主体的教师、学生及行政人员。

学科文化的隐性要素表达的是学科的信仰系统、价值观点、思维和行为模式等，主要包括学科使命观、价值观、学科信仰、学科精神、学科思维方式、语言方式、行为习惯及学术道德等。

（二）学科文化要素及作用分析

无论显性要素还是隐性要素，其存在学科文化中都因为具备不可或缺的功用。在学科文化的众多要素中，显性要素直接告诉人们"具备什么"或"应该做什么"，而隐性要素则暗示或无形中约束学科主体"应当怎样做"。从管理的角度来看，人们对显性要素的接受主要靠灌输，甚至有时这种灌输是强制性的；而隐性要素的接受过程则是学科主体自然地受到启发和感染，这种内化过程是自发的、主动的。在学科文化建设和管理中，人们普遍希望通过对显性要素的适当操控，达到对隐性要素不断强化，最终实现学科文化的健康发展。但在实际的操作过程中，人们往往出现"本本主义""形而上学"错误，照搬书本或其他学科的管理模式对自身的学科进行管理，最终优秀的东西得不到发挥、劣质的东西得不到剔除，从而影响整个学科的健康发展。造成这种结果的原因往往十分复杂，但大多数情况源于管理者对学科文化各部分功能认识的缺乏，致使各要素没有发挥功用的土壤，甚至出现要素错位，产生负面效果。因此，有必要对构成学科文化的各要素进行深入分析。

1. 学科知识体系

学科知识是学科文化的最初根源和最根本实体。它包括学科内容、学科界限、各分支统一的程度、相近学科的情况、学科理论的作用、学科专门技术的重要性、学科量化和模式化程度、学科研究成果等。"知识是人类认识的成果和结晶"，"包括经验知识和理论知识"，"以概念、判断、推理、假说、预见等思维形式和范畴体系表现自身的存在"[①]，

[①] 冯契主编：《哲学大辞典》，上海辞书出版社1992年版，第1010页。

知识不成体系，则不成学科。这是因为学科是知识分化的产物，多根（Dogen M.）和帕尔（Pahr R.）指出了这种分化的路径："这种分裂循着几条线索进行：研究对象、方法、理论、认识论上的预设和意识形态。"[①] 知识的演进始终处于动态变化中，学科因此呈现纵深分化和综合化两种趋势，学科知识体系分化的同时也导致学科的分化发展。不同学科知识体系的交叉和融合会导致两种结果出现：一是新兴知识体系的产生，形成新的学科；二是给原有的学科知识体系注入新的成分，使学科疆域扩大甚至升级。

2. 学科主体

学科主体主要指学科知识和信仰体系的奠基者、创建者与继承者，即通常说的学科带头人、教师、学生及行政人员等。学科带头人在学科部落享有偶像地位。这些学科偶像人物只占学科成员的极少数，他们从社会发展需求中审视发现、定位和确立学科，建立学科知识和信仰体系，并以学科知识和信仰体系为依据，圈定学科疆域[②]，然后通过榜样和言说等方式，构选出学科疆域的思维、言说、教学和行为规范（norms）、原则（principles）和标准（standards）。学科带头人的学术贡献、学术功底、学术视野、学术风格和科研精神等是学科成员的生活目标和精神寄托，对后继者起着重要的提携和促进作用。

学科部落普通成员包括教师、学生和行政人员，占学科成员的绝大多数，他们对学科知识和信仰的传承也不容忽视，对学科知识和信仰体系起十分重要的保存和延续作用。在很多学科疆域，不是每一代学科人都能丰富和发展学科，实际上，学科的维持，保存和延续一样不可缺少，学科人中间绝大多数人对学科的贡献不是丰富和发展，而是维持。

3. 教学科研条件

教学科研条件主要指学科知识发展、传递过程中所用到的经费、实验设备、场所、图书资料等。教学科研条件是学科发展的物化平台，它是学科内各项活动的基础，是学科建设的具体物质体现。

---

① ［美］华勒斯坦等：《学科·知识·权力》，生活·读书·新知三联书店1999年版，第30页。

② Becher T., Paul R., *Trowler Academic Tribes and Territories*, Buckingham：SRHE & Open University Press, 2001 (Second Editon), p. 58.

4. 组织结构与规章制度

学科组织结构对学科制度文化的形成有很大的影响力。规章制度是学科组织中规范学者社会行为和社会关系的一些规范以及教学、科研等操作的制度。学科为了有效实现学科目标而筹划建立的学科内部各组成部分及其关系，必须对学科众多的人和事进行有序归类。学科文化类似一个生物体，主要依赖组织结构这个有机体的骨骼来构造。因此，组织机构是否适应学科管理的要求，对学科生存和发展有很大的影响。不同的学科文化有不同的组织机构，不同的组织机构又产生不同的学科人行为，进而形成不同的学科文化。科层组织容易形成"官僚文化"，事业制建制容易形成"各自为政"的文化。有什么样的组织机构就会产生什么样的学科文化，任何一种学科文化都会存在一定的优缺点，关键是如何通过有效的文化沟通和传播机制，消除不良的文化因子，充分发挥优异文化因子的积极作用。

5. 学科信仰

学科的信仰指存在于学科体系中那些不能被理性分析和经验证明的认定事物根本性质的判断和命题，包括公理和基本假设，以及学科人在学科实践中对这种信仰的精神体验和情感寄托。

对于信仰，克拉克曾经引用马克斯·韦伯（Max Weber）的著名比喻：信念就像扳道工，指点利益能沿着前进的轨道。[①] 在学科中，学科的基本信念引领学科的研究方向。学科信仰及信仰感情不是基于对学科知识的认识理解，而是基于直觉、感觉，基于生命的本能或天性所形成的一种心理倾向，是维持学科稳定的重要精神因素。学科信仰的产生出于两方面的原因。首先，是对学科揭示宇宙奥秘、人类在宇宙中的地位和人类的生存意义、目的的关切，并由此对宇宙产生出神秘敬畏和向往之情，同时也是对人类自身存在意义和秘密的揭示。人类探求学科，追求各学科知识，乃是要打破这个谜底，使自己成为宇宙中、社会中自觉而又自主的存在。凡是成功地吸引了人们的学科信仰，都以一种至高的人生意义激起学科人的敬仰与向往之情。其次，是学科信仰为人类在

---

① ［美］克拉克：《探究的场所——现代大学的科研和研究生教育》，王承绪译，浙江教育出版社 2001 年版，第 25 页。

漫长的自然界和社会环境生活中对支配自己的外部力量所形成的依赖感、神圣感提供了寄托。这些支配人类的自然力量和社会力量以其强大、偶然和无情，在人的心灵上激起感激、恐怖、神秘、伟大、庄严等情感，当不同学科以一定的方式将这些力量予以解释或转化时，人们的情感也就转移到不同学科中来了。

6. 学科价值观

学科价值观是在尊重高等教育基本价值观——社会正义、能力、自由和忠诚的基础上得以确立的，学科价值观的确立包括学科社会价值、学科自身价值的确立。[1]

陈士衡在讨论高等教育的社会价值及其取向时提出："高等教育的社会价值是它对社会的作用和意义，是将社会作为价值主体的角度来评价高等教育的意义及作用。高等教育的社会价值可以分为社会实践价值和日常生活价值。其中社会实践价值又包括经济价值、文化价值、科技和教育价值。"[2] 大学学科作为高等教育的承载者和实施者，它也应该是其价值的承担者，所以，其社会价值即它对社会的作用和意义，应包括社会实践价值和日常生活价值。

学科的社会实践价值是从学科对整个社会实践的作用来说的，其经济价值、文化价值、科技教育价值是通过其学科研究和教学成果的运用、传播和对专门人才的培养以及对社会生产关系、价值观体系和社会文化水平的调节、维持和完善来实现对社会发展的促进；学科的日常生活价值体现在提高作为单个社会成员——人的德、智、体、美、劳等方面的素质水平上。

事实上，无论是学科的社会实践价值还是学科的日常行为价值都需要通过学科的教育价值来实现，没有教育价值，学科知识成果就不能在社会上运用与传播，良好的学科经验与知识就不能转化为作为社会主体的人的素质，就不能促进社会的发展。所以，学科的教育价值应该是学科社会价值的根本价值。学科教育价值是指教学活动和主体需要的关

---

[1] ［美］克拉克：《探究的场所——现代大学的科研和研究生教育》，王承绪译，浙江教育出版社 1994 年版，第 273—283 页。

[2] 陈士衡：《试论高等教育的社会价值及其取向》，《吉林教育科学》2000 年第 1 期，第 12 页。

系，即作为教学内容的学科教学，应当满足学生这个主体的哪些需要。如果以人的素质结构来分析这些需要，使学生获得必要的知识、能力、品格、方法就是教学活动的基本价值，所以，教学应当具有知识价值、能力价值、品格价值和方法价值。[①] 这四个层面的地位和相互作用应当是：以知识为基础，能力为中心，品格为保证，方法为手段。大部分学科都强调学科教学以品格和能力为中心，这不但是教育的本质要求，也是科技迅速发展、生产力智能化的要求。这种中心价值观对教师教学指导思想的形成至关重要，因为关系到所培养的人才是否符合社会的需要。

学科自身价值是指学科自身的知识价值。学科知识作为学科主体研究、学习和掌握的客体，其价值包括两个方面：首先，它是客观事物的代表，且揭示了比较普遍的事物发展规律，具有广泛的应用性。其特点是文字、符号、图形都可以建立起人们对事物及其发展状况的概念，并在一定科学假说的范畴内揭示事物发展的规律。其次，它是能力、品格、方法三项价值得以形成的基础。知识作为人们改造世界、认识世界的精神成果，是凭借人的能力、品格、方法将非我内化为自我，再将自我外化成非我才取得的知识形态。对于能力、品格、方法的形成与发展，知识比客观世界中的原型对象具有更为丰富的营养。因此，学习知识就是认识世界。

学科社会价值观的确立，可以使不同学科文化在正确价值观的指导下健康定位与发展，为人类、自然与社会的和谐发展做出贡献。

7. 学科使命观

学科使命观表达学科存在的宗旨及需要承担的社会责任。学科宗旨是学科的最终目的，也是每一个学科都必须回答的首要问题。同时，学科作为法人，生存在这个社会上，当然要承担一定的责任，这是与它的权利相对应的，简单地说，学科要承担起对社会的责任、对大学的责任、对学科命运的责任和对学科主体的责任。只有全面承担起四方面责任的学科，才是一个全面负责的学科。缺少任何一方面，都是责任不全或不够负责任。

---

① 尚凤祥：《现代教学价值体系论》，教育科学出版社 1996 年版，第 8 页。

8. 学科精神

学科精神是一种推动学科进步的精神力量。它概括了学科人的精神要素，代表着学科人为完成使命、达到目标、实现愿望的强烈意识和心理取向。一般地说，学科精神是学科主体共同一致、彼此共鸣的内心态度、意志状况和精神境界。它可以激发大多数学科成员的积极性，增强学科活力。学科精神，是学科主体成员群体心理定势的主导意识，这种群体心理定势，既可通过明确的意识支配行为，也可以通过潜意识产生行为。其精神信念化的结果，大大提高学科人主动承担责任和修正个人行为的自觉性，从而主动地关注学科前途，维护学科的声誉，为学科贡献自己的全部力量。

9. 学术道德

学术道德是学术研究活动中必须遵守的道德基准，主要是出于学术内在的伦理需求。它是提高学术水平、实现学术积累和创新的基本保障。学术工作作为一项特殊的事业，必须恪守一些基本的道德准则，这些准则主要有：学术研究必须诚实；必须服务于人类文明、和平与进步事业；必须基于信任，包括公众对知识、对科研工作者的信任及其之间的相互信任；必须坚持严格、严肃、严密的作风，确保研究工作的质量。加强学术道德建设是实施科教兴国战略、维护学术价值、促进学术发展的需要。只有具备好的学术道德氛围，才能造就良好的学风，保证学术研究的持续性发展，激发和提高研究人员的创新能力和科技竞争力，为科教兴国和民族复兴做出应有的学术贡献。

加强学术道德建设是每个教师和科研工作者学术事业发展的需要。高尚的学术道德和优良的学风传统是每个学者宝贵的精神财富，是激励他们无怨无悔献身科学、发展自己学术事业的精神力量，是学者学术生命的根本保障。一流的科学研究与高尚的学术道德情操是相辅相成的，好的学风，必然与科学发现一起被世代传颂。相反，那些急功近利，为职称、虚名、实利而粗制滥造的人，那些不惜媚于世俗、热衷炒作的人，那些置学术信誉于不顾，以弄虚造假、抄袭剽窃的手段博取一时名利的人，或能逞于一时，但终将被科学发展进程淘汰，或现形当世，或贻笑后人。

10. 学科思维方式与语言方式

学科思维方式是学科疆域内特有的判断、分析、推理等方式。语言方式是思维的物质外壳与呈现形式。不同疆域的学科人有不同的思维方式，正如俗话所说的"仁者见仁，智者见智"。对同一事物，甲学科可能从宏观整体入手；乙学科可能更注重细节探究；丙学科可能注重逻辑思辨，进行坚实论证和严密推理；丁学科可能更注重发散性的思考，强调新的思想和观念。① 例如，对于地震问题，物理学学科人都从地壳内能量的如何聚集与如何释放等角度进行思考，天文和数学学科人都致力于地震序列的周期和非线性行为的分析，化学学科人则偏于从活性元素由深而浅的动态中思考地震过程的伴生现象，生物学学科人则有趣地探索地震发生前有何种物理因素引起生物的异常行动。

11. 行为习惯

行为习惯是学科主体在开展学科知识创新、学科建设、学科知识传播过程中经过多次实践，形成按照一定模式动作的、自动化的、被认为有利于学科发展的行为体系。在学科生活中，学术行为习惯也像铁轨一样规定着学科人的学术生活，使同一学科人也表现出统一性。所以，深入探究某一学科文化要从其一致性——行为习惯入手。由于学术生活主要包括教学和科研两种活动，所以教学和研究习惯是学科文化的主要生存样式和首要表现形式。

教学行为习惯是指在教学活动中固定的、首要的、当然的行为方式的选择。教学是由教师的教和学生的学所组成的双边活动。在教师有目的、有计划、有组织的指导下，学生掌握系统的文化科学基础知识和基本技能，并在此基础上发展能力，增强体质，形成一定社会所期望的道德品质。② 对学科来说，这些行为习惯可以固定化为教学的行为准则。学科新人从学术生涯开始就接受已有学科行为习惯的规训，并在不知不觉中成长掌握，最后成为自身的习惯。研究习惯与学科的特点和研究目的直接联系。自然科学、工程技术、医学和农业科学方面的科学研究活动，旨在确定自然现象之间的联系和自然现象的性质，发展关于自然规

---

① 唐安奎：《学科、学科文化与研究生教育》，《学位与研究生教育》2005年第12期，第23页。

② 张焕庭主编：《教育辞典》，江苏教育出版社1989年版，第747页。

律的知识，促进这种关于规律、力量和物质知识的实际应用的任何系统的创造性活动。社会科学和人文科学方面的科学研究活动，旨在增加或完善关于人类、文化和社会的知识以及应用这些知识来解决社会和人类的问题的任何系统的创造性活动。不同的学科特点决定了不同学科具备不同的研究习惯。如心理学研究注重定量研究和定性研究；生物学注重观察法和比较法；历史学注重搜集史料和考订史料的方法；文学家强调新的思想和观念，注重自己的思想情感，触物生情；物理学家反对把自己的情感带入工作中，强调理性，注重实证，关注现实，信奉统一和简单；数学家强调一套有关数的特定概念的内在逻辑和一致性，追求优雅与精确相结合的风格；社会学家强调现场研究和应用研究，注重细节探微、挖掘社会现实。对于数学家，"其他人可能需要一张桌子，一个房间和一个堆满书籍的图书馆，创造性的数学家只需要凝视墙上或者拨弄着咖啡杯就可以开始工作，也可以在黑板上涂写"[1]。

（三）学科文化的构成要素之间的相互关系

对学科文化核心要素进行分析是考察这些要素的本质属性。

1. 学科知识和信仰体系

学科知识和信仰体系是学科文化的第一核心要素。体系也称为系统，一切体系是若干有关事物互相联系、互相制约而构成的。[2] 体系之所以是体系，必须具备至少三个条件：包括多种事物或多个部分；多种事物或多个部分关联；是一个复合体。[3] 一切知识体系和信仰体系，作为体系而不是作为知识散点和信仰散点，都必须具备这三个条件。因此，学科都应有自己特定的知识与信仰体系。

学科的信仰体系是学科人或学术人的信仰体系，包括基于人与社会发展的、涉及学科使命定位、功能定位和绩效定位等学科价值观的信仰，包括对学科知识体系本身的信念，如判断与命题等，以及与学科知

---

[1] Burton R. Clark, *The Higher Education System – Academic Organization in Cross – National Perspective*, London: University of California Press, 1986, p. 75.
[2] 辞海委员会：《辞海》，上海辞书出版社1979年版，第521页。
[3] 冯燕：《空心课程论——中国高等教育外语教育批判》，《现代大学教育》2006年第6期，第32—37页。

识相关的一切观念和信念等。

学科知识和信仰体系相互关联，是一个复合体。一方面，学科知识作为学科及其信仰的基础而存在，同时，学科知识中有部分内容是作为公理接受的，在终极水平上，以信仰形式表现出来。另一方面，学科信仰又规范学科思维和行为，从而提升学科知识的层次，加固学科知识体系的整体性。没有信仰，学科知识体系就不能确立，很多社会科学学科离开信仰就无法发展和进步，学科信仰的稳固，直接决定了学科知识体系大厦的坚实性和稳定性。不同的学科人在接受学科知识时，也接受学科信仰，更对开创或奠定这些学科领域的先驱们产生崇拜。伯顿·R. 克拉克认为：进入不同学术专业的人，实际是进入不同的文化宫，在那里他们分享有关理论、方法、技术和问题的理念。[1] 事实上，这些理念和与理念相关的偶像崇拜是学科信仰体系的重要组成部分。克拉克说：学科偶像可以使致力于该学科的人自尊心提高，感到无比的光荣和自豪。[2] 学科偶像是学科知识体系的化身，是学科信仰体系的象征，学科偶像和学科知识体系是二位一体的。提到中国的传统儒学，人们就会提起孔子。

学科知识体系是学科学者学术探究的依据和旨归，学科信仰体系是学科学者展开学术活动的伦理导向和精神指南。不同的学科有不同的知识和信仰体系。进一步说，有不同的思维和情感方式，不同的认知风格和态度，不同的观念形态和人际关系等。这些知识和信仰信息在学科发展中沉淀，从而形成不同的学科文化。托尼·比彻的学科文化分类正是基于对不同学科的知识和信仰及它们不同的特点。比彻以知识和知识结构为中心，以分类法来分析学术领域的认识差异，对知识之间的不同点的重要分析方案是对硬知识、纯知识、软知识和应用型知识的区分，同时将学科文化概括为四大类——纯硬性学科、硬性应用型学科、纯软性学科、软性应用型学科。[3]

---

[1] Burton R. Clark, *The Higher Education System—Academic organization in Cross-National Perspective*, London: University of California Press, 1986, p. 76.

[2] Ibid..

[3] Becher T., Pau1l R., *Trowler Academic Tribes and Territories*, Buckingham: SRHE & open University Press, 2001 (Second Edition), pp. 35-36.

2. 学科思维和语言方式

学科的思维方式是学科知识体系的内核，语言方式是学科文化的窗口。人的思维和思维成果，需要有与它们相适应的语言方式来传递，学科文化也不例外。没有共同的思维方式和语言方式，学科人就不能互相交流和学习，学科知识不能发展，学科文化也难繁荣；不同学科之间有思维方式和语言方式的碰撞、冲突和调和，因此出现交叉学科文化。

思维方式决定语言方式，特定的思维方式必将导致特定的语言方式。美国的人类学家萨王尔指出，语言不能脱离文化而存在，作为一种结构来看，它的内面是思维形式。语言是文化的产物、载体和现象，是思维的物质外壳与呈现形式。每一学科都有自己独特的思维方式，因此有独特的语言方式或语言体系，学科人可以用这些被称为"行话"的专用言语体系进行学术上、思想上和情感上的交流传递，建立在学科知识和信仰体系之上的宇宙观、人生观和知识观。"在学科文化的核心，到处可见通用词汇，它们不断变得更加神秘，使外行人感到高不可攀而称之为行话。研究一门学科信念变化的方法之一就是追溯词汇的变化。一门学科的分化体现在术语的分化中。"[①] 学科的语言方式也是不同学科人的身份标志，在相互交流中每个人"三句话不离本行"。

3. 学科教学与研究行为习惯

教学和研究是学科最主要的学术活动，教学与研究行为习惯不但是学科文化的核心要素，更是学科文化传承的保障。对学科参与者而言，在长期的学术研究和教学过程中，在养成作为学科"代言人"所需的各种习惯的同时，各学科知识和信仰体系逐渐内化成学科参与者的学识和信仰，学科的思维方式逐渐改变着个人的人生观和价值观，使学科文化转移到学科参与者身上，成为他们参加社会生活的重要经验和手段，此时，学科文化才能显现出它们的生命力和价值。

伯顿·R. 克拉克认为，"高等教育系统需要科学，基于科学需要高等教育。从大学的观点来看，这似乎是不言而喻的，甚至在教学和科学

---

① [美]克拉克:《高等教育系统——学术组织的跨国研究》，王承绪等译，杭州大学出版社1994年版，第79页。

的联系十分脆弱的社会里，这是无需证明的"①。教学和科研之间有内在的联系：科研不仅是高校为社会服务的主要形式，而且是培养新型人才、提高师资水平、推动专业发展的重要手段；教学可以使科研成果得到进一步的证实和传播，在教学中所掌握的基础理论和学生活跃的思想有利于科研工作的发展。但教学和科研是不同的活动，有各自的规律和行为习惯。行为习惯是指个人对外界事物所作出的外部反应。行为经过多次实践，形成按照一定模式动作的、自动化的、与内在需求在一起的行为体系，即成为习惯。②

不同的学科具有不同的教学行为规范。欧利-海伦娜·伊莱朱克利（Oili—Helena Ylijoki）在芬兰坦佩雷大学调查发现，由于学科知识的差异，社会学和社会心理学、公共管理学、计算机科学、图书情报学等四门学科教学的定位就不同。前者注重学术性，后三者注重毕业以后的职业要求；在学科培养目标方面，社会学和社会心理学要求学生能原创出独特的作品，公共管理学只要求学生能拿到学位，计算机科学要求学生能掌握专门的技术，图书情报学则要求学生能拥有这种特殊的工作技能。为达到上述的培养目标，各科学生的主要活动方式依次是：奉献、执行、实践、刻苦。③ 教学行为规范从学科新人的学术生涯开始就对其进行规训，使之在不知不觉中成长为把握学科理念、掌握学科知识和符合社会需求的人。

其他的教学行为习惯是约定俗成的，只有学科成员自己才能感受到，如教学方式的选择、教学语言的运用、教学手段的采纳等。法学习惯于案例教学，医学习惯于参与式教学，经济学习惯于游戏教学，物理、化学习惯于试验教学。数学课堂上只需要一支粉笔或者一台计算机，而化学教师的课堂就需要众多的瓶瓶罐罐和化学实验品。

学术研究是旨在生产新的知识并予以实际应用的、任何系统的、创

---

① [美]克拉克：《高等教育新论——多学科的研究》，浙江教育出版社1998年版，第235页。
② 张焕庭主编：《教育辞典》，江苏教育出版社1989年版，第341—342页。
③ Oili-Helena Ylijoki, "Disciplinary cultures and the moral order of studying a case study of four Finnish university departments", *Netherlands: Higher Edueation*, No. 39, 2000, pp. 339-362.

造性的基础研究和应用研究活动。① 自然科学、工程技术、医学和农业科学方面的科学研究活动，是旨在确定自然现象之间的联系和自然现象的性质，发展关于自然规律的知识，促进这种关于规律、力量和物质知识的实际应用的任何系统的创造性活动。社会科学和人文科学方面的科学研究活动，是旨在增加或完善关于人类、文化和社会的知识以及应用这些知识来解决社会和人类的问题的任何系统的创造性活动。

五　学科文化的层次结构模型

基于前面对学科文化要素和功能的分析，可以构建学科文化的层次结构模型来表达学科文化中的各要素在体系中所处的不同地位，如图3—2所示。

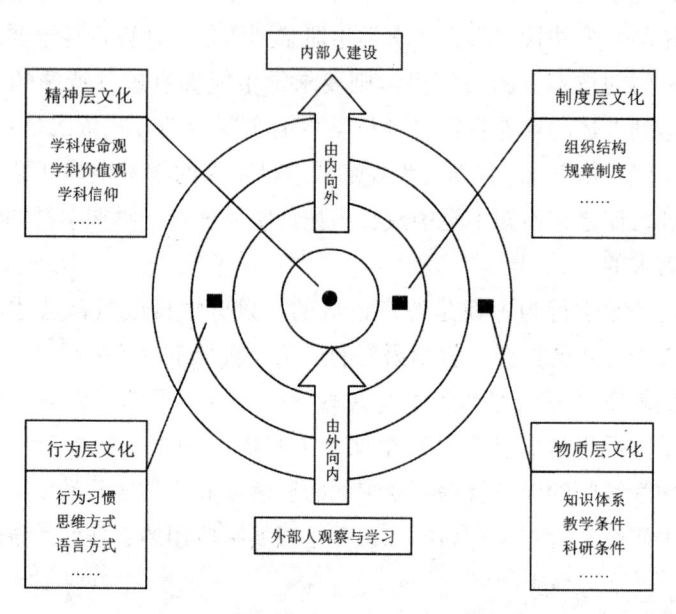

图3—2　学科文化的层次结构模型

---

① 中国社会科学院文献情报中心：《社会科学新辞典》，重庆出版社1988年版，第1076—1077页。

这四层结构中，精神层文化是核心，反映着学科带头人和学科建设者的信仰、理念、价值观等，是指导学科文化发展的灵魂，也是学科文化成为体系的凝聚力所在；制度层文化是学科文化体系自我存在的有力保障，是规范学科主体进行学科活动和创造的依据，其受制于精神层文化，同时规范着行为层文化；物质层文化是其他三层文化的基础构建或外在显现。

（一）学科物质文化

学科物质文化是由学科成员创造的产品和各种物质设施等构成的器物文化。它是一种以物质为形态存在的表层学科文化，是学科精神文化、制度文化和学科行为文化的外在体现。学科物质文化作为学科文化的一个子系统，其显著的特点是物质承载性。学科物质文化属于学科文化的表层部分，是学科发展过程中积累下来的外在物化形式的统称，它是学科文化建设的前提和条件，是学科精神文化赖以生存和发展的载体，其主要特点是具有空间物化形态，是一种显性的文化。学科物质文化是学科精神文化、学科制度文化、学科行为文化的载体，没有物质文化，精神文化和制度文化就不会传承和延续，因此学科物质文化是学科精神文化、学科制度文化、学科行为文化存在和发展的基础。

学科精神文化、学科制度文化、学科行为文化、学科物质文化共同构成大学学科文化，四者有机统一，相辅相成，相互渗透，相互补充，缺一不可，共同发挥文化的育人效应。其中，学科精神文化是对学科制度文化、学科行为文化、学科物质文化的现实提炼，学科精神文化属于文化的内核，要通过其外层制度文化、行为文化、物质文化而外显和弘扬，才能被人们所感知。学科制度文化在现实性上保障着大学学科精神的核心地位，发挥明确目标、规范行为、保障方向的作用。

（二）学科行为文化

学科文化的行为层又称为学科行为文化。如果说学科物质文化是学科文化的最外层，那么学科行为文化可称为学科文化的幔层，即浅层的行为文化。学科行为文化是学科成员在学科教学、科研、交际中产生的活动文化。它是以人的行为为形态、以动态形式存在的文化，表现在学科风尚或学科作风之中。它通过规定与制度的手段来规范全体成员的行为，是法律、道德、科技和文化意识在学科人行为中的具体反映，是学科发展理念、精神面貌、人际关系的动态表现，也是学科价值观的折射。优异的学科行为文化可以协调领导和一般成员之间以及学科与外部的关系，推动他们之间协调合作，还能使学科行为规范化，学科成员行为社会化。它具有标准功能、导向功能和约束功能，使个人责任、个人目标紧紧地统一在学科目标中，使每一个成员在公平合理、心情舒畅的环境中发挥巨大能量，形成良好的学科风尚。笔者认为，学科文化的行为层主要是行为规范、学科礼仪、沟通行为、服务行为等人对物、人与人、管理者对一般成员、学科与学科、教师与学生、学科对社会、学科对自然环境等的行为关系和行为方式。

很多学科都有本学科成员的行为规范，这种规范既属于制度文化的范畴，又具有行为文化的形式。学科发展过程中，学科带头人的行为、学科模范人物的行为以及学科全体成员的行为都应有一定的规范。在规范的制定和对规范的履行中，就会形成一定的学科行为文化。在学科文化建设这个系统工程中，每个成员都扮演着特殊角色，以自己的行为起着不同的作用。

学科成员是学科最为活跃的群体，学科成员的群体行为决定学科整体的精神风貌和学科文明的程度，因此，学科成员群体行为的塑造是学科文化建设的重要组成部分。学科成员群体行为的塑造包括以下内容：首先，激励全体成员的智力、向心力和勇往直前的精神。在学科中倡导一种勤于学习和善于钻研的好风气，为学科创新做出实际的贡献。其次，把学科个人的工作同自己的人生目标联系起来。这是每个人工作主动性、创造性的源泉，它能唤起学科成员的个体产生整合效应，即超越个人的极限，发挥集体的协同作用，它能唤起学科成员的广泛热情和团队精神，以达到学科的既定目标。当全体学科成员认同学科的宗旨、每个学科成员体验到在共同目标的实现中有自己的一份时，他就感到自己所从事的工作是与自己的人生目标相联系的。当个人目标和学科目标之间存在协同关系时，个人实现目标的行为能力就会因为学科这个平台而扩大，把这种"双赢的合作"转变成学科成员的个体行为，就会有利于学科成员形成事业心和责任感，建立起对学科、对奋斗目标的信念并付诸实践。第三，每个学科成员都必须认识到学科文化是自己最宝贵的资产。它是个人和学科成长必不可少的精神财富，以积极处世的人生态度去从事学科工作，以勤劳、敬业、守时、惜时的行为规范指导自身的行为，这样就可以被同事认可、被同学认可、被领导认可、被学科认可，从而感受到自己行为的价值，使其在自己的岗位上发挥更大的作用。如果每一学科成员都这样效仿，整个学科成员群体行为量就会推动学科各项工作效率和效果的全面优化。

当然，学科偶像的行为和学科带头人的行为对学科行为文化的影响比普通学科成员更为深远和重大。学科偶像是学科的榜样，他们的行为在整个行业行为中占有重要的地位。在具有优秀学科文化的学科中，最受人敬重的是那些集中体现了学科价值观的学科偶像。这些模范人物使学科的价值观人格化，他们是学科成员学习的榜样，其行为常常被学科成员作为效仿的行为典范。学科带头人是学科生存的主角，学科带头人的决策方式和决策行为决定着学科的命运，同时他们又是学科行为规范的示范者，成功的学科带头人在管理决策时总会当机立断地选择自己学科的发展战略策略。

在不同主体之间，沟通行为方式和沟通习惯十分重要。如果学科的沟通行为方式和沟通习惯不正常，势必会影响到学科行为文化的正常发展。学科要建立正常的沟通机制，要有顺畅的沟通渠道，要保持经常性的沟通。无论是正式的沟通还是非正式的沟通，无论是上下级之间的沟通还是平级之间的沟通，或者是与学科外部组织之间的沟通都要有健全的沟通机制和渠道。沟通的方式是多种多样的，沟通的渠道也是多条的，学科人应该善于利用这些方式和渠道，保持正常的沟通行为，促进学科一个整体行为的优化。

（三）学科制度文化

学科制度文化是学科为实现自身目标对学科成员的行为给予一定限制的文化，它具有强制性和强有力的行为规范要求。学科划分与设置制度、课程标准、学科研究规范、学科评价标准、学科奖惩制度等几方面都是学科制度文化的内容。① 学科制度文化是一种来自学科成员自身以外、带有强制性的约束，它规范着学科的每一个人，是一种约束学科成员和学科成员行为的规范性文化。它使学科在复杂多变、竞争激烈的环境中保持良好的秩序状态，从而保证学科成员行为的一致性和学科成员目标方向的一致性，强行驱使学科沿着一定的学科目标方向前进。学科管理制度文化是学科为求得最大效益，在教学与科研实践活动中制定的各种带有强制性的义务，并包括保障一定权利的各种规定或条例，如学科人事制度、民主决策管理制度、教学制度、科研制度等一切规章制度。学科制度是实现学科目标强有力的措施和手段，它作为学科成员行为规范的模式，能使学科成员个人活动得以合理进行，同时又成为维护学科成员共同利益的一种强制性手段。因此，学科管理制度文化是学科进行正常的教学与科研管理所必需的，它是一种强有力的保证。优秀学科管理制度文化必然是科学、完善、实用的管理方式的体现。

学科制度文化具有中介性，表现在它是精神文化和行为文化的中介。学科制度文化是一定精神文化的产物，它必须适应精神文化的要求。人们总是在一定的价值观指导下去完善和改革学科的各项制度，卓越的学科经常能够很好地将学科的精神文化融入到学科制度建设中去，体现学科精神实质。制度文化是精神文化的基础和载体，并对学科的精神文化起反作用。一定学科制度的建立，如果能够体现学科的精神实质，就会加强学科的精神文化；反之，如果精神文化和制度文化是"两张皮"，就会使人们的行为偏离精神文化，人们会选择或形成新的观念意识，成为新的精神文化的基础。学科文化总是沿着精神文化—制度文化—原有精神文化（或新的精神文化）的轨迹不断强化或变化。同时，不同的学科制度安排会产生不同的行为，不同行为的养成久而久之就会形成文化习性，形成制度。

（四）学科精神文化

学科文化的精神层即学科精神文化，是学科形成与发展中形成的一种建立在学科内师生员工共同信念和价值观基础上的群体意识。相对于

---

① 庞青山、曾山金：《大学学科制度内涵探析》，《现代大学教育》2004年第4期。

学科制度文化、行为文化和物质文化来说，学科精神文化是一种最深层的文化现象，在整个学科文化系统中，它处于核心地位。它包括学科哲学、学科价值观念、学科精神、学科使命、学科责任、学科基本信念、学科偶像崇拜等内容，是学科意识形态的总和。学科哲学是学科理论化和系统化的世界观、发展观和方法论，是人们对贯穿于学科活动的统一规律的认识。作为最高层次的文化，它主导、制约着学科文化其他内容的发展方向。学科价值观念包括对学科存在的目的和意义，学科建设与发展中各项规章制度的价值和作用、学科中人的行为与学科发展利益的关系等认识。学科精神是学科哲学、价值观念、道德观念等的综合体现和高度概括，体现学科群体的共同理想、信念、宗旨和精神特征。

六 学科文化的功能及实现

学科文化是由结构和要素组成的一个稳定的体系，成为学科建设和发展的强大精神动力和思想保证，规范制约着学科及其内部成员。学科文化对人的发展有着极大的影响，清华大学国学院院长陈来教授、中国最年轻的正教授级研究员刘路在接受采访时都提到了学校学科文化对自身研究具有重要的促进作用。具体从学科的本质特征来看，学科文化具有导向教化、激励约束、凝聚维系、辐射传播等功能。

（一）导向教化功能

学科文化说到底也是一种人的文化，学科文化的教化功能是指学科文化一旦形成，就通过引导、规范、陶冶、形塑等形式，对学科成员进行有意识无意识的文化渗透，对学科成员（既包括学科新人也包括学者）的发展起着定向和规范作用。

在学科组织中，学科文化是一个方向盘，学科提倡什么，崇尚什么，主张什么，弘扬什么，学科成员们的注意力就会转向什么、追求什么。

学科文化通过学科哲学、精神、价值观、学科偶像、舆论宣传等，将全体学科成员引导到学科目标上来，引导到教学与科研上来；学科文化也可以通过树立先进，号召全体学科成员向先进看齐等途径，引导学科成员建立良好的价值观、行为、人际关系、品格等。

塑造学科团队精神，树立学科形象，也是学科文化的一个重要导向功能。学科向何处发展，这是一个学科文化建设的主导方向。通过营造学科文化使学科成员产生感召力，使学科成员在学科文化的价值导向下培养共同的价值观念，把学科成员自觉性慢慢引导到学科所确定的目标方向上。利用学科文化的导向功能，培养学科成员勤奋敬业、锐意进取的精神风貌，并通过他们提高教学与科研效率，促进学科的发展。

（二）激励约束功能

学科文化通过精神层文化实现激励功能。一方面，学科文化通过传输积极向上的思想观念及正确的行为准则使学科主体形成强烈的使命感、持久的驱动力。同时，在学科文化内部存在着凝聚力和激发性强大的学科精神，它是学科内部成员在长期的教学与科研活动中逐步形成的精神力量，它由学科的传统、经历、文化和学科领导人的管理哲学共同孕育，集中体现在一个学科独特的、鲜明的发展思想和个性风格，反映着学科的信念和追求，是学科群体意识的集中体现。由于它代表着学科内部成员非物质财富最大化方面的共同追求，因而同样可以达到激发员工工作动机的激励功能。[①]

学科文化的约束功能主要表现在两方面：一是学科文化中的制度约束。它是支撑学科管理的重要因素，是每位员工、每项工作都严格有序进行的保障。二是自我约束。这是在"自觉"中的下意识的自我约束，学科文化是无声的号令、无形的管制。

学科需要严格的管理制度。结合目前中国高校的现状，硬性的校规校纪、各种各样的文件命令，仍然起着关键性的作用。这种管理是一种"硬"管理，对学科成员的思想行为具有一定的约束作用。但是，无论多么详尽，科学的管理制度都不可能无所不包、无所不在，更何况通过制度进行管、卡、压，管得越严越死，学科成员的心理抵触就越大，制度规定就越难完全实施。所以，除了"硬"管理以外，还需要学科文

---

① 黎群：《从新制度经济学论学科文化的主要功能》，《中外学科文化》1999年第6期。

化的形成，在学科成员思想意识的深处形成一种自我约束机制，产生对行为的管理作用。在学科管理中，精神、价值、传统等方面的软因素在发挥作用，这种软约束产生的根据就在于人的文化性和社会性。

任何一个作为组织成员的人都有一种心理需要，那就是自觉服从基于组织的根本利益而确定的行为规范和准则，学科成员在学科中的行为如果得到承认和赞许，就能获得心理上的平衡和满足，相反，就会产生挫折和失落感。这种软约束，是一种由内心心理约束而起作用的、对行为的自我控制。学科文化的软约束产生于学科中弥漫的学科文化氛围、群体行为准则和道德规范。这种软约束通过学科文化的塑造，在组织群体中培养出与制度硬约束相对应相协调的环境氛围，它包括群体意识、社会舆论，共同的习俗和风尚等精神文化内容，从而造成强大的使个体行为大众化的群体心理压力和动力，使学科员工产生心理共鸣、心理约束，继而达到对行为的自我控制。这种无形的软约束比有形的"硬"管理具有更强大、更持久、更深刻的效果。

学科的制度文化是由学科的法律形态、组织形态和管理形态构成的外显文化。学科的管理制度，必然会促进正确的学科经营观念和员工价值观念的形成，并使职工形成良好的行为习惯。因此学科的制度文化形成学科的正式约束，可以在一定程度上有效约束人的机会主义行为倾向。而学科精神文化形成的学科中的非正式约束是人们在长期的交往中无意识形成的，具有持久的生命力，并构成代代相传文化的一部分。非正式约束主要包括价值观念、伦理规范、道德观念、风俗习性、意识形态等因素。意识形态是减少提供其他制度安排服务费用的最主要制度安排。当个人面对错综复杂的世界而无法迅速、准确地做出理性判断时，或者现实生活的复杂程度超出理性的边界时，他们便会借助于价值观念、伦理规范、道德准则、风格习性等相关的意识形态来走"捷径"或抄近路，从而简化决策过程。学科精神文化构成学科的主要非正式约束，其约束功能主要是从价值观、道德观上对学科成员进行软约束。它通过将学科共同价值观、道德观向学科成员个人价值观、道德观的内化，使学科成员在观念上确立一种内在的自我约束的行为标准。一旦学科成员的某项行为违背了学科的信念，其本人心理上就会感到内疚，并受到共同意识的压力和公众舆论的谴责，促使其自动纠正错误行为。因此优秀的学科精神文化可以降低学科运行的费用,达到最佳约束功能。所以,学科文化的约束更主要是通过意识形态的功能,在人们思想深处建立起约束机制,形成对人们行为甚至是意识的约束作用。

(三) 凝聚维系功能

学科文化的凝聚功能是指当一种正确的价值观被学科全体成员共同认可后,它就会成为一种黏合力,从各个方面把他们聚合起来,从而产生一种巨大的向心力和凝聚力。优秀学科文化在学科发展中具有黏合剂的凝聚功能,主要是因为它体现着正义、公正、厚爱、集体荣誉感、责任感、爱国、热情、爱岗敬业、尊重知识、尊重人才、职业道德、人格风尚,甚至关系到学科成员的人生目标、价值和他们所追求的最高目标。

当然,这种向心力和凝聚力建立的基础是尊重、理解和信任,其建立的渠道只有反复的正式或非正式的沟通、了解和信任。只有建立起领导和学科成员、学科成员之间的信任、和谐关系,才能使学科成员感到学科"家庭"的温暖,增强为学科生存和发展做贡献的责任感,使学科成员乐于参与学科的事务,发挥自己的聪明才智,为学科的发展做出自己的努力。同时,学科群体对学科成员的努力进行及时鼓励和认可,又会大大增强个体的责任意识,增强对群体的归属感。使学科成员自觉把个人的思想感情、命运与学科发展、前途紧密联系起来,并为在该学科中感到自豪,产生强烈的集体意识和奉献精神。

学科文化的凝聚性还反映在学科文化的排外性上,对外的排斥性在某种意义上是增强对内的凝聚力。外部的排斥和压力的存在,使个体产生对群体内部的依赖,同时,也使个体对外部异质体增强敏感性和竞争性,增强学科内部的统一和团结,使学科在竞争中形成一股强大的力量。

(四) 辐射传播功能

学科文化传播和扩散可以分为两种:学科文化共同体内的传播与扩散、学科文化体之间的传播与扩散。前者为学科文化内传递,后者为学科文化间传递。

学科文化内传递是学科文化行为主体的信息传递问题，它构成了学科文化作为群体和集团文化而形成、存在、发展的基础，为学科文化诸多功能的实现提供基础。没有良好的内传递机制及其有效运转，学科文化无论有多好的源头，多么伟大的发端者，都不能变成一种强有力的集团文化，都不能得到不断的必要的强化和扬弃，都不能形成真正的学科文化互动关系。事实上，学科文化在一体化集团文化的形成、发展和积累的过程中，它的功能作用的发挥，都离不开学科文化的内传递。它传递的通道有：

(1) 具有神秘的、神话般的甚至某种宗教色彩的学科偶像，其精神魅力、价值取向、行为规范、工作作风、意志品格、精神境界等在学科文化共同体内幽灵般地存在和蔓延。那些成功的、最佳的学科，那些具有优良文化传统的学科，往往都在本学科文化共同体内形成种种有关学科偶像的神奇又动人的传说、故事和奇闻轶事。它们作为一种学科文化内传递的无形的通道，其传播的效果往往是十分显著的。这其中除了所谓典型示范作用外，还包含着更深刻的心理学基础。按照格式塔（完形）心理学说，人们在其内心世界都有将其所观不完善、不完美的事务自动加以完善、完美的愿望和偏好，如人们见到有缺口的图形、对称破缺的物体时，就会情不自禁地在心里凭借想象将其闭合、将其对称。推而广之，人们对他们所崇拜的英雄、尊敬的大师、热爱的人物也普遍存在着愿其崇高、伟大、完美的心理要求和倾向，存在着自动对其进行想象加工、心理神话的倾向。而且，正由于现实原本都是，并且永远是所谓的金无足赤、人无完人，因而，人们对构筑和保留他们这一神圣的心理殿堂的愿望也就更加强烈，在其内心对学科偶像便更加珍爱、尊重。因此，学科文化就会借助学科偶像的感召力和学科成员对学科偶像的特殊心理，达到文化内传递、内扩散的目的。

(2) 外在化、形式化等学科深层文化，或者说旨在强化、暗示学科文化主体意识的学科显性文化，诸如以某种形式表现、反映的学科精神、学科灵魂、学科发展宗旨等，作为学科的精神支柱和追求向导，作为无言的学科圣书、法典，在学科成员内反复强调、传播学科文化。一般说来，深层学科文化，诸如多种学科理念文化，其真实含义（精髓或真谛）不是能为学科行为主体一眼看透、准确把握，也不能为他们一下子全然接受，它是一个理解、识记、认知、吸收反复进行的文化过程。这个过程实际上存在于学科文化全部生长过程的始终。像鲜明、形象、生动、集中地体现了学科核心文化的标语、口号、标记、雕塑等具体的显性文化，都是学科内传递可供选择的通道。

（3）杰出学科带头人、优秀的学科骨干梯队的精神、心态、品质、气质、作风、举动和要求，即他们的个人示范和对一般成员的要求，往往是学科文化内传递的重要通道。那些追求卓越和学科文化高度发展的学科，其学科创始人和学科偶像多半经有意或无意地加工而成为学科文化超人，无论他们在世与否，这种神话或半神话都是可能的。因此，那些最为杰出的在世的学科带头人或骨干，在学科文化内传递过程中可能扮演双重角色：即以带有神话与宗教色彩的（即具有传奇性和神秘感的）学科文化超人的面目出现，又以尘世、现实中的学科文化的示范者、传教士的面目出现。这些杰出学科带头人还通过选拔，造就一大批骨干学科继承人来扩散学科文化。

（4）学科实习、考核、晋升制度规范和实施过程，不论其主要和具体的是怎样体现着人事、分配和控制文化，在客观上都成了学科文化内传递的通道。学生遵从导师，助手跟随正班等各种训练和教育，除了传授技术、训练技能之外，更为重要的是学科文化的灌输。世界各著名大学通行的大学内部人才提拔制度事实上把学科文化的有效传递寓于学科职务分配和成员升迁过程中，通过角色意识和角色规范的有规律地反复强化，达到学科文化深入人心。

不同国家、地区的大学学科通过它们各不相同的习俗、仪式在其文化共同体内部不断强化、传播学科文化。欧美多数大学热衷于的下午茶就是利用一种习惯、氛围，通过人为的"小气候""小环境"，达到有效传递、强化学科文化的目的。

学科文化间传递是学科群体间的文化传播与交流，其通常的传递渠道有：

（1）一些人格化了的成熟、成型的学科文化之主动、积极地输出、传播。这种学科文化间传递或者是由某种学科文化的创造者始终怀着一种制度、体制规范创始人的心态，有意识地去推进一个学科管理新时代所造成的，或者是由在某种成功的、有效的学科文化环境中成长起来的学科管理人才的广泛流动造成的，抑或是兼而有之。

（2）成熟的、优秀的学科文化的典型示范。在一个学科群体中，优秀的学科文化总是具有很大的示范效应，而一般地说，示范效应的形成过程，也就是学科文化之间的传递过程。一种创见、一种新规范、一种新体制、一种新观念不胫而走，在一个学科群体之间迅速扩散、蔓延，往往就是示范传递造成的。人们通常有种错觉，以往学科处于竞争的需要，对其所具有的文化主旨和深层文化总是秘而不宣或控制传播。其实不然，对一个成熟的学科来说，值得保密的是大多数科学技术。至于抽象态的学科文化甚或一些具体的制度文化，那些优秀的学科文化对其自身的扩散不但是"自由放任"，而且是大力支持。

（3）学科相互学习、学科文化引进与移植也是学科文化间传递的重要通道。学科之间相互学习，说到底是一种文化渗透和文化传递。那些具有一般常态、病态或不良的学科文化的学科，可以通过对自身学科文化的巧妙设计和科学控制，完成对优秀学科文化的一次性或多次性的输入。当然，对于那些优秀的学科来说，它也存在一个文化更新、再创造的问题，这种文化创新事实上并非总是依赖学科文化共同体内的内生文化创造来完成，而是不断地从各种学科文化中吸取养料。

学科文化行为主体间各种有意、无意的攀比、模仿，有时也会成为学科文化间传播的通道。当然不是所有的攀比、模仿都是值得期望和追求的学科文化传递，因为攀比、模仿往往具有盲目、自发的倾向。只有进行合理地引导与控制，这一通道才能发挥积极、有效的作用。

七 本章小结

本章在追溯学科文化产生与发展的基础上，围绕构成学科文化体系的组成要素、要素作用、结构功能等进行了研究。研究结论如下：

（1）在全面梳理已有研究成果的基础上提出学科文化的研究范畴。学科文化作为一种文化体系，是学者、学科、知识三者在动态过程中相互影响的产物，是社会文化在学科中的发散和分支，也是大学学术传统或学术文化体系向外发散的分支，是一个复杂的体系。

（2）在充分调查和研究基础上，分析了学科文化的组成要素及其相互关系。学科文化要素包括显性要素和隐性要素两方面。学科文化的显性要素是学科文化得以形成并赖以存在的客观因素，主要包括科研条件、教学条件、学科知识体系、学科组织结构、学科规章制度和作为学科主体的教师、学生及行政人员。学科文化中隐性要素包括学科的信仰系统、价值观点、思维和行为模式等，主要包括学科使命观、价值观、学科信仰、学科精神、学科思维方式、语言方式、行为习惯及学术道德等。学科文化中的显性要素和隐性要素都是学科文化的有效载体。隐性要素反映学科文化的内在品质，决定显性要素的发展方向和表现形态。显性要素则受制于隐性要素，是隐性要素的外在表现。

（3）借鉴企业文化层状结构理论，提出了学科文化层次结构模型。学科文化层次结构模型认为，学科文化从本质上也存在着一定的层次结构，学科精神文化、学科制度文化、学科行为文化、学科物质文化共同构成大学学科文化。学科精神文化是灵魂和核心，学科制度文化是条件和保障，学科行为文化是过程与推动，学科物质文化是载体和基础。学科文化系统是一个动态系统，四种层次文化形态有机统一，相辅相成，相互渗透，相互补充，缺一不可，共同发挥文化的育人效应。

（4）深层次探讨了学科文化功能。从学科的本质特征来看，它具有导向教化、激励约束、凝聚维系、辐射传播等功能，进一步彰显学科文化在大学建设和管理中的意义。

第四章 学科文化的差异融合与创新

一个学科的学科文化并非生来就有，也不是一成不变的，在其存在期间也会受到众多外界和内部不和谐因素的影响、冲击。这些因素可能源自学科带头人更替所带来的理念变化，也可能来自高校合并所产生的学科团队与理念较量，也可能是交叉学科所面临的不同学科文化的直接碰撞。在对学科文化的要素及结构等共性问题进行研究后，有必要对这些异质因素进行分析研究，以更深入地认识和把握学科文化的自身发展规律，推进学科文化创新，促进高校学科建设和管理。

一　学科文化异质性

（一）学科文化异质性的来源

学科文化作为文化的一个子系统，研究其异质的产生原因与机理，必须先从认识文化差异入手。

对于文化差异，许多学者都提出了自己的看法。覃光广等在其《文化学词典》中提出文化差异的两层含义：广义的文化差异是指世界不同地区的文化差别，狭义的文化差异是指人类信仰和行为的差异。文化差异分为两种形式：质的差异，即两种文化中构成各自基本特征的主要文化元素的差别；量的差异，指两种文化中一般性文化元素的差别。[1]

---

[1] 覃光广、冯利、陈朴主编：《文化学词典》，中央民族学院出版社1988年版，第139页。

徐建和花明等认为文化差异主要是由地域、历史和心理三方面造成的。

廖盖隆等从文化差异的原因入手指出，世界上不同民族和社区的文化差别。由于经济的、社会的、种族的以及地理环境的条件不同，文化特质和文化模式存在着差异，精神文化方面的差异尤为显著，从而造成人类不同民族和社区文化的特殊性。①

美国著名人类学家露丝·本尼迪克（Ruth Benedict）在其著作《文化模式》中运用比喻对文化差异提出了自己的看法。一方面，她认为，不同的文化生活如同演说活动，选择至关重要。由声带、口腔、鼻腔产生的种种声音，实际上可以说是无限的。世界不同语言所使用的总量，从没有人敢估量。但每一语言必须做出选择，并在承受可能完全不为人理解的痛苦中去服从这种选择。一种甚至使用上百种——而且实际上有记载的——音素的语言却不能用于交流。另一方面，她认为，我们对与自己的语言无关的那些语言的大量误解，是在我们企图将异族语言系统作为研究我们自己语言的参照框架时发生的。我们只认识一个"K"。如果他人将五种 K 的声音置于喉部、口腔的不同部位，那么，区别依赖这些不同位置的词汇和句法，对我们来说就是不可能的，除非我们真正掌握了它们。我们有"d""n"两个音。它们可能还有一个中间音，如我们不能辨别出这个中间音、我们就会一会儿写 d、一会儿写 n，导致一些并不存在的区别。② 在文化中也是这样，我们必须想象出一道巨大的弧，在这个弧上排列着或由人的年龄周期、或由环境、或由人的各种活动提供的一切可能的利益关系。各个不同社会的文化差异本质主要是人们对广义文化弧度上人的年龄周期、或由环境、或由人的各种活动提供的一切可能的利益关系的不同选择形成的。

这种由于自其文化变化或其他文化介入而导致的差异即成了原有文化的异质。根据文化差异的产生机理，学科文化的异质来源于如下三类：

---

① 廖盖隆、孙连成、陈有进：《马克思主义百科要览》（下卷），人民日报出版社 1993 年版，第 1636 页。

② ［美］露丝·本尼迪克：《文化模式》，何锡章、黄欢译，京华出版社 2000 年版，第 9—18 页。

1. 由学科主体变化引起的学科文化异质

学科文化一旦形成,将以相对稳定的结构存在并指导学科建设和发展。然而,作为学科文化主体的学科带头人、教师、行政管理人员和学生,有着各不相同的人生经历、处世哲学、性格脾气和参与学科目的,加上生理寿命、任职条件、行政干预等原因,常常导致学科文化中出现各种异质成分。

例如,学科主体里的学生是最富变动的一个群体,他们按攻读学位时间的不同一般在学校接受2年至4年或更长时间的教育。他们从进入一个学科接受学习开始,就接受着本学科的知识、价值观、思维方式等的灌输。然而,由于这种灌输是被动和短暂的,一时不能被完全吸收并执行,这样就出现了众多教师及外界人眼中的"另类"。他们行为乖张,不遵守所在学科的规章制度,不按学科规律思考问题和行事,不能被学科文化所接受。当然,学生们的这种另类所产生的异质是短暂的,随着学生的毕业而结束,对学科文化所产生的危害也是有限的。

在学科主体变化引起的异质中有一种情况危害极大,甚至会对学科产生毁灭性的作用,那就是学科带头人的变化。由于学科带头人处于学科机构的核心,掌握着学科的所有关键资源,引导着学科文化的方向,最有能力影响学科价值观、信仰的改变,同时其行为方式、思维和语言方式等直接影响着周围的学科主体。如果这种影响是正向的,即与现有学科文化一致,那将对现有文化起到加强作用;如果这种影响是负向的,不管是出于学科带头人的主观反对或无意识的不认同现有学科文化,都会对已有学科文化产生破坏作用。如果不一致是学科带头人极力主张并推行的,这种学科文化异质将有可能彻底改变原有学科文化的价值观、信仰等,最终成为主流文化。

2. 由学科交叉所形成的学科文化异质

学科交叉是当代科技与教育发展的必然要求。作为当前教育创新的一种重要途径,学科交叉在产生大量新兴学科专业的同时,创造着一个又一个科研奇迹。但学科交叉也面临着学科文化不成熟的巨大挑战。交叉形成的学科专业既不为原有学科的学科文化所容纳,自身又沿袭参与合并学科的不同文化特征,这种交叉所形成的文化,可能是成功的,也可能只是短暂的尝试。

要从深层次认识学科交叉后的学科文化，必须对学科分类及不同学科类的文化特征进行分析。自然学科（Natural sciences）、社会学科（Social Sciences）、人文学科（Humanities）是目前公认的学科分类，它们分属不同的学科，有着各自迥异的学科文化。

从形成历史上看，自然科学成熟于17世纪，社会科学则迟至19世纪才产生，是在自然科学的辉煌成功鼓励下建立起来的，而人文学科源于早在古罗马时期就已经成熟的拉丁文化。自然科学包括诸多领域的研究，通常试着解释世界是依照自然程序而运作，而非经由神性的方式。自然科学一词也是用来定位"科学"，是遵守科学方法的一个学科。自然科学是研究无机自然界和包括人的生物属性在内的有机自然界的各门科学的总称。社会科学根据《韦氏国际词典》可以定义为："以人类社会的制度和功能及以社会成员间相互关系为研究对象的科学诸部门"或"以人类社会某一特定方面为其研究对象的科学（如经济学或政治学）"。而人文学科根据美国兰登出版社《大学词典》则定义为"古典拉丁与希腊的语言和文学"，"区别于科学的文学、哲学、艺术等等"。《不列颠百科全书》对人文学科也有比较全面的表述，认为人文学科起源于古罗马著名政治家、演说家、诗人、学者西塞罗（Marcus Tullius Cicero）提出的培养雄辩家的教育纲领，而后在西方成为古典教育的基本纲领，后来又转变成中世纪基督教的基础教育，有点类似我们的传统文化，即所谓"国学"。从整个世界史的角度来看，中国古代先秦诸子都属于人文学的范围，古希腊哲学也属于人文学的范围，故可以说轴心时代在中国、希腊都已经开始发展起对人文学的研究。

自然科学的目的在于揭示自然界发生的现象以及自然现象发生过程的实质，进而把握这些现象和过程的规律性，以便解读它们，并预见新的现象和过程，为在社会实践中合理而有目的地利用自然界的规律开辟各种可能的途径。社会科学则对经济、政治、法律、社会进行分门别类的或整体的考察，对人类社会的结构、功能、机制、变迁、动因等进行深入研究，目的在于获得关于人类社会运行与发展的系统知识和理论，使人类能够更好地、更有效率地管理社会。人文学科以人的内心活动、精神世界以及作为人的精神世界的客观表达的文化传统及其辩证关系为研究内容、研究对象的学科体系，它是以人的生存价值和生存意义为学术研究主题的学科,它所研究的是一个精神与意义的世界。自然科学总是致力于把个别事实归结为某种规律的作用和表现,并把特殊规律提升为一般规律,从而抽象出越来越普遍的规律。自然科学的命题都是价值中立的事实命题,它们原则上都是可实证的。社会学科在研究对象时则总是致力于"具体化"或"个别化",它强调和重视各种个别的东西、富有个性特色的东西、独特东西的价值,并借此来挖掘人的生存的丰富意义。它和自然科学具有共同的特征,就是科学——理性、实证和逻辑。人文学科则往往怀着主体情感,充满人生体验地运用创造的"假"来达到审美效果和教化目的,总是试图设立一种理想人格的目标和典范,从而引导人们去思考人生的目的、意义、价值,去追求人的完美化,它的思维方式和表达的价值命题都是非实证的。

正是各自迥异的学科文化特征使得交叉学科在文化选择和成型上困难重重,特别是这种交叉来自不同学科大类时,将面临学科知识、信仰体系、思维方式等的相互冲突。他们互为异质、互相竞争,经受着学科发展的考验,经历一番优胜劣汰,最终形成独特的文化。

3. 由行政合并带来的学科文化异质

在高校合并、学科调整过程中,往往牵涉到同类学科合并问题。被合并的两个或多个学科,在价值观、信仰、规章制度、行为习惯等方方面面都不可能完全一致,因此合并后的学科文化会出现文化异质现象。以国内高校为例,这种现象极为普遍,自1998年开始的风起云涌的高校合并浪潮以来,全国范围内有近400所高校实行了合并。尽管合并整体效果是成功的,但也发生了一些问题。如:合并后的学科在价值取向上难以达成一致,相轻相责;有的学科主体派系化,内部矛盾严重。存在文化异质的学科在行政干预下虽然勉强结为一体,但实质上往往"貌合神离",异质不被消除,学科文化就难以实现稳定。

(二) 学科文化异质性的表现

1. 学科价值取向不一

价值取向本质上是指反映人们所持有的价值观。价值观是决定活动主体的价值选择和行动目标的抽象范畴,它往往与人们的主观需要和动机有关,并带有特定的情感色彩。巴纳德(Barnard)认为,任何一个社会组织存在与发展都必须具备两个条件："一是有效性，二是能率。所谓有效性，指目标的实现程度。其中能率是指个人动机的满足程度。"① 如前所述，大学作为一个规范性组织和一个松散结合的系统，其目标的相对模糊常常使人对其整体有效性难以精确地界定和把握，相对而言，能率的好坏更能反映组织运作的状态。

在学科价值取向上，不同学科以及学科的不同阶段存在不同的认识。如：在学科研究上，有的推崇基础研究的无功利性，以求知识、求真理为最高价值追求。这类人认为学科的发展以完善学科知识本身的前沿性、完整性为出发点，较少考虑社会现实的需求；而有的则把知识对社会的实际功用作为研究的出发点和价值追求目的。在学科教学上，有的认为应以向学生传授知识，指导其应用知识与创造知识，提高教学质量和效果为宗旨；而有的则认为培养学生的自学及自我探索能力是教育的根本，不注重知识的完整性，而侧重创新能力的开发。

事实上，两种价值取向本身无对错之分，但对于某一个学科的文化来说，通常是被外界打上了某一种价值取向的标签，也正是这一标签，使这一学科得到同行或社会的认可。如果一个学科无法在学科价值取向上达成一致，这一学科注定毫无特色，也难以形成自身的文化。学科价值取向不一主要表现为：

（1）群体间的价值冲突。

在大学组织宏观层面上，从活动类型的角度可以将大学组织划分为三个基本的群体：管理群体、学术群体和大学生群体。同一般组织一样，大学管理人员最为关注效率问题，倾向于建立相对统一、清晰的组织目标、严格的等级、规范有序的程序和有效的责任机制，来简化多样性和复杂性，降低组织运作成本，并最大程度实现预期目标。另一方面，学术人群则往往对此不以为然，更倾向于陶醉于自我世界中，崇尚活动自由和松散管理，能够相对自主地确定学术发展目标甚至安排个人生活。美国前哈佛大学文理学院院长亨利·罗索夫斯基（Henry Rosovsky）以自己从政11年的工作经历阐述两者本质的区别，"在学术

---

① ［日］万成博、杉政孝主编：《产业社会学》，杨杜、包政译，浙江人民出版社1986年版，第28页。

工作中没有上级——我是指美国50到100所名列前茅的高等学校中终身教授而言的。一个工头式的上司会去叫你做什么事，而且要求你一定得做——这是自由的损失。作为一个院长，也就是作为一个行政管理者，我的上司是校长，我为他效劳，按照他的意图工作。他可以，而且也的确向我发号施令。可是作为一个教授，除了同等地位的竞争对手外，我不承认有主宰我的人，或许除了一种不大可能的道德败坏指控外，也不认为有什么威胁存在。没有哪种职业像大学里的科研活动和教学工作那样，能使从业者得到一种独立和安全兼而有之的保障"①。加州大学校长克拉克·科尔也说过："在大型学校中的教学人员和有各种机会的教学人员，都具有一种不受行政部门或其同时支配的新的独立意识，许多行政工作都被有效地分散到教授个人身上来了，特别是教授们可以选择适合自己兴趣的从未担任的角色，如果他不愿意，也不需要离开'小园林'，前往'雅典卫城'……教授有若干生活方式可以选择。因此，教授拥有更大的自由。教授自由，在古老的德国指教授可以随心所欲地干自己的事，这种教授自由是成功的。"②

学术活动与大学行政管理间这种行为表现的差异，其实在深层次反映了两种完全不同的价值取向：学术活动的自由观和管理活动的效率观。无论在历史上还是在现在，它往往是大学中文化冲突的焦点。伯顿·R.克拉克指出，自20世纪70年代以后，美国大学中行政管理人员逐渐由非教学人员承担，行政人员"有充足的理由把教授和学生充其量看作缺乏理解的人，甚至是制造麻烦的人和敌人"，由此一种独特的文化产生了。这就是"大学行政管理人员和教学人员，在日常生活中越来越互相分离，每一方面都试图保持自己'一类人的接触'"③。分离导致相互的冲突愈演愈烈，在大学校园中双方相互轻视甚至敌视的现象也越来越普遍。特别是，当我们稍微留心一下，往往会发现一个极

---

① ［美］亨利·罗索夫斯基：《美国校园文化：学生·教授·管理》，谢宗仙、周灵兰等译，山东人民出版社1996年版，第143页。
② ［美］克拉克·科尔：《大学的功用》，陈学飞等译，江西教育出版社1993年版，第28—29页。
③ ［美］伯顿·R.克拉克：《高等教育系统》，王承绪、徐辉等译，杭州大学出版社1994年版，第100页。

其有趣的现象：越是知名度高的大学，这种冲突越频繁和严重。相反，那些行政力量主导一切以至很难形成这一冲突景象的大学，则很少与优秀和卓越沾边。

大学生属于大学组织中一个相对独立的群体。"他们同整个社群一致的少，而同亚群体一致的多。"[①] 无疑，人们已经很难在大学生这一复杂群体内部发现相对一致的价值取向，但是在今天这个竞争激烈的社会中，就业谋生也的确正在成为越来越多学子的现实追求。学生、行政人员和教师各自对普通教育的态度，其实也就反映了不同群体对大学教育所持有的价值取向，它涉及大学的培养目标、培养规格和培养方案等基本问题。在其他领域，大学生群体与管理、教师群体间的价值冲突也频繁发生。其中，20世纪60年代席卷整个西方世界的学潮，把大学民主化、学生参与管理提到了议事日程。然而，学生参与管理和决策实际上很难为大学管理和教师群体所认同。

（2）群体内的价值冲突。

对大学组织而言，群体内部很难是完全同质和高度聚合的。"今日的大学是昔日学术自治、宗教等级与今日官僚体系的混合体，而这种官僚体系又是在学术自治和宗教等级的相互融合中形成的。"它的基本特征是缺乏整体性原则。[②] 事实上，在现代官僚制度和传统的学者自治相混合、彼此交融、难解难分的大学管理系统中，我们已经很难寻求价值的一致性了。现代大学的行政官员往往身兼二职，他们既是管理者又是学者，身份的多重性又常常模糊了自身的立场；在西方国家大学中，各种由学术人员参与的决策性组织——委员会机构，它们的确在履行着管理的职责，但同时又代表学术人员群体的观点。由此带来的结果是，对于实行基于学术自由理念的"放羊式"管理还是围绕效率优先的规范管理，大学层内部也往往摇摆不定难以抉择。

在学术人员群体内部，价值观纷争更为激烈。如：在研究目的上，有人推崇基础研究的无功利性，以求知和求真为最高的精神价值追求，

[①] ［美］克拉克·科尔：《大学的功用》，陈学飞等译，江西教育出版社1993年版，第27页。

[②] ［美］约翰·布鲁贝克：《高等教育哲学》，王承绪等译，浙江教育出版社1987年版，第130页。

以体现学术超现实性,而另外一些人则对应用、开发研究情有独钟,把知识的功用作为研究目的,以积极入世的精神主动介入现实社会;对教师职责的履行,是以教学质量还是以科研水平作为基本的评价标准,教学过程是解释模式(即回答是什么和为什么的问题)还是传授模式(即应该是什么和应该怎么做的问题),至今人们还在争执不休;此外,对于专业计划、课程设置以及教学形式、方法和途径等环节的认识,人们也很少能够达成完全一致。

至于内部构成更为复杂的大学生群体,其内部的价值取向分离倾向就更为突出。美国学者伯顿·R.克拉克与马丁·特罗曾就该国大学生的态度从两个维度(即是否富有理想,是否认同学校)划分出几种价值取向类型。研究认为,对上述两者都认同的可称为"学术取向",认同理想而不认同学校的为"不循规蹈矩取向",认同学校但很少认同理想的为"学院取向",二者都不认同的为"职业取向"。[1] 在此基础上,甚至进一步划分出更多的类型,并称之为大学生亚文化群体。包括:社团类型——体育运动爱好者、热衷于娱乐的分子、男女生联谊会等;职业型——为工作和谋职做准备、勤勤恳恳、态度认真;学术型——刻苦钻研学术、埋头于图书馆和实验室、计划攻读研究生的群体;不落俗套者——政治活动家、有权利欲望的知识分子群体,以及放荡不羁者。[2] 各种不同的亚文化群体根据自身爱好,组织和开展各种形式的活动,一方面极大地丰富了大学校园的内涵,另一方面也为学校带来某种程度上的混乱。

总之,不同层次、不同领域的价值取向的差异和冲突反映了大学组织所独有的、丰富的组织文化内涵。相对而言,主导商业组织的"个人经济理性"取向和强制型组织的"无条件服从"取向,在大学中往往难以形成气候。

应该说,大学组织内部存在的上述种种价值正是大学组织的活力所

---

[1] On higher education-The academic enterprise in an Era of Rising Student Consumerism, By David Riesman. Originally published in 1980 by Jossey-Bass Publishers, 1998 by Transaction publishers, New Brunswick, New Jersey: 4.

[2] [美]克拉克·科尔:《大学的功用》,陈学飞等译,江西教育出版社1993年版,第27页。

在，即使出现价值的冲突也并非是倾覆性的，不同的价值取向的存在都有其合理性，无所谓谁优谁劣，而且彼此之间，也并非泾渭分明甚至水火不容，而且是有其相互融合的一面。

2. 思维方式与语言方式冲突

在思维方式上，英国学者 C.P 斯诺（C.P. Snow）在剑桥大学发表关于"两种文化"的演讲中指出：西方社会的智力生活已经日益分裂成为两个极端的集团，自然科学家与社会科学家之间出现了互不理解、互不信任的鸿沟，"他们都荒谬地歪曲对方的形象。他们对待问题的态度完全不同，甚至在感情方面也难找到很多共同的基础"[①]。这两种文化之间存在着一个互不理解的鸿沟，产生两种文化分裂与对抗的原因，主要是对科学教育过于推崇和要把社会模型固定下来的倾向。而人文教育的发明史表明，人文教育并不是孤立发展的，它受到包括科学教育在内的诸多社会因素的影响。两种文化本质上并非是完全排斥的，而是相容的。两者的出发点都是人，以人为归宿；两者共同构成完整的价值体系；两者是可以互动发展的。"两种文化"的观点只不过揭示了一种对立，事实上，实用学科与非实用学科、理论科学与应用学科之间存在着巨大的隔阂。相互间的隔阂是"不理解"的外在表象，其深刻的危机在于因知识成了碎片，而功利主义的技术社会往往关注的是实用性知识，人文社会科学不能成为发财致富的手段和立竿见影的政绩，因此受到冷落是自然而然的结果。

在语言方式上，英国学者怀特指出："符号可以定义为使用者赋予意义或价值的事物。"只有人才能创造符号，人类的全部文化（文明）依赖于符号。符号表现形式多种多样，最基本的是语言。[②] 人通过语言的指示性或名称性标记作用，来表达其思想和感情，以符号来表达和理解各种概念特别是抽象的概念，进而"帮助我们理解现实，并使沟通变得简单"[③]。然而，人类在认识社会和自然界的过程中，囿于自身有限的认识能力，往往无意或有意地创建不同的符号系统，人为地创建不

---

① ［英］C.P. 斯诺：《两种文化》，生活·读书·新知三联书店 1995 年版，第 4 页。
② ［英］怀特：《文化科学—人和文明的研究》，曹锦清等译，浙江人民出版社 1998 年版，第 24—32 页。
③ ［美］戴维·波普诺：《社会学》，李强等译，中国人民大学出版社 1999 年版，第 66 页。

同的知识体系，构成不同的意义和价值系统。不同符号系统间的理解和沟通障碍或者分歧就表现为文化上的差异甚至冲突。作为知识机构的大学，这一特征表现相对较为突出。

借用库恩（Thomas Kuhn）的"范式"概念，不同符号系统就相当于不同的范式，正如库恩所认为的，只要两个学科理论间无法完全翻译到一种语言中去时，两种范式间就是不可通约的。不可通约性，是创造不同符号系统间的差异的内因，而且也演绎了大学内部频繁不断的冲突。在大学的现实中反映这种冲突的现象可谓比比皆是，如自然科学领域中的人们常常视人文学科为"非科学"而对之不屑一顾，而在人文学科领域也不乏一些人对硬科学反唇相讥，笑其"精神贫乏"，围绕着理性和感性、价值理性与工具性、事实判断与价值判断、归纳与演绎、抽象与具体、实证与思辨、定量与定性、确定性与模糊性、解释与理解等理论形态或研究取向间的对峙与交锋，人们少不了互相贬抑。即使是在自然科学、社会科学和人文学科各领域内部，不同学科、专业之间也存在一些不理解甚至相互轻视的现象。

不同学科、专业之间的冲突，彼此的轻视，反映了相互之间存在的理解、沟通障碍并因此而形成的思想偏见和感情上的好恶。甚至这种学科、专业间的歧见，最后将演化为信念和行为方式选择上的冲突。正如C.P.斯诺所说："纯粹科学家大都对工程技术一窍不通。他们不可能对此发生丝毫的兴趣。他们看不到许多问题就像纯粹理论问题一样需要高超的智力。许多问题解答也必须令人满意，同样漂亮。他们的本能使他们理所当然地把应用科学视为二等头脑的职业。"[1]

二 学科文化融合

对于学科文化中的异质，应采取辩证的观点对待。在社会学的视野下，功利主义者强调存在一个相对一致的核心价值体系对社会或整个组织的整合作用，异质被视为系统运作不畅的表现，力图通过自我调节会

---

[1] ［英］C.P.斯诺：《两种文化》，生活·读书·新知三联书店1995年版，第29页。

自发地消除这一障碍。而在科塞（Lewis Coser）等冲突论者看来，即使是一个健康的组织，其内部也充斥了大量的利益、权力和价值冲突，这些冲突并非是总具有破坏性或导致功能失调的消极、负面因素，而是中性的，甚至它有可能对系统产生积极或有益的影响。正因为冲突的存在是正常的，一个允许、容忍并能正确对待异质存在的组织，才表明它自身具备一种对内部多元的价值和行为方式的认同的宽松环境，有利于消除彼此之间的恶性抵抗，增强成员对组织的归属感；相反，否认、忽视、嫌恶异质的存在甚至抵制异质，只会加剧组织内部潜在的紧张，有可能导致组织最终的瓦解和分崩离析。

　　文化异质的融合，即文化体系对异质的理性对待问题，体现了文化体系在互补互惠关系中寻求平衡的倾向，是文化发展演进过程的必然步骤。学科文化可划分为物质、制度、行为和精神观念四个层次。文化融合，正是体现了不同文化之间上述四个层次的交流和渗透。具体说，文化融合在物质技术层、制度层、行为层比较流畅和自觉，先进对落后的影响容易达到效果。比如，在经过几次科学革命后，人类在物质生产方面日趋和谐，生产方式在高科技和信息化方面雷同。但是，文化的融合在核心层——精神观念层面上，则往往显得力不从心。因为，文化的精神观念层最具内在性，是文化难以把握和渗透的灵魂所在。不同文化相处往往会表现出对自己"灵魂"的坚持和其他的排斥。正是由于文化融合过程中各种文化要素的取舍、组合及各种矛盾的运动和调适，人类丰富多彩的文化才更具生命力，才能传承至今。

　　对于文化融合，学者们有不同的看法。冯天瑜认为，文化融合是"群外非强制性文化传播所导致的不同文化的主体文化或主体文化成分相互渗透、在文化特征上融为一体的文化现象。文化融合是自然的、非强制性的，即在资源的基础上，依靠各自的文化长处相互吸引而实现的，是不同群体文化长时期接触、交往、学习、影响持久的结果，是历史发展的必然趋势"①。

　　陈国强认为，文化融合是"文化调整的一种方式，为两个独立的文化体系通过长久的接触，互相借用、互相影响而大致达到接近程度

---

① 冯天瑜：《中华文化辞典》，武汉大学出版社2001年版，第16页。

(通常较难以达到完全相同的地步)的现象。它一般发生在两个相关文化势均力敌的情况下。文化融合的结果,可能产生第三种文化体系,而原来的两个文化体系随之消失,或成为新文化体系中的亚文化,如果两个相关文化中有一方为优势文化,则可能出现文化调整的另一种形式——同化"①。

高清海等认为:"反映不同文化调适方式的社会学和文化人类学概念。它是指不同文化体系在长期接触中相互影响,相互吸收对方有利因素,逐渐接近并融合为一种新的文化体系的过程。文化融合是人类文化发展的基本趋势,是不依人的意志而转移的。文化融合是一个长期的自然发展过程,不能采取简单的强制手段来实现。"②

(一)学科文化融合的含义

学科融合的含义是在承认学科差异的基础上不断打破学科边界,促进学科间相互渗透、交叉的活动。学科融合与学科交叉存在区别:学科融合是一个理念层面的概念,指的是打破学科边界,不将学科封闭在现行的学科边界内,主张缩小学科间的区隔,强调的是学科之间的整合;学科交叉是具体实践层面的概念,学科交叉落实到具体的操作层面,通过学科知识、方法、视角的相互渗透,发展出新的学科生长点,还可能生长出新的学科。

学科文化融合是从学科融合和学科文化两个概念中发展出来的,是指学科文化之间的严格界限被打破,学科文化的差异在学科边界被逐渐消解,产生一些共性的文化。学科文化的融合具体来说可能在以下两个方面:一是学科知识的融合,即以上所说的学科融合与学科交叉,知识的融合是学科文化融合的基础。二是对学科规训制度、生活样态和思维方式的相互尊重、理解和宽容,以及在此基础上找到相似点,达成共识。③

(二)学科文化融合的制约因素

结合对学科文化的自身特点和文化异质的分析,学科文化融合主要

---

① 陈国强:《简明文化人类学词典》,浙江人民出版社1990年版,第96页。
② 高清海主编:《文史哲百科辞典》,吉林大学出版社1998年版,第137页。
③ 胥秋:《大学学科文化的冲突与融合》,博士学位论文,华中科技大学,2010年。

有如下制约因素：

1. 学科文化的历史惯性

学科文化具有极强的历史惯性，或称为学科文化的惰性。这种惰性使学科成员无视新的价值标准、规则和标准，从而影响新学科文化的形成，成为新的学科文化的束缚。学科文化融合是一个吐故纳新、相互调整改变、吸取别的学科精华的过程，但其固有的历史惯性使学科安于现状，延缓学科文化融合的进程。

2. 学术人员合作精神的缺失

大学教师所从事的工作内容和教师职业本身的专业性。大学教师总是归属于某一学科专业，一生中大部分时间是在某一学科专业领域里从事研究和教学工作，在工作内容上表现出很强的专业性。教师与学生及其他社会成员之间的文化交流更多地是以自己所从事的学科专业为纽带，这在一定程度上使得大学教师在文化交流上具有某种局限性和自我封闭性。其中既有客观条件的制约，也有主观上的因素，他们往往不愿意甚至不屑于和别的学科专业的人进行文化上的交往，因此不利于学科文化的融合。

3. 不同学科专业术语的差异和封闭

这是针对交叉学科而言的制约因素。同一学科为了学科内理解和交流的需要，为了获得学科知识的普遍性意义，在学科领域内逐渐建立了一套共同认可的研究方法、技术以及专门术语体系，作为该领域的基本规范和标准。这就导致各学科之间的相对封闭性，彼此之间界限分明，越是成熟的学科，这种封闭现象越是突出。这就使不同学科之间变得难以沟通和理解，制约着学科文化融合。

4. 价值观多元化

在前文对自然学科文化、人文学科文化和社会学科文化差异进行分析时，我们发现它们具有不同的价值取向。自然学科注重物的有用性，人文学科注重人的价值和意义，社会学科注重社会的有用性。不同的价值取向使自然学科人在致力于物的抽象化的同时很少考虑人生的意义，从而制约着不同学科文化的融合。

5. 思维方式的差异

思维方式体现一定思想内容和一定思考方法、适用于特定领域的思维模式。每一学科都有其特定的研究对象，学者们在对这些特殊研究对象进行研讨时，逐渐形成各自的思维方式。如自然学科和社会学科学者主要围绕理性和感性、工具性和价值理性、事实判断和价值判断、归纳和演绎、实证与思辨、确定性和模糊性展开论战。

(三) 学科文化融合的过程

学科文化融合是学科发展的内在要求。一方面是由于研究的内容和问题本身就具有多学科知识领域的横跨性、交叉性、互渗性；另一方面是由于研究者运用的方法具有某种程度的高度集中性和相互借代的特点，即用一门或几门学科的方法去研究某一学科的问题。

文化融合的一般过程为：①接触。两种文化由传播而发生接触，这是文化融合的前提。②撞击和筛选。每种文化都具有顽强地表现自己和排斥他种文化的特性，两种文化接触后必然发生撞击。在撞击过程中进行社会选择，即选优汰劣。③整合。以原来的两个文化体系中选取的文化元素，经过调适整合融为一体，形成一种新的文化体系，如现代美国文化就是多种文化融合的结果。

作为亚文化的学科文化，其融合的基本过程也应该存在三个阶段：

第一阶段是学科文化的交流与传播。有时也被表述为文化"对话"，来说明不同学科文化交流和传播的倾向性和互动性。"异质文化之间的交流和传播是文化发展的动力。""各种文化自组织系统发展到一定程度，必然会发生扩张和相互接触，会有文化输出与输入的现象发生。"[①] 学科文化的传播、交流和对话，是考察融合对象原有的学科状况，对相似学科、优势与弱势学科、基础学科和应用学科等进行分类，并依据考察的结果提出初步的学科文化融合方案，整个考察过程遵循平等和互动的原则。交流的双方在相互影响过程中，体现出自身的价值和特质，还可以通过双向的交流和互动，改变和完善自身。

第二阶段是学科文化适应和外来文化本学科化。文化适应是文化人类学家莱迪菲尔德（Robert Redfield）在20世纪30年代提出的，文化适应用于理解这样一类现象，具有不同文化的群体通过不断的接触，使

---

① 王晓朝：《文化互动转型论——新世纪文化研究前瞻》，《浙江社会科学》1999年第3期。

双方或两个群体最初的文化类型发生变化。学科文化适应其实是一种主动或被动地借鉴或"借取"行为，是一种与自身要求紧密联系的反应或应变措施。这种学科文化行为首先要与外来学科文化的碰触，并感受到异质文化与自身的差异之处，对差异的认识引发了对外来文化的刺激的某种反应——学科组织机构的建立、学科管理层的调整、学科人员的重新配置等就是文化适应过程。学科文化适应的工作中心在于维护新制度，关键在于选好学科文化融合的"中立点"。学科文化适应是学科文化进化和发展的重要机会，学科文化适应和其他外来文化和本学科化的互动过程。对于原有的学科文化而言，主动的适应，是一种有目的的迎合和吸纳，它往往因为具备大量的心理准备和调试时间，而获得舆论和观念上的支持，因而效果会更积极；被动的适应不仅动作迟缓、滞后，而且会产生学科内部的分歧混乱，应对效果不明显。

第三阶段是学科文化转型。文化转型就是文化"更新"，是文化融合的必然产物。学科文化转型不是外来文化和本学科文化之间的简单取代，而是通过外来文化与本有文化之间的冲突与调和实施重组，从而产生新型学科文化。学科文化的转型不是简单的文化的代替和无差别的统一，是一种内在创造性的转化，更是一种外在批判性的重建。

学科文化融合是一种文化调整方式，是体系自身不同层次要素或不同文化体系在接触中相互影响、相互渗透、相互竞争的过程。融合结果可能有三种：文化在异质的诱发下发生改变，活力增强；两种文化融合，产生一个新的文化体系；两种文化冲突，一种文化被另一种文化完全同化。

（四）学科文化融合模式

学科文化的发展本身就是一个融合的过程，在此过程中，部分文化因素被选择、吸收，逐渐规范化、制度化和合理化，并被强化为人的心理特征和行为特征；其他学科文化因素则被抑制、排除、扬弃，失去其整体的意义和价值。文化的这种内聚和整合就逐渐形成一种风格、理想、心理和行为的模式，而每一种文化模式都有自己的特色和价值取向及潜在的价值意识。学科文化融合的目的就是要化解双方的文化冲突，逐步实现文化认同。在影响学科文化融合的因素中，笔者认为，学科原有的文化特质对学科文化融合模式的选择产生决定性作用。根据原有学科文化的特质，学科文化融合可分为以下四种模式：吸纳式、渗透式、分离式和消亡式。

1. 吸纳式

吸纳式是指被融合方完全放弃原有的价值理念和行为方式，全盘接受融合方的学科文化。由于文化是通过长期习惯根植于心灵深处的东西，很难轻易舍弃，该模式只适应于学科文化非常强大且极其优秀，能赢得被融合学科内部成员的高度认可，同时被融合学科原有文化又较为薄弱。

2. 渗透式

渗透式是指融合学科双方在文化上相互渗透，都进行不同程度的内容调整。这种文化融合模式适用于融合双方的学科文化强度相似，且彼此都欣赏双方的学科文化，愿意调整和改变原有学科文化中的一些弊端。

3. 分离式

分离式是指被融合学科原有文化基本无法改动，在文化上保持相对独立。运用这种模式的前提是融合双方均有较强的优质文化，学科成员不愿文化有所改变。同时，融合后双方接触的机会较少，不会因为文化不一致而产生矛盾冲突。

4. 消亡式

消亡式即被融合方既不接纳融合学科的文化，又不愿放弃自己原有的文化，从而处于文化迷茫的融合状况，这种模式有时是融合方有意选择的，其目的是为了将目标学科揉成一盘散沙以便控制，有时却可能是文化融合失败导致的结果。无论如何，其前提是被融合学科甚至融合学科都拥有很弱的劣质文化。

三　学科文化创新

21世纪是知识经济时代，更是一个全面创新的时代。"创新是一个民族进步的灵魂，是国家兴旺发达的不竭动力。一个没有创新能力的民族,难以屹立于世界先进民族之林。"学科文化创新,是大学学科发展的必然要求,是学科文化自身发展的内在动力,也是学科文化自身运动规律的体现。

(一) 学科文化创新的含义

文化创新内涵丰富,不同的学者从不同的立足点出发,有不同的见解:王树祥等从文化结构出发,认为文化的创新应该包括观念、文化内容、形式和体制等方面创新[1];田丰等立足于人,认为文化创新是人的自我意识的发展,是人对客体认识的深化,是人德行的提升,文化创新必须坚持时代性、整体性、系统性和前瞻性,文化创新的内容包括文化价值观念、文化知识体系、文化思维方式、文化体制等方面[2];陈华文等立足于文化本身的社会地位认为,文化创新是由连续的文化积累和外来文化的借鉴而导致的一种文化创造,文化创新和发展是连续的,需要对前人文化的继承和学习,文化创新需要吸纳不同质的文化。所以,须有宽容精神,才能容纳不同文化形态,才能正确地审视其他文化,才能学习其他文化并最终掌握其他文化为我所用。文化创新需要在积累的同时还必须具备一定的社会需要,并能在社会实践中完成,否则这个创新就失去社会意义,创新不是一种异想天开。[3]

笔者认为,文化创新应该是全方位的。对文化主体来说文化创新要实现自我意识的发展,对客体认识的深化,自身德行的提升;对文化本身来说要立足于文化传统和社会需求,以宽阔的胸怀,接纳各种不同质的文化使他们相互接触、碰撞、融合,并在社会实践中检验其实用性,取其精华、弃其糟粕,实现其价值观念、文化形式和体制方面的创新和突破。

文化创新对人类社会由低级向高级进步,对人类社会文化由单一性向多样化发展都起到推动作用,也是文化进步的最基本动力。学科文化创新需要遵循文化发展规律,在文化的积累、批判、发现、发明的相互联结、相互作用中创新学科文化。

---

[1] 王树祥:《论先进文化创新的内涵》,《学术论坛》2005年第4期。
[2] 田丰:《论文化创新的基本内涵与实现途径》,《学术研究》2004年第2期。
[3] 陈华文:《文化学概论》,上海文艺出版社2001年版,第106—107页。

1. 学科文化积累

文化积累是文化发展的基本特征。克罗伯（A. L. Kreober）认为，"文化发展的过程是增加的，因此也是积累的，而生物进化的过程是代替的过程"[1]。学科文化积累有利于提高学科人的文化创新能力。学科人既能通过习得遗传获得上一代进化的成果和先天优势，也可以通过后天的学习继承人类的文化成果，这种学习通过三种选择来实现：①学科主体对传统文化的选择。指在前人文化遗产的基础上，根据其对新环境的适应能力决定的取舍行为，从而使传统文化中的积极因素成为学科文化的重要组成部分，焕发出新的活力。②学科主体对外来文化的选择。指的是在不同文化的相互接触、交流中，学科文化主体的排拒与吸纳的选择行为。③学科主体对未来文化的选择。指的是在对已有各种文化的筛选、取舍的基础上对未来文化发展的设想及追求。在现实的学科活动中，这三个向度的文化选择往往是交织结合在一起的。每一个学科的发展历程，都是一定文化背景下的文化选择和积累的过程。这样学科人一代代变得更加聪明能干，学科文化创新的基础也越来越丰富。学科文化的积累也使学科文化的发展进步呈现加速的趋势。全球化改变了学科文化积累的方式和途径，使它的横向积累不仅是一个学科与大学、社会之间精神文化活动、能力及其成果的相互变换，同时也表现为不同国度的不同学术团体之间互相交流而形成的横向积累。这种横向的传承、积累，有利于减少文化创造、发明的重复性，加快学科文化积累的步伐。文化积累是学科文化生存和发展的前提，只有量增加的积累不可能满足实践发展的要求，实践发展必然要求学科文化不断创造出新的形式和内容。从某种意义上说，没有学科文化创造性的变革，学科文化积累就会失去动力和方向。因此，学科文化创新是学科文化积累的意义和目的，要通过树立责任意识、前沿意识、原创意识促进学科文化的创新。

2. 学科文化批判

文化批判是学科文化选择的核心。任何文化选择都要经过一个价值判断和价值取舍的过程，一个认同和批判的过程。"辩证法对每一种既

---

[1] 覃光广：《文化学辞典》，中央民族学院出版社1988年版，第145页。

成的形式都是从不断的运动中,因而也是从它的暂时性方面去理解。辩证法不崇拜任何东西,按其本质来说,它是批判的和革命的。"① 作为学科实践的反思和超越的学科文化,批判永远是它的活的灵魂。学科文化批判是站在文化发展进步的基点上,对学科传统和社会需求的理性审视和反思,在对现存学科模式、体制的肯定中包含着否定的理解,在历史和价值的交合点上寻找学科文化适合社会发展的合理道路。批判具有兼容性,世界上所有大学学科丰富自己不同层次的文化占有、提高文化水平的必由之路,正是通过共性和个性为矛盾核心的交融与整合,每一种学科文化逐渐克服其狭隘性和片面性而日益走向自觉、全面与厚重。兼容性批判是网络时代和学科综合化趋势下学科文化创新与发展的重要契机。在新技术革命带来的互联网上,不同信息和文化的传播与交流,使任何学科都难以筑起壁垒,将本学科隔离于世界文化和信息大潮之外。各种学科文化将由其吸收其他文化和自身更新能力的强弱来决定自己的命运。

3. 学科文化发现

学科文化在积累与批判的同时,通过学科人的观察和分析,认识和了解到一种虽然在自然和社会中已经存在,但过去不曾为人们认识和了解的自然事实和社会事实。这种发现有可能不一定是新出现的东西,但这种发现将给人们带来思想观念的变化,进而引起科学技术或社会生活方式的变化,并产生新的文化形态。

4. 学科文化发明

学科文化发明是指学科人在实践过程中,在原有文化的基础上,为满足和发展自身的需要,创造出新的物质产品或新的精神产品、新的思维和行为方式。从某种程度上可以认为,一切文化现象或文化因素的最初创造,都是一种发明。一种新的工具或文化因素被开发出来,一种新的科学技术或操作方法被利用起来,一种新的社会道德规范或行为规范被创造出来、流行起来,一种哲学思想、道德观念、审美观念被流行起来,都可以视为一种发明。

学科文化的积累、批判、发现和发明是学科文化创新的一般规律,

---

① 《马克思恩格斯选集》(第2卷),人民出版社1972年版,第218页。

学科文化的发现与发明是目的。四个环节循环往复，将学科文化推向前进，使所在的学科有别于其他学科并处于优势地位。

学科文化创新可以是发生在结构和要素之间的基准性和构建性创新，也可以是整个体系变化上的渐进性或根本性创新，具体可解释为：

（1）基准性创新。指仅仅改变学科文化体系中的某部分要素或结构搭配，主体的核心理念和层次结构不发生改变。

（2）构建性创新。指对构成整个学科文化体系的要素及结构以新的方式进行重构或内涵升级，从而扩大整个系统的内涵。这种创新通常会引起学科文化体系的根本性变化。

（3）渐进性创新。指对现有学科知识等的局部改进而引起的渐进的、连续的创新。如对学科教学中教材的修订，对教学内容的完善等。

（4）根本性创新。指有重大理论上的突破，它常常伴随着一系列的价值观、理念及规则制度的创新。从哲学意义上说，根本性创新是从量变到质变的过程和结果。

（二）学科文化创新的价值

大学中往往存在多个学科，这些学科在行政干预或自发需求的基础上发生联系，如同自然界生物圈一样具备生态功能。各学科处于这一生态系统中，不仅受到来自本学科内部各种因素及其相互作用的影响，同时受到来自学科群落内其他学科的影响与渗透。

图4—1描绘出学科生态系统模型，在这个生态系统中，众多的学科共存形成学科群，它们在社会需求、政治需求、文化需求或科技需求的推动下，形成自己的学科文化体系，以相对稳定的结构存在，发挥着教学、科研和服务社会的基本功能。在学科群内，学科生态这一大系统如一个大的搅筛，使各学科发生或多或少的相互联系，这些学科在相互联系中产生理念、行为及制度等不同层面的碰撞。有的在碰撞中生存，有的则被兼并或取代。大体上学科间存在着如下几种不同的关系：

（1）学科1和学科2。它们处于相近学科，具备着相似的学科价值观、思维方式、语言方式、行为习惯等，可能只是学科知识上的不同而存在差异。这类学科通常存在于同一学科大类中，随着社会对学科专业化需求程度不同而合并或分解，也常常是交叉学科形成的源泉。

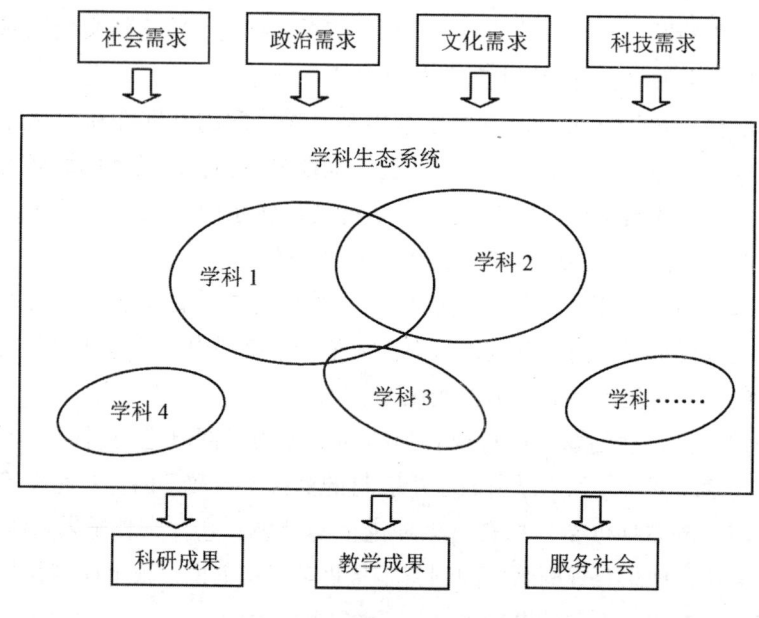

```
┌──────┐  ┌──────┐  ┌──────┐  ┌──────┐
│社会需求│  │政治需求│  │文化需求│  │科技需求│
└──┬───┘  └──┬───┘  └──┬───┘  └──┬───┘
   ▽         ▽         ▽         ▽
┌─────────────────────────────────────┐
│            学科生态系统              │
│                                     │
│     ( 学科1 )( 学科2 )              │
│                                     │
│  ( 学科4 )  ( 学科3 )  ( 学科…… )   │
└────┬────────────┬────────────┬──────┘
     ▽            ▽            ▽
  ┌──────┐    ┌──────┐    ┌──────┐
  │科研成果│    │教学成果│    │服务社会│
  └──────┘    └──────┘    └──────┘
```

图4—1 学科生态系统模型

（2）学科1和学科3。它们缺乏共同学科知识基础，但学科1可能在价值观、思维方式等方面借鉴于学科3，就如哲学对其他学科的思维指导作用一样。

（3）学科1和学科4。这两类学科不但学科知识不同，学科价值观、思维方式上也互不认同。具有这种关系的学科在学科生态系统中较少存在。

任何一个学科在学科生态系统中生存并得以发展，无不是这样一个过程：适应、共存与竞争。"适应"主要是学科回答"何以"存在的问题。这涉及的就是学科价值和学科理念问题，即学科要达到什么样的期望目标，为社会、为科学做出什么样的贡献。只有具备正确的价值观和理念，才能为社会、高校和学科群所容纳。"共存"主要是学科回答"以何"和"如何"存在的问题。一方面，需要学科明确用什么样的模式或方式实现期望的目标，这实际上反映的是学科思维方式、语言方式和行为问题；另一方面，需要学科建立完善的规章制度，约束和规范学科内的主体行为、思维方式和语言方式。从"适应"和"共存"两方面看，学科要解决的问题实际是学科文化的自身完善性问题，只要学科文化各层次结构内的各要素完备并合理发挥作用，学科就基本具备了生存的实力。至于"竞争"，人们首先想到的是竞争力，拥有竞争力才有竞争的资本。根据核心竞争力理论，只有具备系统整合性、价值性、独特性和动态性等特征的系统才具有竞争力。针对学科文化，整合性和价值性体现在体系的结构完整性和价值取向一致性上，一般学科文化都具备这两点特征。而独特性和动态性则要求学科文化具有超越自我和与时俱进精神，实际就是创新意识。因此，学科文化体系要具备竞争力，实际上是要在体系完备的基础上进一步创新。唯有创新，学科文化才能保持其独特性，才能保证文化主体不被异质腐蚀，才能保证学科的长久存在，正如知名文化学者杨雨教授所说："文化在创新中发展，在发展中创新，创新一旦停滞，也就意味着一种文化的断裂即将到来。"①

（三）学科文化创新的过程

1. 学科文化创新的途径

创新的本质表现为"创造性破坏"，是系统进化的过程。随着创新理论的形成和发展，人们认识到创新可以表现在科学技术的开发、生产及工艺、经营各个过程以及制度变革和社会管理各个领域，创新成为科学技术及任何体系发展的核心动力。

根据创新理论创始人、美籍奥地利经济学家熊比特（J. A. Schumpeter）在经济学中对创新的阐述，创新就是建立一种新的生产函数，在经济活动中引入新的思想、方法以实现生产要素新的组合。主要包括以下五个方面：①引入一种新的产品或赋予产品一种新的特性；②引入一种新的生产方法，它主要体现为在生产过程中采用新的工艺或新的生产组织方式；③开辟一个新的市场；④获得原材料或半成品新的供应来源；⑤实现一种新的工业组织。1990 年，世界经济合作与发展组织（OECD）在《国家创新体系》报告中进一步指出："创新是不同主体和机构间复杂的互相作用的结果。技术变革并不以一个完美的线性方式出现，而是这一系统内各要素之间的反馈、互相作用的结果。"到 20 世纪 70 年代，莫尔顿·卡门（Morton I. Kamen）和南希·莱施瓦茨

---

① 见后文杨雨教授访谈实录。

(Nancy L. Lschwartz)深入研究了技术创新,而兰斯·戴维斯(Lance E. Davis)则研究了制度创新,现在人们研究较多的则是体制创新等。这些创新理论出发点和着重点有所不同,但共同点都强调创新的动态性和主动性。

针对学科文化,其创新可以发生在其四个层次的任一层次。在物质层,创新可以是学科资源优化,这种优化虽然不能直接产生创新效果,但为学科文化体系整体的改善提供条件;在行为层,创新可表现为思维方式转变,行为习惯突破,进而使原来认为不可解决或实现的目标或功能得以实现;在制度层,创新可表现在组织结构调整、政策优惠等达到对外界需求的及时响应;在精神层,创新可体现在观念转变、价值观改变等。创新还可能同时发生在多个层次,如在学科交叉过程中,原来的两个学科各自的学科文化体系内涵可能相去甚远,在它们的融合过程中,所形成的新学科文化体系必然是基于原来两个学科各个层次的全面创新。

2. 学科文化创新的实现

与学科文化的原始体系相比,赋予创新的学科文化发生了质的变化。在一个学科的学科文化没有进入学科生态系统前,它无视其他学科的发展与进步,以自身的结构存在。但当它进入学科生态系统后,生态圈的竞争使它不得不创新,要么进步,要么消亡。在这里,学科文化在外界的竞争激励下,通过吸取其他学科的优点,在自身结构的某一层次或所有层次进行改进,通常有资源优化配置、观念转化、制度改革、学科交叉等形式,最终在竞争中生存和发展,如图4—2所示。经历创新的学科文化,具备着鲜明的品牌标识、较高的学术水平或优质的社会服务,这些品质犹如一股强大的力量,向其他学科昭示自身的生存力和影响力,即学科的学科文化力。

学科生长也犹如生物界的生物圈,一个学科可以为另一个学科的发展提供动力和营养,这种动力和营养形成生物链、生物环和学科生物网。学科生物网的形成可以大大丰富学科的生长点,增强学科之间的共生效应,多个学科生物链、生物环和生物网构成学科的生态环境。因此,学科文化力的培育和形成是个极其复杂的过程,做好如下几方面将有利于其形成。

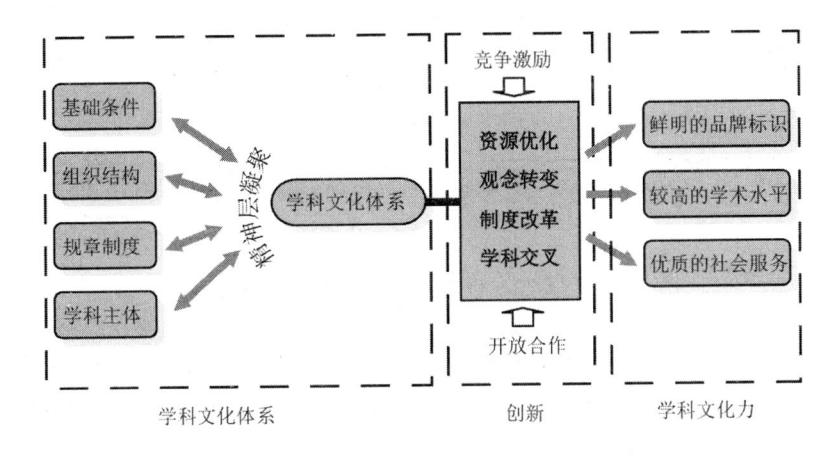

图 4—2　创新型学科文化形成过程

（1）营造开放合作的学科环境。处于生态系统中的学科文化和单一学科文化的最大不同在于它们对待外界的响应不同。一个学科，如果没有进入学科生态这一环境，它主要关心的是自身学科结构的合理与稳定。单一学科文化体系可能维持一定的结构和要素形态长期不变，视其他不同的理念、行为是怪物，采取强烈抵制的态度。而学科文化创新则要求它自身开放并与外界保持合作，时刻迎接竞争带来的挑战，在对待文化异质的态度上，则是"取其精华，弃其糟粕"。图 4—3 显示了两者在这方面的不同。也正是对环境持有的开放合作态度，使创新型学科文化往往能超越自我，实现新我，最终在学科生态圈中脱颖而出。在发挥的作用上，单一学科文化因为不关心外界环境的变化，只潜心于自身的完善，最多只能起到一个文化定位的作用；而创新型学科文化则不同，它充分与外界合作，不拘一格，由于它不但注重自身的完善，而且积极吸纳其他学科文化的优点，使它不但得到同类学科的认同，而且向其他学科辐射，在整个学科生态圈中起到文化引领的作用。

（2）支持"百家争鸣"学术风气。学科知识与信仰体系的创立者与当前学科主体，以及学科主体之间通常存在不同学派。在单一学科文化看来，这些不同派别无异会损坏学科文化的一致性，因此会想方设法减小派系差别，这对学科文化体系的稳定有着积极的意义。但稳定和创

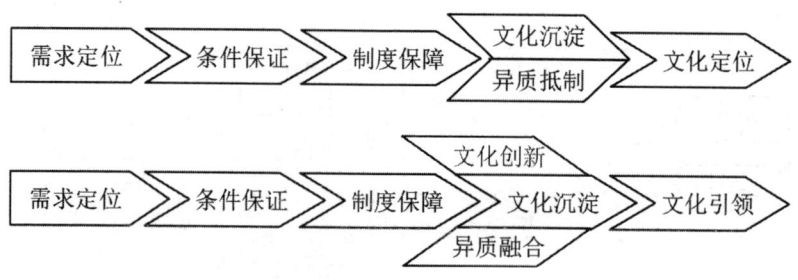

```
需求定位 > 条件保证 > 制度保障 > 文化沉淀/异质抵制 > 文化定位

需求定位 > 条件保证 > 制度保障 > 文化创新/文化沉淀/异质融合 > 文化引领
```

图 4—3　创新型学科文化与单一学科文化的区别

新往往存在着矛盾统一关系。稳定为创新提供了前提，但过分稳定就会遏制创新。事实上，每一个学派都有其独特的视角与哲思、探索问题的路径与方法，在对待同一学科问题时，他们往往从不同的角度看问题。每个人好比摸象的瞎子，但是由于不同人对目标领域的感受和理解不同，使他们会在知识和精神上有不同的收获。这些收获被学科文化吸收、融化、调和，就会使学科的文化视野构筑得越来越宽广。

（3）倡导锲而不舍的学术精神。学科文化一经形成就会对学科的群体成员产生无形的约束力和影响力，它们支配和规范着学科成员的行为，于潜移默化中影响着学科成员的价值倾向、思维模式、思想观念、行为态度、情感模式等。这些影响所形成的素质往往终其学科成员的一生，很难改变。在当今全球化和网络化时代，来自学科内外的知识因素、价值观念、思维方式等时刻冲击着学科文化，使学科文化离心力大大增加。学科主体面对学科文化与外来文化之间的冲突，往往会处于被动、迷茫、不知所措的状态。此时，倡导锲而不舍的学科精神，使学科成员主动、坦然面对学科文化所面临的冲突，积极寻找解决矛盾的方法和途径，努力寻找外来文化与学科之间的耦合点，才能实现既保持自我又超越自我的创新。

（4）建立团结合作的学术梯队。每一个脱颖而出的优秀人才的成功与进步都不是个人孤立的结果，而是凝结着一个团队长期培养的心血，是一个人才链长期付出的结晶。美国相关统计表明，半数以上的诺贝尔奖获得者曾经跟随高明的老师学习过；而且跟随高明老师学习的人比跟随一般老师学习的人获奖时间平均提前 7 年。雷利（1904）—J. J. 汤姆森（1906）—卢瑟福（1908）—博尔（1922）—海森博格

（1932）就是一条典型的师徒型人才链。① 在一个学术团队中，老专家、老教授充分发挥"传、帮、带"等作用，作为后起之秀的学术骨干，要虚心求教，珍惜老专家提供的平台。一流学科的根本标志就是拥有著名的学术大师、杰出的学科带头人和优秀的学术骨干。学术大师对学科知识和信仰体系有创立性或确立性贡献，在学科中享有偶像地位；杰出的学科带头人在思想素质方面，应具有为科学、教育的献身精神，具有良好的学风、治学严谨求实认真、办事认真谦虚大度、能团结人，以及具有一定的组织能力。在业务素质方面，具有本学科扎实的基础理论、系统的专门知识，同时还应具备较宽广的相关学科的知识，能够不间断地开展科学研究工作，并已取得具有较高学术水平的研究成果，熟悉、了解本学科发展的历史和现状，具有敏锐的学术眼光和高度的学术鉴赏力。学科知识和信仰体系骨干传承者是未来的学术大师和学科带头人的人才储备，了解掌握本学科领域最新的发展动态、发展趋势，有可能对学科疆域的突破和发展有重大的贡献。如果在一个学科里，学术大师和学科带头人对后起之秀不屑一顾，任其发展，而这些骨干分子又另立山头，学科内部人际关系混乱、人心涣散、价值导向不明，学科文化与学科的衰败就指日可待了。

四　本章小结

学科文化差异极大地影响了学科文化体系的稳定性和凝聚力，本章从认识文化差异入手，分析了学科文化异质的内涵、本质、来源和显现，在此基础上，分析了学科文化融合的制约因素、融合过程和融合模式。从学科生态系统的角度，揭示了学科文化创新对学科文化生存和发展的必须性，探讨了学科文化创新的规律和模式，简要分析了学科文化创新的途径，并从学科生态的需要出发，对学科文化力的培育发表了独到见解。主要结论有：

---

① 涂方剑：《新世纪高校学科带头人的基本特征及选培途径》，《人才与教育》2005年版，第8页。

（1）学科文化异质可产生于学科文化自身及其他学科文化的入侵，来源主要有学科主体引起的学科文化异质、学科交叉所形成的异质以及行政合并带来的异质。

（2）借鉴文化差异理论基础，分析了学科文化的异质来源及其具体表现。学科文化的异质来源包括三种类型：由学科主体变化引起的学科文化异质、由学科交叉所形成的异质、由行政合并带来的学科文化异质。学科价值取向不一、思维方式与语言方式冲突是学科文化异质的主要表现。

（3）探讨了学科文化融合的制约因素、融合过程和模式。学科文化融合是一种文化调整方式，是体系自身不同层次要素或不同文化体系在接触中相互影响、相互渗透、相互竞争的过程，是学科存在和发展的需要。学科文化的历史惯性、学术人员合作精神的缺失、不同学科专业术语的差异和封闭、价值观多元化、思维方式的差异是学科文化融合的主要制约因素。

（4）学科文化融合是一个接触、碰撞和整合的过程，存在学科文化交流与传播、文化适应和外来文化本学科化、学科文化转型三个阶段。融合包括三种可能结果：文化在异质的诱发下发生改变，活力增强；两种文化融合，产生一个新的文化体系；两种文化冲突，一种文化被另一种文化完全同化。学科文化融合模式包括吸纳式、渗透式、分离式和消亡式四种类型。

（5）学科在学科生态系统无不处于适应、生存与竞争等状态和过程，适应和生存是对学科文化的完备性和稳定性提出的要求，而竞争则是对学科文化的完备性和创新性提出要求。唯有创新，才能最终生存。

（6）学科文化创新通常都经历文化积累、批判、发现和发明这一过程，其创新模式可以是发生在结构和要素之间的基准型和构建型创新，也可以是整个体系变化上的渐进性或根本性创新。创新是文化的本质特征。学科文化的积累、批判、发现和发明是学科文化创新的一般规律，学科文化的发现与发明是目的。四个环节承上启下，将学科文化推向前进，使其所在的学科有别于其他学科并处于优势地位。

（7）在揭示创新型学科文化形成过程的基础上，探讨学科文化创新的途径。学科文化创新可发生在自身四个结构层次的任一层次，以形成学科文化力为实现标志。学科文化力可从营造开放合作的学科环境、支持"百家争鸣"的学术风气、倡导锲而不舍的学术精神、建立团结合作的学术梯队等方面入手进行培育。

第五章 企业文化管理对学科文化管理的启示

企业是当今人类经济活动的基本组织形式，是企业文化的主体和生长点。作为企业管理理论发展的新阶段，企业文化管理被国外许多学者称为"基于价值观的管理"，它是一种以人为中心，以塑造共同价值观为手段的管理模式，即通过企业文化来治理企业，企业文化建设成为企业管理工作的重要内容。本书对学科文化管理的研究主要溯源于企业文化管理理论和高等教育学理论。通过借鉴较为成熟的企业文化管理理论，对企业文化管理研究的理论进行回顾、比较和吸收，有助于更好地认识和掌握学科文化管理规律，为本书研究提供科学的理论依据。

一 企业文化管理理论概述

（一）企业文化的内涵

随着企业竞争程度的日益激烈，不少企业家和管理学家认识到，除了经济因素与技术因素以外，在企业管理中还存在着非常重要的文化因素。1974年，彼得·德鲁克出版《管理任务、责任、实践》，认为管理并不是与文化无关的，管理以文化为基础。1980年秋，美国《商业周刊》首先提出了企业文化的概念。1981年7月，特雷斯·B.迪尔和阿伦·A.肯尼迪出版的《企业文化——现代企业的精神支柱》一书是企业文化理论诞生的标志性著作。

对于企业文化的内涵，国内外学者众说纷纭，总体而言，可以归纳为以下四种类型：

1. 总和说

企业文化是"逐步形成并为全体员工所认同、遵循、带有本企业特点的价值观念、经营准则、经营作风、企业精神、道德规范、发展目标的总和",或者认为是"企业管理硬件和软件的结合",是"外显文化和内隐文化的复合体,或者认为是企业物质财富和精神财富的总和"。如沙因认为,"企业文化"是在一定的社会经济条件下,通过社会实践所形成的并为全体成员遵循的共同意识、价值观念、职业道德、行为规范和准则的总和,是一个企业在自身发展过程中形成的以价值为核心的独特的文化管理模式,是社会文化与组织管理实践相融合的产物。

2. 群体说

企业文化是一种群体文化,是企业内在的文化特质、外在文化环境和群体的文化素质的综合体现,是企业形成的价值观念、行为准则在人群中和社会上产生的文化影响。有的认为是某个行业的企业群体在实践中形成的公共企业文化。

3. 构成说

从要素构成的角度,企业文化是由企业的行为文化、心理文化和物质文化构成的。企业文化是经济意义和文化意义的混合,并解释"这里的文化,不是指知识修养,而是人们对知识的态度;不是利润,而是对待利润的心理;不是人际关系,而是人际关系所体现的处世哲学;不是社交活动,而是社交方式;不是企业管理活动,而是造成那种管理方式的原因"。

4. 观念说

企业文化是一种观念形态的价值观,是企业的经营哲学,也是企业信仰。或认为"是企业生产经营和管理活动中逐步形成的观念形态、文化形式和价值观念的总和"。如沃森（Thomas Watson Jr.）在《企业及其信念》中写道:"为了生存和取得成功,任何一个企业都必须具备一整套健全的信念,并把这些信念作为采取一切政策、措施的前提……企业取得成功的唯一的最重要的因素,就是忠实地严守这些信念。"

上述观点从不同角度反映了人们对企业文化的认识,但是,不论从何种角度定义企业文化,都有一个共识——企业文化是指导员工行为,保证企业持续发展的核心与灵魂。

企业文化的兴起导致了西方企业界一场意义深刻的革命。企业文化理论弥补了古典管理理论、行为科学管理理论与管理丛林理论等的不足，强调了"软""硬"结合的最佳管理方式，从而为管理科学注入了新的生命要素，把管理理论推进到一个新的高度。目前，国外企业文化的研究已经超越了纯科学化、理论化和显性行为管理的层面，企业文化、组织行为的研究已深入到诸如工作情绪、职业生涯规划、企业再造、经营绩效、企业学习、核心能力、文化创新、管理伦理等隐性因素。

(二) 企业文化的功能

从整体上看，企业管理大体经历了经验管理、科学管理、文化管理三个阶段。在文化管理阶段，企业文化通过自身所具有的导向、协调、凝聚、激励、约束、塑造企业形象等六大功能，在企业的生产经营活动和管理过程中发挥着重要的作用。

1. 导向功能

企业文化的导向功能是指企业文化对员工的导向作用。企业文化是一个企业的价值取向，建设企业文化，可以达到以感情联络凝聚人，使职工的精神需要得到满足，使企业的目标转化为人们的自觉行动。企业文化对企业员工的思想、意识和行为有导向功能，而且对形成整个企业的价值观和目标都有导向作用。卓越的企业文化，使企业具有崇高的理想和追求，引导企业主动适应健康的、先进的、有发展前途的社会需求，从而走向胜利；与此相悖，拙劣的企业文化使企业鼠目寸光、胸无大志，引导企业去迎合不健康的、落后的、没有发展前途的社会需求，最终使企业灭亡。

2. 协调功能

企业文化能对人际关系起润滑作用，协调企业内部各方面的关系，形成团结、和谐的气氛。在企业内部，通过企业文化所具有的共同价值观念，在员工之间起润滑剂的作用。企业文化通过各种方式潜移默化地影响企业员工的思想和行为，把企业内部的文化建设同整个社会的文化建设衔接起来，从而进入更高的和谐文明程度。

3. 凝聚功能

企业文化是一种把全体员工紧密地联系在一起，为实现企业的目标和理想而奋力拼搏的文化氛围。企业文化的凝聚功能体现在企业文化的同化作用、融合作用和规范作用。企业文化通过引导员工的思想追求，把个人目标与企业目标相协调，建立企业内部共享的价值观，使企业成为一个由具有共同价值观念和精神状态的人凝聚起来的联合体。企业文化中的共有价值观念一旦成长到习俗化的程度，就会产生一种强制性的规范作用，从而对员工形成强大的凝聚力和向心力。

4. 激励功能

通过企业文化的引导，员工才能真正发挥积极主动性，自觉地为完成企业的目标而努力；员工不仅把工作当作谋生手段来利用，而且尽可能发掘工作本身的意义；启动员工内在的潜能，提高他们的素质，从而激励员工为美好的工作倾注自己的热情。

5. 约束功能

企业文化的约束功能是通过制度文化和道德规范而发生作用。一方面，企业规章制度的约束作用较为明显，是硬性的；另一方面，企业的伦理道德，包括社会公德和职业道德，是一种无形的理性的韧性约束。企业文化的约束功能不仅体现在对员工的约束上，也体现在对企业本身的约束上。一个企业形成了优良的企业文化体系，就应该维护和坚持，形成企业制度的外部约束和企业文化的自我约束的统一。

6. 塑造形象功能

优秀的企业文化是企业巨大的无形资产，可以为企业塑造良好的整体形象，树立信誉和扩大影响。企业形象是社会大众和企业员工对企业整体的评价，它是一种强大的精神力量，是刻在职工和公众头脑中的企业文化。在企业内部，企业形象使企业具有很强的感染力和凝聚力；在外部，它使企业具有很强的竞争力。企业形象直接与企业的兴衰、优劣相联系，企业的知名度与美誉度有机结合，构成了企业在公众中的形象。良好的知名度与美誉度，是企业一笔巨大的无形资产，如果声誉卓著，企业就能招揽到更多的优秀人才和顾客，能吸引到更多的投资。

(三) 企业文化与企业核心竞争力之间的关系

企业文化建设是提高企业竞争力的有效途径。美国著名管理学家沙因在《企业文化生存指南》(*The corporate culture survival guide*)一书中曾指出,"大量案例证明,在企业发展的不同阶段,企业文化再造是推动企业前进的原动力,企业文化是核心竞争力"[①]。

1. 企业文化是企业核心竞争力的主要对外表现形式

企业核心竞争力对内可以表现在企业的人力资源、组织机构、技术研发能力、产品创新能力和资源获取能力等方面;对外具体的表现形式就是企业文化。在企业文化的指导下,企业可以不断创新,开发出满足消费者潜在需要的新产品。因此我们可以说企业文化是企业核心竞争力的主要对外表现形式。

2. 企业文化为企业的核心竞争力提供了精神动力

企业文化是以人本管理为核心,通过共同的价值观和企业精神,对企业员工的思维方式和行为方式加以引导。企业的价值观一旦得到员工的认同后,就会激发起员工的积极性。企业文化还可以通过目标激励、领导行为激励、竞争激励等其他的一些手段来调动员工的积极性。一个崇尚满足企业成员的各方面需要的企业文化,才能培养企业成员对企业的归属感、责任心和事业心;一个倡导创新意识、运用创新思维、敢于创新竞争、鼓励尝试风险的企业文化,才能激发成员的积极性、创造性,有助于创新思想的产生,并能使这些新思想迅速而有效地变成实际运用。

3. 企业文化的不可模仿性是形成核心竞争力的源泉

企业文化与企业的发展历史息息相关,它是企业在经营管理过程中所形成的物质财富和精神财富的总和。企业文化的不可模仿性体现在,企业文化只能根植于本企业之中,单个人离开企业,可以带走规章制度、管理方法,但企业文化的核心部分,即全体人员所信奉的价值观却难以顺利迁移过去。一个企业只有形成具有自己特色的企业文化才能形成企业持久的竞争力。企业的一切经营活动,包括人、财、物的合理使

---

① [美]埃德加·沙因:《企业文化生存指南》,机械工业出版社 2004 年版。

用，都必须受企业文化的指导，因此企业持久的核心竞争力只能起因于先进的企业文化。

4. 优秀的企业文化有利于团队的形成，进而促进企业核心竞争力的形成

成功的团队文化可以提高企业的凝聚力和向心力，能够吸引、培养一些优秀的员工，为企业核心竞争力的形成提供丰富的人力资源。团队文化也可以对团队内个体的行为产生约束和影响，逐渐形成自身的行为规范，使每个个体目标与团队目标保持高度一致，并通过增强企业内部的沟通和协调，提高企业的工作效率，从而能够加快核心竞争力形成的速度。

可见，企业的有形资源构成了企业核心竞争力的"躯体"，企业文化则是驱动躯体的"大脑"。企业文化从静态看是一种实力、一种结果，从动态看则是一种行为、一个过程。企业文化是企业有形资源与无形资源相辅相成发挥作用的过程。

（四）企业文化的差异与融合

企业文化有两个突出的特点：一是隐性作用，"潜移默化"地发挥影响，人们对自己的文化已经习以为常，平时感觉不到它的存在，只有在与另一种文化相碰撞的时候，企业文化才凸显出来；二是持久稳定性，每种文化都有内生的保护自身的力量，并购整合尤其要引起重视。因此，在企业整合和跨文化管理过程中，企业文化冲突与融合的紧迫性更加凸显。

1. 企业文化冲突的演变

莫维斯（Mirvis）和马克斯（Marks）认为文化冲突一般会经历四个阶段：①感知差异。人们会关注到两个企业领导间包括风格、行为风度等方面的差异，也会关注到各自的产品和声誉、甚至企业经营的所有方面的差异。②放大差异。两个企业可感知的差异随着时间逐渐尖锐和凸显。人们逐渐认识到业务系统的差异反映了深层次的价值观和经营理念方面的差异。③典型化。一方的员工认为对方的员工的样子、做事方式几乎所有的方面都很相像，于是用一些简短术语为他们建立一个典型的"形象"。一旦典型化，就意味着一方放弃进一步探究、理解甚至接

受另外一方的文化的愿望和努力。④压制。这是文化冲突的最后一个阶段。此时，其中一个企业的文化被压制。"我们"是胜利者、拥有优越的文化，而对方则被看作失败者，文化也是劣等的。优越感不仅仅是一种态度和观点，而且直接导致让对方无条件地按照自己的方式来行动的强硬要求。由此，肯定会引发对方员工的强烈抵制。

2. 企业文化冲突管理

莫维斯和马克斯提出了如下三个步骤的文化冲突管理建议：①重视双方文化。缓解文化冲突首先需要了解双方各自的历史、风格。比如，通过在公司内部通信上发表文章来强调这种观点，或者公开地讨论双方的企业文化、其内涵以及对人们行为的影响，为以后分析双方的文化做好准备。当然，认识到差异并不意味着能够完全预先制止文化冲突的发生。②明晰双方的文化。在双方之间加强信息交流和接触有利于修正原来对彼此的误解和偏见，帮助员工更透彻地理解对方，包括历史、产品、风格等，及时消弭流言蜚语的产生。③促进相互适应。在明晰双方文化之后，进一步的工作是在合并后的公司范围内向双方的经理和普通员工传授关于另一方文化的知识。随着跨国并购越来越普遍，民族文化差异进一步凸显出沟通和彼此尊重文化禁忌的重要性。民族文化差异体现在很多细节上，如果不能认识并在决策和行为中考虑这些细节，从理性角度上看很不错的不少决策可能难以顺利实施。

佩兰（Perrin）认为，可以运用"3I"策略来消解企业文化：①信息（Information），也就是通过迅速而开放的沟通，向双方员工尤其是被并购企业员工传达他们所关心的信息；②包容（Involvement），也就是将被并购企业的高级经理包容到整合的计划与实施中来；③整体意识（Integrety），仅仅将他们组织进来还不够，必须创造相互尊重的氛围，与并购企业的经理一视同仁，从而逐渐培育形成整体意识。

3. 企业文化整合模式

贝里（Berry）将企业文化整合称为"文化适应"（Acculturation），认为并购双方共有四种文化适应模式：

（1）一体化（Integration）。为了糅合双方文化的长处，经过双向的渗透、妥协，形成包容双方文化要素的混合文化。然而，在具有强烈的冲突、彼此的敌意的情况下，文化混合有时难以成功。这种模式主要出现于被并购企业的员工想要保持自己的文化和组织独立性的情况下。

（2）吸收（Assimilation）。一般是"掠夺型"整合模式，即被并购企业被完全吸收进并购方，被并购企业的文化被取代。在最极端的情况下，并购企业派出自己的经理取代原最高管理层。如果在并购发生前，被并购企业的经营状况不太好，采用这种模式比较合情合理，但现实是大多数并购企业总是倾向于采用这种模式。

（3）分隔（Separation）。即通过限制双方接触，保持两种文化的独立性。在被并购企业员工拒绝接受并购企业的文化时，为了避免强烈的冲突，可以采用这种模式，特别限制两个企业之间的来往。

（4）混沌化（Deculturation）。当被并购企业员工既不珍惜原来的价值观，将其抛弃，同时又不认同并购企业的文化时，员工之间的文化和心理纽带就会断裂，价值观和行为也变得混乱无序，这就是混沌化的文化适应状况。

那么，在什么情况下采用哪一种文化整合模式呢？奈哈迈德（Nahavandi）和马利克扎德（Malekzadeh）认为文化整合是双方互动的过程，并购方有自己的打算，但要取得良好的整合效果，必须同时考虑被并购企业员工的认同。

奈哈迈德和马利克扎德指出，对并购企业来说，采用何种模式取决于两个因素，即文化宽容度和战略并购相关性。即鼓励还是反对组织内员工持不同的价值观，是战略相关并购还是不相关并购。图5—1列示了这两种因素与文化整合模式之间的对应关系。反过来，对被并购企业而言，他们期望的整合模式取决于他们对自己的文化的态度和对并购企业文化的态度，不同的组合决定了他们不同的偏好，图5—2列示了这四种选择。

文化宽容度		
	多元化	一体化
战略相关性 高	一体化	吸收
战略相关性 低	分隔	混沌化

员工是否愿意保留原文化		
	非常愿意	根本不愿意
并购方企业文化的吸引力 很高	一体化	吸收
并购方企业文化的吸引力 很低	分隔	混沌化

图5—1　并购方的文化整合模式选择　　图5—2　被并购方的文化整合模式选择

奈哈迈德和马利克扎德进一步指出，如果并购双方倾向的文化整合模式一致，那么整合过程就会比较平稳，因为这是双方都愿意看到的方式，回避其间较少遇到的问题，而且容易达成共识。如果有很大分歧，或者并购方根本就没有考虑对方的接受程度，很容易在整合过程中激发矛盾，引发被并购企业员工的强烈反感与抵制，并购整合风险就很大了。

（五）企业文化的变革与创新

随着时间的推移、企业的发展、环境的变迁，企业文化不断地变革和发展。企业文化始终处于一个动态的过程，今天的成功可能潜伏着导致未来的失败的因素。所有的企业文化中，都会既有有利的也有不利的因素。不断的成功会进一步强化原有的企业文化。如果内部环境和外部环境一直保持稳定，文化就会成为一种优势。然而，一旦环境发生改变，原有的文化可能会成为负担，因为它们太过强大。这种情况并不一定和企业年龄、规模和管理层更替有关，而是反映了企业的产出和环境的机遇、限制因素之间的相互作用。"面对所面临的内、外部环境的变化，企业的无动于衷必然遭到惩罚。"

尽管有其根深蒂固的特性，企业文化是可以改变的。企业文化变革需要经过一个长期的变革过程，并非能在短期内奏效，而这个过程一般包括以下几部分内容。

1. 需求评估

这一步骤主要是对比评估目前的企业文化状态目标文化。需求评估将明确企业为达到目标需要实施的变革。它帮助管理者选取最佳策略，制定行动计划。需求评估的主要目的是要设立一条基线，用以分割企业文化对团队有利和不利的方面。

2. 行政指导

当企业处于整合新建之时，必须由高层领导来为新的企业文化提供定义并制定计划。行政指导是一个确保高层领导者对企业文化转变态度取得一致的进程。行政指导要努力使高层领导团体形成有关企业文化的统一观点，并使高层了解新文化变革会导致的预期结果。

3. 基础结构

企业必须建立有效的组织、制度激励那些有利于文化变革和团队结构的行为。一旦变革发生，有效的基础结构可以在制度和文件形式上为新变革提供方向。企业应努力建设扁平的、较为平等的、增加了自主权的组织；能利于解决企业范围内大问题的跨部门团队，一套正规的有利于建立快速反应能力的短期团队的实施方法；面向所有感到需要掌握团队工作技巧的人们的培训教程。

4. 变革实施机构

变革实施机构是一个为了完成一项具体的任务而建立起来的临时性组织机构，其成员可以从企业各个不同的部门抽派，也可由原先一个部门的人们调拨而成，它可以由一个小组或多个小组组成。变革实施机构的成员应该代表企业整体。在文化变革的总势头形成之后，再引进那些持不同观点者。

5. 培训

在企业文化变革中，需要尽最大努力对全体人员进行培训。在做出文化变革的决定，并制定了实施计划后，即可开始培训。企业中每个人都应参与到培训中来，这样有助于团队的建设。培训过程的安排取决于企业的规模和结构。

6. 评价

企业文化变革是一项长期的，复杂而又困难的任务，在这一过程中，必须随时进行过程监控，以保证变革方向的正确。假如某一具体的发展趋势呈现错误势头，那么企业必须采取行动对此加以改正；假如发展趋势呈正常势头，那么企业需要采取的行动就是继续朝此方向努力，甚至加大力度。

二　企业文化管理与学科文化管理的联系

企业文化是在一定社会历史环境中，企业领导及其大多数职工在企业生产经营和管理活动中逐渐形成的观念形态、文化形成和价值体系的总和。学科文化是学者在一定时期内创造的以知识为本原、以学科为载体的各种语言符号、理论方法、价值标准、伦理规范以及思维和行为方式的总和，是以管理为目的，能有效指导学科建设的文化体系和以文化为内容、手段、科学的学科建设理论体系和管理体系。企业文化与学科文化存在一定的区别，同时也存在紧密的联系。在北京鑫恒集团董事长杨毅看来，这种联系主要表现在两个方面：一方面，高校学科培养、人文培养是企业家立足社会、管理企业的根；另一方面，优秀企业文化对在校的大学生有着极大的吸引力，也对高校学科文化产生极强的影响。笔者认为，企业文化管理与学科文化管理在以下七方面存在着较为密切的联系：

（1）企业文化是与企业同时存在的一种客观现象，是在一定的社会经济文化大背景下形成的。从本质上说，企业文化是文化现象在企业里的体现和企业外部空间的延伸，学科文化是文化现象在学科内部的体现与学科外部的延伸。

（2）学科文化和企业文化都属于亚文化，都具有文化的共性，都以文化为支柱，把文化的理念贯穿到各自领域中去，以实现各自领域的发展目标的经营管理思想与模式。从管理的视角看，企业文化和学科文化都可以上升到管理的高度来研究，努力提高企业管理效率和学科建设效果。

（3）学科文化与企业文化存在互动领域。企业文化和学科文化都是组织文化，在各自发展过程中通过逐步积淀并且主动塑造而成。在它们形成的过程中，由于具有组织文化的共性，二者可以相互借鉴；由于组织文化的辐射功能和弥散性，二者可以相互渗透；由于二者存在差异，可以形成互补。企业与学科只要发生联系，无论是何种形式和程度的联系，企业文化与学科文化之间必然发生借鉴、渗透、互补等互动。在企业文化、学科文化之间，由一定的地域条件、文化的传播性质和各自的文化需求构成，它们始终处于双向互动状态，互相作用，互相适应，互相辅助，互相推动。企业文化、学科文化之间的互动，满足了各自文化主体的多样性需求，一定意义上促进了社会文化的发展。

（4）企业文化与学科文化在文化结构、功能作用方面具有一致性。从结构形态来看，企业文化与学科文化都包括精神文化、制度文化、行为文化、物质文化四个层面，其中精神文化是各自的核心内容，均以对人的关注、实现人的全面素质发展作为终极价值，两者在终极价值取向上存在着一致性。从功能来看，企业文化与学科文化都具有导向、协调、凝聚、激励、约束、辐射、育人等功能。

（5）企业文化管理与学科文化管理同属于文化管理范畴。文化管理理论的理论基础是组织文化理论，主要研究如何通过形成一个组织的文化达到对组织进行有效管理的目的，亦即通过形成组织的价值观和行为规范来影响组织成员的行为。与"科学管理""行为科学管理"相比，文化管理具有鲜明的特征和显著的区别。第一，文化管理以"观念人"（人的行为受其观念的巨大影响）作为人性假设，完全不同于之前的"经济人"和"社会人"等。观念人假设强调，世界观、人生观、价值观等基本的观念体系对人的行为具有决定性的影响，而通过影响和改变这些观念就可以深入持久地影响和改变人的行为。文化管理的核心和前提就在于塑造共同的价值观，或实施基于价值观的管理。第二，文化管理强调人的主观能动性，以人为本，坚持把人作为组织管理和一切工作的中心，把关心人、满足人、发展人、完善人作为组织管理的主要目的。第三，文化管理强调团队精神和情感管理，强调分工、合作和协同。

（6）企业文化与学科文化均存在文化差异、文化冲突、文化融合、文化传播、文化创新等现象，特别是在企业并购和大学合并过程中表现尤其显著，也同时存在优良文化和消极文化的复杂文化冲突。文化冲突与文化融合始终相互交叉，相伴而行，相互交融，冲突之中有融合，融合之中仍存在冲突。

（7）从文化建设周期来看，企业文化建设与学科文化建设都是一个长期的、持续的过程，它涉及管理的方方面面，必须整体设计，全面推进与实施。

综上所述，企业文化理论和学科文化理论都是现代管理理论与文化理论在不同对象载体层面综合的产物。企业文化管理理论认为企业文化是经济意义与文化意义的混合体，是制约企业生存、发展，影响企业成败、兴衰的首要因素，它规定着企业的发展战略、组织结构、制度和行为方式。学科文化管理理论是学科成员在学科建设与发展过程中，通过有计划、有目的的建设和培养逐渐形成的，具有科学意义的、能有效指导学科建设实践的、以管理为目的的独特的文化体系和系统完整的、以文化为内容和手段的管理理论体系。因此，同属于亚文化的企业文化和学科文化有许多共同之处，学科文化必然犹如企业文化提升企业核心竞争力的重要作用一样，对推进学科建设和发展也起着不可替代的作用。

三 企业文化管理与学科文化管理的区别

与企业文化相对完善的理论体系相比，国内关于大学学科文化管理的研究起步相对较晚，始于20世纪90年代，学科文化本身至今尚未形成独立的理论体系。企业文化管理与学科文化管理的主要区别表现在以下五个方面。

1. 组织性质差异

大学学科是教育组织，企业是经济组织，二者分属不同行业，社会分工不同。一是使命差异。大学学科的使命是人才培养、知识生产、文化传承和文化创新；企业的使命是开展经济活动、满足社会需求。二是功能差异。大学学科一般应具有教学、科学研究、服务社会三项功能；企业一般具有合理利用资源、获取盈利、提供产品（服务）满足社会需求的功能。三是环境差异。政治法律、经济、技术、社会文化等因素都是环境因素，这些因素对大学学科和企业产生影响的方式和作用是不相同的。四是生存方式的差异。大学和企业在各自行业内部都存在竞争，但竞争模式、激烈程度完全不同。同时，大学和企业所依赖的资源及核心能力的基点也不相同。

2. 组织构成差异

大学学科与企业的性质差异导致二者在组织构成上的差异。一是构成要素差异。大学和企业在要素构成上有根本区别，仅以有形要素中人的因素为例，大学与企业是完全不同的两个群体，大学除了教职工队伍之外，更多的是学生群体，而企业则主要是职工队伍。而人的因素恰恰是组织文化的决定性因素。二是结构性差异，仅以组织结构为例，大学一般以教学、科研为目的形成组织结构，企业一般以生产（服务）为目的形成组织结构。这两种结构模式一般不能互换，即不能以对方的模式构建自身。

3. 管理运行差异

首先，大学学科和企业分别将管理理念建立在各自的目的与使命上，符合各自的性质，管理理念上存在明显差异。其次，大学学科运行是为了达到教育目的，企业运行是为了达到经济目的，在计划、组织、控制等方面将采取不同的标准、方式与手段，两者在运行模式上具有显著的差异。

4. 组织文化差异

学科和企业都是人群的集合体，是基于特定目的和相应规范形成的社会组织。按照社会系统学派的观点，社会组织是一个系统，具有完备的要素、合理的结构、明确的功能。组织文化则是这个系统中不可或缺的要素，缺失这一要素，该系统将难以有效运行，也就达不到组织的目的，从而就失去了存在的理由和价值。因此，无论大学还是企业，都有自己的组织文化，但两者在组织文化主体、组织精神方面均存在明显的差异。

5. 组织精神差异

学科文化最核心的是学科特有的语言符号系统和学科范式的形成和积淀，它是学科成熟发展的重要标志之一。企业文化最核心的是企业文化核心价值观体系的构建和凝结，它是企业可持续发展的精神支柱。

四　企业文化管理对学科文化管理的启示

第一，企业文化研究的日益成熟为学科文化研究提供了有价值的理论与实践借鉴。作为与企业文化同属的一种组织管理文化，学科文化具有与企业文化相似的管理本质特征。学科文化和企业文化都属于亚文化，都具有文化的共性，都以文化为支柱，把文化的理念贯穿到各自领域中去，以实现各自领域的发展目标的管理思想与模式。知识经济时代，大学开始更大程度地融入社会发展，以其独有的智力资源参与市场竞争，大学与企业的关系愈发密切，大学文化与企业文化也产生了千丝万缕的联系。文化的共同特征使学科文化与企业文化在功能、内容等方面具有较大的类比性和相似性，如何合理消化、吸收和运用相对比较成熟的企业文化研究成果，对于推动大学学科文化研究具有极为重要的借鉴意义。

第二，学科文化管理必将成为大学提升核心竞争力的重要途径。目前，知识的积累和应用已经成为促进经济发展的主要因素，成为一个国家参与全球经济竞争的核心竞争优势。随着经济全球化的不断深入，我国高等教育正面临着越来越激烈的国际竞争。大学作为人才培养基地，正日益融入市场经济之中，从社会经济建设的边缘走向社会经济建设的中心，并与产业、政府形成关系密切的互动组合。企业核心竞争力是企业长期形成的，蕴含于企业内质中的，企业独具的，支撑企业过去、现在和未来的竞争优势，并使企业在竞争环境中能够长时间取得主动的核心能力。大学核心竞争力是大学独有的、长期形成并融入大学内质中支撑大学的竞争优势，使大学在竞争中取得可持续发展的能力系统。大学核心竞争力是大学长期积淀而成并深深根植于个性鲜明的大学文化中，而学科文化作为大学文化的核心部分，是学科在形成和发展过程中所积累的语言、价值标准、伦理规范、思维和行为方式等的总和。学科是大学的内核，学科文化是学科的成长环境，也是大学履行其使命、发挥其社会职能的隐性背景，因此学科文化建设是大学提升核心竞争力的重要途径。

第三，借鉴、吸收企业文化理论研究成果，必须结合大学与学科自身特征与特色。借鉴企业文化管理理论，从理论层面，有利于提升学科文化管理绩效，并有助于挖掘学科文化管理的内在机理，从文化生成阶段向文化强化阶段研究延伸做有益尝试，为解决学科文化管理效率问题提供理论与经验研究支持。在实践层面，有助于大学领导者和学科文化管理者更加重视学科文化管理的应用，更好地处理文化管理中的内、外因关系，更好地推进学科文化的战略管理。结合大学与学科自身特征与特色，借鉴、吸收而不是照搬企业文化理论与实践研究成果，正是企业文化对传统大学文化的冲击，促进了大学对自身传统文化的反思。只有不断汲取企业文化的精华，才能促进大学学科文化的改革与进步，促进优秀学科文化的形成与传播。

五 本章小结

本章重点阐述了企业文化管理理论的主要内容,包括文化内涵、功能,以及企业文化与核心竞争力的关系,探讨了企业文化差异与融合问题,并开展企业文化管理与学科文化管理的比较研究,归纳企业文化管理对于学科文化管理的借鉴和启示意义,为本书研究提供科学的理论依据。

第六章　学科文化管理的实证分析

在构建大学学科文化体系的基础上，通过深入探讨学科文化差异融合和文化创新，我们有必要从大学学科文化管理的个案角度，对大学学科文化管理开展基于问卷调查的实证性研究，以期进一步对大学学科文化的影响因素、建设现状和发展对策有更直观与清晰的理解和把握。

一　调查的背景及目的

（一）问卷调查背景

第二次世界大战后，随着日本经济突飞猛进地发展，人们发现了"企业文化"的存在，提出了"文化人"假设，在企业管理领域进入了文化管理阶段。组织管理开始由以前的硬性管理向软性管理转变，管理模式开始了软化趋势。管理者开始注重组织文化建设，强调"以人为本"的理念，确立组织中人的主体地位，不断满足人的高层次精神需求。由此，形成一种隐性的文化力，引导组织成员自我管理和自我发展。这对个人发展及组织目标的有效实现都有着非常重要的意义。[1]

由"企业文化"理论，引起了社会各界对文化研究的热潮，这股热浪同样影响了教育管理领域，由此掀起了"学校文化"研究的高潮。高校也是一种社会组织，同样也存在组织文化。虽然近几年有许多学者研究高校科学文化，但目前许多高校学科文化管理体制还不够完善。

---

[1] 王秀艳：《高校教师文化管理初探》，硕士学位论文，广西大学，2007年。

(二) 问卷调查目的

本次调查的目的，是通过被调查人员对大学学科文化管理观念的认同情况、大学学科文化管理满意度、大学学科文化管理影响因素和大学学科文化管理的政策建议等方面，了解当前大学学科文化管理的现状及影响学科文化管理的因素。

现有的研究较少采用实证研究的方法来探讨大学学科文化建设和管理问题，因此采用问卷调查方式，直接获取有关大学学科文化管理的实证研究资料，对于揭示大学学科文化管理现状，进一步开展学科文化管理理论和实践研究有着极为重要的意义。实证研究需要编制有着良好信效度的问卷以准确揭示大学学科文化管理现状。大学学科文化管理调查问卷编制的目标如下：一是了解大学师生对学科文化管理的态度与观念；二是了解大学学科文化管理的客观现状；三是找出影响大学学科文化管理的关键因素；四是搜集关于推进大学学科文化管理的政策建议。

二 调查问卷的设计

(一) 问卷编制流程

为了使编制的问卷具有较高的信度和效度，笔者遵循问卷编制的标准流程，进行相应的问卷编制工作。首先通过广泛阅读有关学科文化、跨文化研究和企业文化的研究文献，结合问卷编制的目的，从中收集与本问卷主题相关的题项。与此同时，通过开放式访谈的方式，在与学科建设与管理研究专家学者沟通交流的基础上，形成部分题项。在得到这些初始题项以后，邀请多名高等教育学方面的研究专家，分别对题项的内容、提问方式的合理性、题项的完备性和可读性做出了分析。经过细致推敲和反复锤炼，最终形成由30个问题70个选项组成的预测试问卷。

由于本问卷与其他标准化的测量问卷有所不同，问卷调查的目的主要在于揭示大学学科文化管理现状。问卷进行预测试的目的在于考察问卷的内容及可读性。小规模预测试采用整群抽样的方式进行，预测试主要在 2009 年 5 月进行，抽样对象主要是某综合性大学的师生，共发放问卷 60 份，回收问卷 60 份，其中有效问卷 54 份。样本构成详见表 6—1。

表 6—1　　　　　　　　预测试问卷的样本信息

样本类别	分类标准	人数（人）	比率（%）
身份	教师	12	22.22
	管理人员	6	11.11
	研究生	22	40.74
	本科生	14	25.93
性别	男	38	70.37
	女	16	29.63
年龄	17—30 岁	38	70.37
	31—40 岁	8	14.81
	41—50 岁	6	11.11
	51—65 岁	2	3.71
专业技术职称*	正高	5	9.26
	副高	8	14.81
	中级	4	7.41
	初级	1	1.85
学科	国家重点学科	37	68.52
	省级重点学科	17	31.48
	校级重点学科	0	0
	其他	0	0

注：*专业技术职称主要针对调查样本中的教师和管理人员而言。

根据预测试的结果对部分题项的提问方式进行了修改，同时增加了一个开放性问题，该问题重点在于征求被调查对象对大学学科文化管理的政策建议。因此最终得到了由 31 个问题 71 个题项构成的正式大学学科文化管理调查问卷。

整个问卷编制流程如图 6—1 所示：

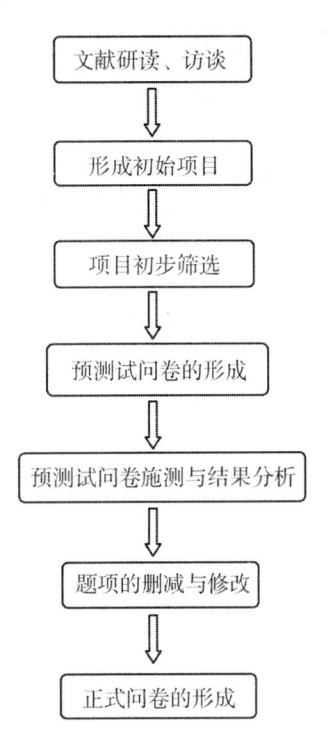

```
文献研读、访谈
    ↓
形成初始项目
    ↓
项目初步筛选
    ↓
预测试问卷的形成
    ↓
预测试问卷施测与结果分析
    ↓
题项的删减与修改
    ↓
正式问卷的形成
```

图6—1 大学学科文化管理调查问卷编制流程

（二）问卷主要内容

由于本次问卷调查的主要目的在于了解大学学科文化管理的现状，同时考虑到不同类型问题的提问方式，因而在问卷的内容设置上主要分为四大块：第一块是基本情况，主要涉及被调查对象的一些人口统计学信息：如身份、性别、年龄、专业技术职称、学科门类、学科性质等，共6个题项；第二块主要是关于大学学科文化管理态度和有关大学学科文化管理观念的认同情况，共5个题项；第三块则是本问卷的重点所在，基本内容又可以分为两个部分，一部分主要是对于被调查对象所在学校大学学科文化管理满意度的调查，共12个问题；另一部分则主要是关于大学学科文化管理影响因素的题项，共4个问题；最后一块则是关于大学学科文化管理的政策建议，如促进学科融合的方式、大学学科文化建设的策略等，共3个问题。在这些题项中，前两块内容主要采用的是单选题的形式进行表征，第三块内容主要采用常用的李克特量表式的提问方式,最后一部分内容则形式较为丰富,既有李克特量表式的题项也有开放式的题项。整个问卷的提问形式较为多元化。

三 调查的实施

(一) 问卷的发放与回收

在正式测试时主要采取概率比例规模抽样(PPS)的方式进行问卷调查。正式测试取样从2009年9月一直持续到2009年10月,取样主要在某省的三所综合性大学("985"高校、"211"高校、省属重点大学各一所)进行。共发放问卷500份,正式施测共回收问卷479份,获取有效问卷446份。其中对有效问卷的判别主要采用两种方法:一是若参与者未填答的问题占总题项的10%,即视为无效问卷;二是若参与者明显存在规律作答的情况即视为无效。对于回收的有效数据,则主要采用SPSS17.0统计软件进行基本描述统计和差异检验。

(二) 样本构成

表6—2　　　　　　　　正式测试问卷的样本信息

样本类别	分类标准	人数(人)	比率(%)
身份	教师	113	25.34
	管理人员	36	8.07
	研究生	175	39.24
	本科生	122	27.35
性别	男	271	60.76
	女	175	39.24
年龄	17—30岁	319	71.52
	31—40岁	71	15.92
	41—50岁	41	9.19
	51—65岁	15	3.36

续表

样本类别	分类标准	人数（人）	比率（%）
专业技术职称*	正高	29	6.50
	副高	53	11.88
	中级	56	12.56
	初级	11	2.47
学科门类	哲学	6	1.35
	经济学	5	1.12
	法学	49	10.99
	教育学	5	1.12
	文学	34	7.62
	历史学	1	0.22
	理学	48	10.76
	工学	250	56.05
	医学	37	8.30
	管理学	11	2.47
学科	国家重点学科	249	55.83
	省级重点学科	102	22.87
	校级重点学科	32	7.17
	其他	63	14.13

注：*专业技术职称主要针对调查样本中的教师和管理人员而言。

四 调查结果实证分析

（一）问卷的信度与效度分析

1. 信度检验

本书采用问卷的内部一致性系数——Cronbach's α 系数来进行信度检验，检验的对象主要为本问卷的第三部分内容：关于大学学科文化管理的程度和影响因素的调查。Cronbach's α 系数可用于任何测验或测量尺度上，并且由于 Cronbach's α 系数是估计内部一致性信度的下限，很可能低估信度，因此，以 Cronbach's α 系数做信度判断比其他信度判断更加稳健（杨涛，2009）。因此研究也考虑使用 Cronbach's α 系数。目前较为一致的看法是，测量工具的 Cronbach's α 系数最好高于 0.7。但是，如果测量工具中的项目个数少于 6 个，Cronbach's α 系数值大于 0.6，也表明数据质量可靠。本书将第三部分内容分两块进行信度分析，经过分析，关于大学学科文化管理程度调查部分的 Cronbach's α 系数为 0.929，25 个选项之间的题总相关系数除"人才培养质量"项和"业绩认定中的个人关系认定"项略低外（r=0.230，r=0.352），其余各项的题总相关系数均在 0.41—0.67 之间；关于大学学科文化管理影响因素部分的 Cronbach's α 系数为 0.938，并且 26 个选项的题总相关系数均在 0.42—0.66 之间，可见，总的来说本问卷这一部分内容的内部一致性较高。

2. 效度分析

由于本问卷的形式较为多样，因此主要以定性分析的方式对其内容效度进行分析。内容效度是项目对所要测查内容或行为范围取样的适当程度。在问卷编制以前，组织学科文化方面的研究专家进行了开放式访谈，同时结合文献资料确定了问卷的体系。在编制问卷的过程中，也参考少数几个关于大学文化的实证研究，同时根据本书的需求进行了精心的设计与挑选。同时还邀请高等教育学的专家进行审查和修改，并在正式施测前进行了预测试。因此，最后形成的项目应该具有较好的代表性，问卷具有较好的内容效度。

（二）学科文化的观念与态度分析

基本描述统计的结果如表 6—3 所示。

表 6—3　　　关于学科文化的观念与态度的基本描述统计

提问主题	选项内容	频数（人）	比率（%）
是否接触过"学科文化"这一名词	接触过	228	51.12
	没接触过	156	34.98
	不确定	62	13.90
是否赞同"学科文化是大学学科的核心竞争力"这一观点	赞同	230	51.57
	不赞同	60	13.45
	不确定	156	34.98

续表

提问主题	选项内容	频数（人）	比率（%）
是否赞同"学科文化是大学文化的核心"这一观点	赞同	192	43.15
	不赞同	109	24.49
	不确定	144	32.36
对大学学科文化建设的态度	非常重要	133	29.82
	比较重要	197	44.17
	一般	100	22.42
	不太重要	10	2.24
	完全没有必要	6	1.35
对学科文化核心的认识	学科物质文化	40	8.97
	学科制度文化	66	14.80
	学科精神文化	298	66.82
	学科行为文化	40	8.97
	其他	2	0.45

由表 6—3 可见，在 446 个有效调查样本中，在询问其是否接触过"学科文化"这一概念时，仅有 51.12% 的被调查对象接触过这一概念，同样也有将近一半的人没有接触过或无法确定。可见，学科文化对近半数的人而言还是相当陌生的概念，这也从一个侧面表明，在被调查群体中，学科文化管理的宣传教育还有待深入。

在问及是否赞同"学科文化是大学学科的核心竞争力"时，约有 51.57% 的被调查对象表示赞同，有 13.45% 的被调查对象并不赞同这一观念，其余的被调查对象则对此表现出不置可否的态度。同样在询问是否赞同"学科文化是大学文化的核心"时，对此表示赞同的人数下降到 43.15%，对此持反对意见的人数则上升到 24.49%。从这两个题项的回答情况可见，被调查对象可能更倾向于将学科文化视为大学学科的核心竞争力，而不是大学文化的核心，并且对这两个观念持肯定态度的人数也总在 50% 左右徘徊，对此持不置可否态度的人数占据了近 1/3，这再次说明，人们对学科文化这一概念的认同程度还有待提高。然而，在问及被调查对象对大学学科文化建设的态度时，有近 2/3 的被调查对象认为大学学科文化建设非常重要或比较重要，仅有极少数的人认为其不太重要或者完全没有必要，这表明关于学科文化建设的重要性认识正逐渐得到广大师生的广泛认同。

在询问关于学科文化核心的认识时，66.82%的调查对象认为学科文化的核心是一种学科精神文化，调查结果也符合前面所述的学科文化层次结构模型中关于精神层的描述。此外，约有15%的被调查对象认为学科文化的核心是一种制度文化，认为学科文化的核心是物质文化和行为文化的人各占8.97%，这表明部分调查对象对学科文化的核心还存在模糊认识。

（三）学科文化管理影响因素分析

1. 不同类型调查对象在学科文化观念上的差异比较

（1）不同角色之间的比较。由表6—4可以发现，教师、管理人员、研究生和本科生除了在接触"学科文化"上存在显著差异外，在大多数关于学科文化观念看法上的差异则不显著。此外，大多数的管理人员和教师接触过学科文化这一概念，但对于学生而言，尤其是本科生而言，他们中的被调查者中有约45%左右的人没有接触过"学科文化"这一概念，这说明教师和管理群体对学科文化建设可能较为关注，而学生对此则了解相对较少。

表6—4 不同身份调查对象在学科文化的观念与态度上的差异比较

提问主题	选项内容	教师	管理人员	研究生	本科生	χ^2	df
是否接触过"学科文化"这一名词	接触过	59.8	66.7	52.0	37.4	16.365**	6
	没接触过	28.6	22.2	34.3	45.5		
	不确定	11.6	11.1	13.7	17.1		
是否赞同"学科文化是大学学科的核心竞争力"这一观点	赞同	55.9	50.0	54.9	43.1	7.922	6
	不赞同	10.8	13.9	14.3	14.6		
	不确定	33.3	36.1	30.3	42.3		
是否赞同"学科文化是大学文化的核心"这一观点	赞同	48.2	38.9	43.4	39.3	4.057	6
	不赞同	18.8	27.8	26.9	25.4		
	不确定	33.0	33.3	29.7	35.2		

续表

提问主题	选项内容	不同角色类型选择百分比（%）				χ^2	df
		教师	管理人员	研究生	本科生		
对大学学科文化建设的态度	非常重要	33.9	30.6	24.6	28.5	13.624	12
	比较重要	26.8	30.6	29.1	28.5		
	一般	25.0	19.4	24.0	18.7		
	不太重要	6.3	8.3	13.1	7.3		
	完全没有必要	8.0	11.1	9.1	17.1		
对学科文化核心的认识	学科物质文化	5.4	11.1	9.1	10.6	15.828	12
	学科制度文化	24.3	11.1	13.1	10.6		
	学科精神文化	59.5	69.4	66.9	73.2		
	学科行为文化	9.9	8.3	10.3	5.7		
	其他	0.9	0	0.6	0		

注：＊＊＊表示在0.01水平上显著，＊＊表示在0.5水平上显著，＊表示在0.1水平上显著。

（2）不同性别之间的比较。从表6—5中可见，不同性别的被调查对象在学科文化的观念和态度上均不存在显著差异，不同观念在男性和女性中的选择比例基本上持平。

表6—5 不同性别调查对象在学科文化的观念与态度上的差异比较

提问主题	选项内容	不同性别选择百分比（%）		χ^2	df
		男	女		
是否接触过"学科文化"这一名词	接触过	51.3	51.1	0.280	2
	没接触过	35.4	33.9		
	不确定	13.3	14.9		
是否赞同"学科文化是大学学科的核心竞争力"这一观点	赞同	51.7	50.9	2.732	2
	不赞同	14.8	11.6		
	不确定	33.6	37.0		
是否赞同"学科文化是大学文化的核心"这一观点	赞同	43.5	42.8	0.120	2
	不赞同	24.0	25.4		
	不确定	32.5	31.8		

续表

提问主题	选项内容	不同性别选择百分比（%） 男	不同性别选择百分比（%） 女	χ^2	df
对大学学科文化建设的态度	非常重要	29.9	26.4	4.562	4
	比较重要	25.5	32.8		
	一般	23.6	20.7		
	不太重要	8.5	10.9		
	完全没有必要	12.5	9.2		
对学科文化核心的认识	学科物质文化	7.0	11.5	3.722	4
	学科制度文化	16.3	13.2		
	学科精神文化	66.7	67.2		
	学科行为文化	9.6	7.5		
	其他	0.4	0.6		

注：＊＊＊表示在0.01水平上显著，＊＊表示在0.5水平上显著，＊表示在0.1水平上显著。

（3）不同年龄阶段之间的比较。在不同年龄被调查群体的比较中可见，不同年龄群体除了在对学科文化核心的认识上存在显著差异外，在其余关于学科文化观念看法上的差异则不显著。从表6—6中可以发现一个很有趣的现象，大多数的年轻人倾向于将学科文化的核心视为精神文化，随着年龄的增加将其视为精神文化的被调查对象人数逐渐减少，人们更多地将其视为一种物质文化。而在31—40岁这一年龄阶段，则被调查对象更多地将其视为一种制度文化。由此可见，人们在不同的年龄阶段对学科文化核心有着不同的认识。

表6—6　不同年龄阶段调查对象在学科文化的观念与态度上的差异比较

提问主题	选项内容	13—30	31—40	41—50	51—65	χ^2	df
是否接触过"学科文化"这一名词	接触过	48.3	52.1	70.7	53.3	7.458	6
	没接触过	37.0	33.8	22.0	33.3		
	不确定	14.7	14.1	7.3	13.3		

续表

提问主题	选项内容	不同年龄阶段选择百分比（%）				χ^2	df
		13—30	31—40	41—50	51—65		
是否赞同"学科文化是大学学科的核心竞争力"这一观点	赞同	52.4	47.1	48.8	60.0	1.976	6
	不赞同	13.5	12.9	14.6	13.3		
	不确定	33.9	40.0	36.6	26.7		
是否赞同"学科文化是大学文化的核心"这一观点	赞同	41.5	45.1	51.2	46.7	3.438	6
	不赞同	26.1	18.3	22.0	26.7		
	不确定	32.4	36.6	26.8	26.7		
对大学学科文化建设的态度	非常重要	28.2	25.4	34.1	33.3	13.273	12
	比较重要	26.6	40.8	19.5	33.3		
	一般	21.9	22.5	29.3	13.3		
	不太重要	10.0	7.0	7.3	13.3		
	完全没有必要	13.2	4.2	9.8	6.7		
对学科文化核心的认识	学科物质文化	9.4	1.4	10.0	26.7	23.976**	12
	学科制度文化	12.2	28.2	15.0	13.3		
	学科精神文化	68.3	64.8	62.5	60.0		
	学科行为文化	9.4	5.6	12.5	0		
	其他	0.6	0	0	0		

注：＊＊＊表示在 0.01 水平上显著，＊＊表示在 0.5 水平上显著，＊表示在 0.1 水平上显著。

(4) 不同专业职称之间的比较。同样，不同专业职称的被调查对象除了在学科文化核心的认识上存在显著差异外，在其余关于学科文化观念看法上的差异也不显著。从表6—7中，可以发现被调查对象的职称越高越倾向于将学科文化观念的核心视为一种制度文化，职称越低则越倾向于将其视为一种行为文化，并且职称越低对学科文化核心的认识越呈现出多元化的倾向。一般而言，职称较低者的资历较浅，在该校工作的年限较短，这可能从一个侧面说明，资历和工作年限可能影响到人们对学科文化核心的认识。

表 6—7　不同专业职称调查对象学科文化观念与态度的差异比较

提问主题	选项内容	不同专业职称选择百分比（%）				χ^2	df
		正高	副高	中级	初级		
是否接触过"学科文化"这一名词	接触过	58.6	64.2	55.4	72.7	2.375	6
	没接触过	31.0	26.4	28.6	18.2		
	不确定	10.3	9.4	16.1	9.1		
是否赞同"学科文化是大学学科的核心竞争力"这一观点	赞同	58.6	52.8	49.1	54.5	1.361	6
	不赞同	13.8	11.3	10.9	9.1		
	不确定	27.6	35.8	40.0	36.4		
是否赞同"学科文化是大学文化的核心"这一观点	赞同	58.6	47.2	41.1	36.4	4.762	6
	不赞同	10.3	22.6	25.0	36.4		
	不确定	31.0	30.2	33.9	27.3		
对大学学科文化建设的态度	非常重要	37.9	30.2	26.8	63.6	15.194	12
	比较重要	34.5	28.3	25.0	18.2		
	一般	17.2	26.4	28.6	0		
	不太重要	3.4	11.3	7.1	0		
	完全没有必要	6.9	3.8	12.5	18.2		
对学科文化核心的认识	学科物质文化	3.4	9.6	8.9	0	20.128*	12
	学科制度文化	27.6	21.2	19.6	9.1		
	学科精神文化	58.6	63.5	60.7	54.5		
	学科行为文化	10.3	5.8	10.7	27.3		
	其他	0	0	0	9.1		

注：＊＊＊表示在0.01水平上显著，＊＊表示在0.5水平上显著，＊表示在0.1水平上显著。

（5）不同学科类型之间的比较。由于在调查过程中，部分学科所抽取的样本数量较少，因此，为了便于进行统计处理，提高分析的可信度，本书将哲学、经济学、法学、教育学、文学、历史学和管理学统一归为社科类，与理科、工科和医科进行比较。由表 6—8 可见，不同学科类型的被调查对象除了对学科文化概念的接触上不存在显著差异外，在其余关于学科文化观念看法上均存在显著和极显著的差异。如在问及是否赞同"学科文化是大学学科的核心竞争力"时，医科的被调查对象仅有不到一半对这一观念持赞同态度，一半以上的人对这一观念持不确定态度；而在社科类的被调查对象中，有近 1/4 的人不赞同这一观念。同样不同学科被调查对象对于"学科文化是大学文化的核心"这一观点的态度也与之类似,社科类被调查对象中30.6%对此持否定态度,医学类被调查对象中,仅有不到1/3的人赞同这一观念,并且在各学科中,支持该观念的人数均不超过1/2。在问及大学学科文化建设的重要性时,学科之间的差异更为明显,社科类的被调查者中有68.4%的人认为其重要和非常重要,理科持相同态度者为64.6%,工科中为53.2%,医科中则仅为37.8%。在对学科文化核心的认识上,同样也存在学科之间的差异,在普遍认同精神文化的同时,四类学科中,医科类的被调查对象,对物质文化的认同度最高,社科类的对制度文化更为认同,理工科类的则更认同行为文化。

表6—8 不同学科类型调查对象在学科文化的观念与态度上的差异比较

提问主题	选项内容	社科	理	工	医	χ^2	df
是否接触过"学科文化"这一名词	接触过	57.7	52.1	48.8	45.9	3.296	6
	没接触过	31.5	33.3	36.0	40.5		
	不确定	10.8	14.6	15.2	13.5		
是否赞同"学科文化是大学学科的核心竞争力"这一观点	赞同	53.2	58.3	50.6	44.4	17.895**	6
	不赞同	22.5	12.5	10.8	5.6		
	不确定	24.3	29.2	38.6	50.0		
是否赞同"学科文化是大学文化的核心"这一观点	赞同	47.7	43.8	42.6	32.4	11.510*	6
	不赞同	30.6	27.1	20.5	29.7		
	不确定	21.6	29.2	36.9	37.8		
对大学学科文化建设的态度	非常重要	36.0	29.2	26.4	18.9	23.622**	12
	比较重要	32.4	35.4	26.4	18.9		
	一般	19.8	27.1	21.6	29.7		
	不太重要	5.4	6.3	10.4	18.9		
	完全没有必要	6.3	2.1	14.8	13.5		
对学科文化核心的认识	学科物质文化	9.0	8.3	7.2	18.9	22.015**	12
	学科制度文化	20.7	14.6	14.5	2.7		
	学科精神文化	65.8	60.4	67.5	75.7		
	学科行为文化	4.5	14.6	10.4	2.7		
	其他	0	2.1	0.4	0		

注:***表示在0.01水平上显著,**表示在0.5水平上显著,*表示在0.1水平上显著。

（6）不同学科性质之间的比较。由表6—9可见，在不同学科性质的被调查群体中，不同学科性质类型的被调查对象除了在对学科文化核心的认识上存在极显著差异外，在是否赞同"学科文化是大学文化的核心"这一观点上也存在一定的差异，但在其余观念上的差异则不显著。有意思的是，绝大多数的校级重点学科被调查对象对"学科文化是大学文化的核心"这一观点表示赞同，但国家和省级重点学科的被调查对象则仅有不到半数的人对这一观念表示赞同，并且有近1/4的被调查对象对此表示不赞同。而在对学科文化核心的认识上，国家级、省级和校级重点学科的被调查对象与其他类型的被调查对象表现出较大的差异，非校级以上学科的被调查对象比校级及以上的被调查对象更多地认为学科文化的核心是一种行为文化，而较少认为是一种制度文化。

表6—9 不同学科性质调查对象在学科文化的观念与态度上的差异比较

提问主题	选项内容	国家重点	省级重点	校级重点	其他	χ^2	df
是否接触过"学科文化"这一名词	接触过	49.0	49.0	59.4	58.7	3.672	6
	没接触过	36.9	34.3	31.3	30.2		
	不确定	14.1	16.7	9.4	11.1		
是否赞同"学科文化是大学学科的核心竞争力"这一观点	赞同	49.2	53.9	71.9	46.0	12.277	6
	不赞同	12.5	13.7	12.5	17.5		
	不确定	38.3	31.4	15.6	36.5		
是否赞同"学科文化是大学文化的核心"这一观点	赞同	40.3	45.1	68.8	38.1	11.155*	6
	不赞同	25.0	22.5	18.8	28.6		
	不确定	34.7	32.4	12.5	33.3		
对大学学科文化建设的态度	非常重要	25.7	28.4	50.0	28.7	13.960	12
	比较重要	28.5	27.5	21.9	33.3		
	一般	22.9	20.6	25.0	22.2		
	不太重要	10.4	10.8	3.1	6.3		
	完全没有必要	12.4	12.7	0	9.5		

续表

提问主题	选项内容	不同学科性质选择百分比（%）				χ^2	df
		国家重点	省级重点	校级重点	其他		
对学科文化核心的认识	学科物质文化	7.7	11.8	9.4	7.9	33.392***	12
	学科制度文化	15.3	18.6	12.5	9.5		
	学科精神文化	69.8	60.8	62.5	68.3		
	学科行为文化	7.3	8.8	9.4	14.3		
	其他	0	0	6.3	0		

注：*** 表示在 0.01 水平上显著，** 表示在 0.5 水平上显著，* 表示在 0.1 水平上显著。

2. 学科文化建设的现状分析

（1）大学学科文化建设现状满意度评价。

这一部分主要是从不同角度调查被调查对象对大学学科文化建设现状的满意程度，共涉及人才培养质量、学科工作环境、学科科研经费、学科科研成果、学科形象标识、职业道德、学科梯队、学术交流、人际关系、业绩认定、薪酬激励、学科制度等 12 个方面的内容。其中后 6 个方面又可以进一步细分为几个方面的内容，分析结果如表 6—10 所示。

表 6—10　　　关于学科文化建设现状的评价（n=444）

学科文化建设指标	平均数	标准差	排序	满意度评价（%）				
				不满意	较不满意	一般	较满意	满意
人才培养质量	3.29	1.02	21	10.1	5.6	34.5	44.4	5.4
学科工作环境	3.40	0.87	18	2.2	10.5	41.3	37.2	8.7
学科科研经费	3.31	0.96	20	3.8	13.3	41.2	31.3	10.4
学科科研成果	3.49	0.93	15	3.1	8.5	37.2	38.1	13.0
学科形象标识	3.36	0.92	19	2.9	11.7	42.0	33.3	10.1
职业道德	3.70	0.90	7	1.3	6.5	32.3	40.8	19.1

续表

学科文化建设指标		平均数	标准差	排序	满意度评价（%）				
					不满意	较不满意	一般	较满意	满意
学科梯队	学科带头人	4.00	0.88	1	1.1	3.4	21.7	41.7	32.1
	技术职务结构	3.56	0.87	13	1.6	7.8	36.5	41.3	12.8
	年龄结构	3.66	0.86	8	1.6	6.1	32.4	45.2	14.8
	学历层次结构	3.66	0.85	8	0.9	7.6	30.9	45.7	14.8
	海归学者比例	3.26	1.03	22	5.8	14.4	40.0	27.9	11.9
学术交流	高层学术会议	3.44	1.01	17	4.3	11.4	34.5	35.4	14.3
	前往国内外访问学者数量	3.17	1.01	25	6.3	15.9	40.8	28.3	8.7
	邀请国内外专家学者数量	3.26	1.03	22	5.6	15.9	36.3	31.6	10.5
人际关系	一视同仁	3.71	0.96	3	2.2	7.2	29.4	39.5	21.7
	重视权威	3.64	0.94	10	2.5	7.0	33.0	39.0	18.6
	重视和谐的人际关系建设	3.71	0.98	3	2.0	8.3	29.4	37.4	22.9
业绩认定	强调客观标准	3.80	0.89	2	1.6	4.5	29.1	42.4	22.4
	强调个人关系	3.22	1.0	24	6.3	13.2	44.1	26.0	10.3
薪酬激励	奖罚公正，按业绩计酬	3.71	0.92	3	2.0	6.1	30.5	41.7	19.7
	支持与奖励发明创新	3.71	0.94	3	1.6	7.8	30.0	39.2	21.3
学科制度	学科设置制度	3.64	0.88	10	1.8	6.7	32.5	43.9	15.0
	学科评价制度	3.59	0.85	12	1.6	6.5	35.9	43.0	13.0
	学科培养制度	3.52	0.88	14	1.8	8.7	37.7	39.7	12.1
	学科生长制度	3.45	0.87	16	2.2	8.7	40.8	38.1	10.1

从表6—10中可见，除了在学科梯度中的学科带头人这一方面被调查对象的满意度达到了"较满意"水平（4.00±0.88），其余各项

的平均数均在 3—4 分之间，即处于一般到较满意的中间状态。其中评价得分最低的是学术交流中的对外交流，即大多数人对前往国内外交流的数量不满意或者满意程度一般；评价得分排名倒数第二的是业绩认定中的个人关系认定，对于这种非科学的、有失公允的业绩认定方式人们的认同度较低；而海归学者的比例和邀请国内外学者的数量的评价得分同时排名倒数第三，可见被调查对象对学术交流现状的满意度还较低。相应地，评价排名得分前三的是学科带头人建设、业绩评价中对客观标准的强度，以及同时排名第三的人际关系建设中的一视同仁、对和谐人际关系的重视，薪酬激励的一些具体做法如奖罚公正，按业绩计酬以及支持与奖励发明创新。从评价得分情况可见，被调查对象在评价学科文化建设现状时更加看重平等、公正、创新等要素在学科文化建设中的体现。

（2）不同类型调查对象对大学学科文化建设现状满意程度的差异比较。

①不同角色之间的比较。

教师、管理人员、研究生和本科生四类不同的调查对象对于学科梯队中的海外归国学者的比例（F=2.168，p=0.091）、学术交流中的邀请国内外专家学者数量（F=3.974，p=0.008）以及薪酬奖励中的奖罚公正，按业绩科学计酬（F=2.318，p=0.075）这三个方面存在满意程度上的差异。

通过进一步进行多重比较可以发现，在对于海外归国学者的比例的评价上，教师与研究生（D=0.252，p=0.044）和本科生（D=0.308，p=0.022）之间存在显著的差异，教师的满意度（3.45±0.99）明显高于研究生（3.19±1.09）和本科生（3.14±1.03），而教师与管理人员之间的差异则不显著。这说明对学生群体而言，海外归国人员的数量直接影响到他们对大学学科文化建设的满意度，他们更加希望大学引入更多的海外学者，壮大教学科研队伍。在对邀请国内外专家学者数量的评价上同样也表现出这样的差异，教师与研究生（D=0.310，p=0.012）和本科生（D=0.445，p=0.001）的评价存在极显著的差异，教师的满意度（3.53±1.03）明显高于研究生（3.22±1.05）和本科生（3.08±0.99），而教师与管理人员之间的差异则不显著。可见，学生尤其是本科生对国内外的学术交流有着强烈的渴望，他们希望能够有机会接触到更多的国内外专家学者，开阔视野。对于薪酬奖励，其表现出的评价差异情况则恰好与前者相反，教师的满意度（3.56±1.05）明显低于研究生（3.76±0.87，D=0.197，p=0.075）和本科生（3.83±0.85，D=0.119，p=0.026），管理人员（3.53±0.91）与本科生（D=0.173，p=0.083）之间也存在差异。可见，在学生们看来，他们所在的学校或者团队已经基本上做到了奖罚公正和按业绩科学计酬，如很多硕士生发表不同级别的文章可以得到相应的物质报酬，导师会按照学生项目参与的实际情况，按劳计酬，这些均体现了科学计酬、多劳多得的思想。但相对于教师和管理者群体而言，这一情况可能会存在一定的差异，因为对教师而言，有些工作是无法完全客观地量化的，因而会给科学计酬带来一定的困难。

②不同性别之间的比较。

独立样本T检验表明，不同性别的被调查对象除了在学术交流中的邀请国内外专家学者数量（t=1.947，p=0.052），人际关系中的一视同仁、互相平等、互相尊重（t=-1.729，p=0.084），以及同属于人际关系的重视权威，遵从权威人物的领导（t=-1.666，p=0.096）上存在显著差异外，在其余学科建设现状评价各指标上均不存在显著差异。其中男性（3.33±1.00）对在学术交流中邀请国内外专家学者的数量上的满意程度高于女性（3.14±1.072），而在人际关系的一视同仁、平等和尊重（3.65±0.98），以及重视权威，遵从权威的领导（3.58±0.97）上满意度则低于女性（3.81±0.92，3.74±0.89）。这可能是因为男性在与外界的学术交流中表现得更为积极，因而也更热衷于与国内外的专家学者进行接触、交流，因此对所在大学邀请的国内外专家学者的数量更为满意，而女性可能参加这类活动的机会更少，因此对此持不太积极的态度。而在人际关系方面，也表明男性更加期望得到公平公正的对待，而女性则倾向于服从权威。

③不同年龄阶段之间的比较。

单因素方差分析的结果表明，不同年龄被调查对象在学科文化建设现状评价中存在较大的差异。在12个一级评价指标中，不同年龄阶段的被调查对象对其中的8个指标均存在不同的看法，详见表6—11。

表6—11 不同年龄阶段之间在学科文化建设现状评价上的比较分析

一级指标	二级指标	年龄阶段	样本数	平均数	标准差	F值
学科工作环境	无	17—30岁	319	3.45	0.845	5.953***
		31—40岁	71	3.48	0.843	
		41—50岁	41	2.88	1.005	
		51—60岁	15	3.20	0.775	
学科科研成果	无	17—30岁	319	3.50	0.928	2.344*
		31—40岁	71	3.56	0.806	
		41—50岁	41	3.17	1.160	
		51—60岁	15	3.80	0.775	
学科形象标识	无	17—30岁	318	3.42	0.902	2.439*
		31—40岁	71	3.25	0.890	
		41—50岁	41	3.05	0.973	
		51—60岁	15	3.33	1.113	
学科梯队	学科带头人	17—30岁	319	4.07	0.850	5.144***
		31—40岁	71	3.90	0.881	
		41—50岁	41	3.56	1.026	
		51—60岁	15	4.33	0.724	
	技术职务结构	17—30岁	319	3.59	0.871	2.615*
		31—40岁	71	3.63	0.832	
		41—50岁	41	3.22	0.852	
		51—60岁	15	3.40	0.910	
	年龄结构	17—30岁	319	3.75	0.820	6.997***
		31—40岁	70	3.60	0.907	
		41—50岁	41	3.17	0.919	
		51—60岁	15	3.27	0.799	
人际关系	一视同仁、互相平等、互相尊重	17—30岁	319	3.77	0.915	3.751**
		31—40岁	71	3.73	0.956	
		41—50岁	41	3.24	1.090	
		51—60岁	15	3.67	1.234	
	重视和谐的人际关系建设	17—30岁	319	3.79	0.920	4.170***
		31—40岁	71	3.66	1.013	
		41—50岁	41	3.34	1.196	
		51—60岁	15	3.20	1.014	

续表

一级指标	二级指标	年龄阶段	样本数	平均数	标准差	F 值
业绩认定	强调客观标准，习惯用事实和数据说话	17—30 岁	319	3.86	0.847	3.730**
		31—40 岁	71	3.77	0.944	
		41—50 岁	41	3.39	0.997	
		51—60 岁	15	3.60	1.056	
薪酬激励	奖罚公正，按业绩科学计酬	17—30 岁	319	3.81	0.846	8.824***
		31—40 岁	71	3.66	0.844	
		41—50 岁	41	3.05	1.224	
		51—60 岁	15	3.67	1.113	
	支持与奖励师生的创新发明	17—30 岁	319	3.81	0.898	7.666***
		31—40 岁	71	3.61	0.963	
		41—50 岁	41	3.10	0.995	
		51—60 岁	15	3.67	0.976	
学科制度	学科设置制度	17—30 岁	319	3.68	0.864	2.315*
		31—40 岁	71	3.59	0.803	
		41—50 岁	41	3.32	1.083	
		51—60 岁	15	3.80	0.862	
	学科评价制度	17—30 岁	319	3.64	0.849	2.332*
		31—40 岁	71	3.59	0.821	
		41—50 岁	41	3.29	0.955	
		51—60 岁	15	3.40	0.632	
	学科培养制度	17—30 岁	319	3.57	0.869	2.171*
		31—40 岁	71	3.48	0.892	
		41—50 岁	41	3.24	0.969	
		51—60 岁	15	3.27	0.704	
	学科生长制度	17—30 岁	319	3.52	0.864	4.939***
		31—40 岁	71	3.44	0.874	
		41—50 岁	41	3.00	0.837	
		51—60 岁	15	3.20	0.775	

注：由于51—60岁这一年龄阶段的调查对象人数不足30人，因此对该阶段被调查对象与其他年龄阶段的被调查对象之间的差异比较结果需要慎重对待。

***表示在0.01水平上显著，**表示在0.5水平上显著，*表示在0.1水平上显著。

进一步进行多重比较可见，不同年龄阶段之间的差异大多数是由41—50岁年龄阶段与17—30岁年龄阶段以及31—40岁年龄阶段之间的差异造成的。也就是说，40岁之前和50岁之后的被调查对象在对大学学科文化建设现状的评价上存在较为显著的差异。具体而言，在学科工作环境上，41—50岁年龄阶段的被调查对象对学科工作环境的评价显著低于17—30岁年龄阶段（D=-0.576，p=0.000）以及31—40岁年龄阶段（D=-0.601，p=0.000）的被调查对象。在学科科研成果上，41—50岁年龄阶段的被调查对象的评价显著低于17—30岁年龄阶段（D=-0.334，p=0.031），31—40岁年龄阶段（D=-0.393，p=0.032）以及51—60岁年龄阶段（D=-0.629，p=0.025）的被调查对象。其中在学科形象标识上，41—50岁年龄阶段的被调查对象的评价显著低于17—30岁年龄阶段（D=-0.376，p=0.014）。

在学科梯队建设维度，在学科带头人方面，41—50岁年龄阶段的被调查对象的评价显著低于17—30岁年龄阶段（D=-0.505，p=0.001），31—40岁年龄阶段（D=-0.340，p=0.046）以及51—60岁年龄阶段（D=-0.772，p=0.003）的被调查对象。51—60岁年龄阶段的被调查对象的评价则显著高于31—40岁年龄阶段的被调查对象（D=0.432，p=0.081）。在技术职务结构合理性的评价上，41—50岁年龄阶段的被调查对象的评价显著低于17—30岁年龄阶段（D=-0.373，p=0.010），31—40岁年龄阶段（D=-0.414，p=0.015）的被调查对象。同样在对年龄结构的合理性的评价方面，41—50岁年龄阶段的被调查对象的评价也显著低于17—30岁年龄阶段（D=-0.578，p=0.000），31—40岁年龄阶段（D=-0.429，p=0.010）的被调查对象。51—60岁年龄阶段的被调查对象的满意度也显著低于17—30岁年龄阶段的被调查对象（D=-0.438，p=0.031）。

在人际关系维度、人际关系的一视同仁、相互平等与尊重的评价上，41—50岁年龄阶段的被调查对象的评价也极其显著地低于17—30岁年龄阶段（D=-0.527，p=0.001），31—40岁年龄阶段（D=-0.488，p=0.009）的被调查对象。而在重视和谐人际关系的建设方面，17—31岁年龄阶段之间的被调查对象的评价也显著高于处于41—50岁（D=0.449，p=0.005）和51—60岁年龄阶段（D=0.590，p=0.021）之间的被调查对象。同样31—40岁年龄阶段的被调查对象的评价也显著高于处于41—50岁（D=0.321，p=0.091）和51—60岁年龄阶段

($D=0.462$, $p=0.093$) 之间的被调查对象。

在业绩认定中，41—50 岁年龄阶段的被调查对象对"强调客观标准，习惯用事实和数据说话"这一现象的评价也极其显著低于 17—30 岁年龄阶段（$D=-0.472$，$p=0.001$），31—40 岁年龄阶段（$D=-0.384$，$p=0.027$）的被调查对象。

在薪酬激励方面，41—50 岁年龄阶段的被调查对象对"奖罚公正，按业绩科学计酬"的评价显著低于 17—30 岁年龄阶段（$D=-0.760$，$p=0.000$），31—40 岁年龄阶段（$D=-0.613$，$p=0.001$）以及 51—60 岁年龄阶段（$D=-0.618$，$p=0.023$）的被调查对象。同样，他们对"强调个人关系，不能科学合理的评价"这一现象的评价也显著低于 17—30 岁年龄阶段（$D=-0.714$，$p=0.000$），31—40 岁年龄阶段（$D=-0.508$，$p=0.005$）以及 51—60 岁年龄阶段（$D=-0.569$，$p=0.041$）的被调查对象。同时，31—40 岁年龄阶段被调查对象对这一现象的评价也低于 17—30 岁年龄阶段的被调查对象（$D=-0.206$，$p=0.088$）。

而在学科制度评价的四个二级指标上同样存在不同年龄阶段之间的差异。在对学科设置制度的评价上，17—30 岁年龄阶段被调查对象对这一现象的评价显著高于 41—50 岁年龄阶段的被调查对象（$D=0.363$，$p=0.013$）；41—50 岁年龄阶段被调查对象对这一现象的评价则低于 51—60 岁年龄阶段的被调查对象（$D=-0.483$，$p=0.069$）。在学科评价制度的评价上，41—50 岁年龄阶段的被调查对象显著低于 17—30 岁年龄阶段（$D=-0.350$，$p=0.013$）和 31—40 岁年龄阶段（$D=-0.288$，$p=0.073$）的被调查对象。41—50 岁年龄阶段的被调查对象对学科培养制度的评价也显著低于 17—30 岁年龄阶段的被调查对象（$D=-0.372$，$p=0.025$）。41—50 岁年龄阶段的被调查对象在学科生长制度的评价上，也显著低于 17—30 岁年龄阶段（$D=-0.542$，$p=0.000$）和 31—40 岁阶段（$D=-0.437$，$p=0.010$）的被调查对象。

④不同专业技术职称之间的比较。

在教师和管理人员群体中，不同专业技术职称的调查对象在人际关系中的重视权威，遵从权威人物的领导（$F=2.329$，$p=0.077$）、业绩认定中的强调客观标准，习惯用事实和数据说话（$F=2.220$，$p=0.088$），薪酬激励中的支持和奖励师生的创新发明以及学科制度中的学科评价制度（F=2.355, p=0.074）这四个方面存在评价差异。

多重比较的结果表明，评价差异主要存在于初级职称和其他职称类型的评价上。如在对"重视权威，遵从权威人物的领导"的评价上，初级职称者的评价明显高于副高（D=0.691, p=0.025）和中级职称者（D=0.593, p=0.054），但其与正高职称者之间则不存在显著差异（D=0.302, p=0.327）；正高职称者对这一现象的评价也要高于副高职称者（D=0.372, p=0.213）。同样，初级职称者在对"业绩认定中的强调客观标准"的评价也要高于其他职称者，但是仅仅与副高职称者之间存在显著差异（D=0.726, p=0.017）。在评价"薪酬激励中的支持与奖励师生的创新发明"时，初级职称者要显著高于正高（D=0.687, p=0.044）、副高（D=0.839, p=0.009）和中级职称者（D=0.719, p=0.024）。类似的，在"学科制度中的学科评价制度"的态度上，初级职称者要显著高于副高（D=0.714, p=0.011）和中级职称者（D=0.484, p=0.082），其虽然也高于正高的评价（D=0.470, p=0.115），但差异并不显著。

⑤不同学科类型之间的比较。

社科、理、工和医四类不同学科的被调查对象在七个一级学科文化建设指标现状的评价上均存在差异，具体参见表6—12。从表6—12中的数据结合多重比较可以发现，在对学科科研经费的评价上，社科类学科的评价极其显著地低于工科类评价（D=−0.287, p=0.009），这也符合我国高校科研经费的分配现状，工科类项目获得的经费支持往往要好几倍甚至好几十、几百倍于社科类学科获得的支持。

在职业道德的评价上，工科类的评价要显著低于理科（D=−0.292, p=0.038）和医科类（D=−0.342, p=0.030），但与社科类（D=−0.135, p=0.102）不存在显著的差异。在学术梯队中的学科带头人建设现状的评价上，社科类的评价要显著低于理科（D=−0.332, p=0.028）和工科类（D=−0.216, p=0.031）。同样医科类的评价也低于理科（D=−0.458, p=0.017）和工科（D=−0.342, p=0.027）。社科类和医科类之间则不存在显著差异（D=0.126, p=0.447）。在学历层次结构的合理性上，医科类的评价也比理科（D=

−0.482，p=0.010）和工科（D=−0.349，p=0.020）要低。在海外归国学者的比例上，社科类被调查对象的评价则要显著低于理科（D=−0.470，p=0.009）和工科（D=−0.212，p=0.072）。在学术交流中的邀请国内外专家学者的数量评价上，医科类的评价要显著低于其余三类学科，其中与理科类评价相差最大（D=−0.608，p=0.007），其次为工科类（D=−0.384，p=0.034）和社科类（D=−0.333，p=0.087）。在薪酬激励中的支持与奖励师生的创新发明的评价上，理科类的评价要显著高于医科（D=0.514，p=0.013）、社科（D=0.378，p=0.020）和工科（D=0.276，p=0.062）。在学科制度的评价上，理科类的被调查对象对学科评价制度的评价要显著高于其余三类学科，其中与医科类相差最大（D=0.470，p=0.012），其次为社科类（D=0.352，p=0.017）和工科类（D=0.275，p=0.040）。在学科培养制度的评价上，社科类的评价要显著低于理科类（D=−0.297，p=0.051），医科类的评价则比理科（D=−0.459p=0.017）和工科（D=−0.278，p=0.073）都要低。

表6—12 不同学科类型之间在学科文化建设现状评价上的比较分析

一级指标	二级指标	学科类型	样本数	平均数	标准差	F值
学科科研经费	无	社科	110	3.12	1.002	2.445*
		理	48	3.33	0.834	
		工	249	3.41	0.929	
		医	37	3.22	1.109	
职业道德	无	社科	111	3.74	0.960	2.743**
		理	48	3.90	0.778	
		工	250	3.60	0.887	
		医	37	3.95	0.848	

续表

一级指标	二级指标	学科类型	样本数	平均数	标准差	F值
学科梯队	学科带头人	社科	111	3.86	0.913	3.493**
		理	48	4.19	0.790	
		工	250	4.07	0.861	
		医	37	3.73	0.932	
	学历层次结构	社科	111	3.59	0.898	2.703**
		理	48	3.83	0.753	
		工	250	3.70	0.832	
		医	37	3.35	0.919	
	海归学者比例	社科	111	3.07	1.051	2.477*
		理	48	3.54	1.091	
		工	250	3.28	1.000	
		医	36	3.25	1.079	
学术交流	邀请国内外专家学者数量	社科	111	3.23	1.050	2.536**
		理	48	3.50	0.968	
		工	250	3.28	1.010	
		医	37	2.89	1.100	
业绩认定	强调个人关系,不能科学合理地评价	社科	111	3.40	1.003	3.514**
		理	48	3.48	0.989	
		工	250	3.13	1.064	
		医	37	2.97	0.833	
薪酬激励	支持与奖励师生的创新发明	社科	111	3.62	0.982	2.587*
		理	48	4.00	0.875	
		工	250	3.72	0.901	
		医	37	3.49	1.096	
学科制度	学科评价制度	社科	111	3.52	0.952	2.634**
		理	48	3.88	0.733	
		工	250	3.60	0.807	
		医	37	3.41	0.927	
	学科培养制度	社科	111	3.43	0.921	2.361*
		理	48	3.73	0.792	
		工	250	3.55	0.878	
		医	37	3.27	0.838	

注：＊＊＊表示在0.01水平上显著,＊＊表示在0.5水平上显著,＊表示在0.1水平上显著。

⑥不同学科性质之间的比较。

不同学科性质被调查对象在学科文化建设现状评价中存在较大的差异。单因素方差分析的结果表明,在12个一级评价指标中,除了人才培养质量的评价不存在差异外,其余11个指标均存在不同的评价态度,具体结果如表6—13所示。

表6—13　不同学科性质之间在学科文化建设现状评价上的比较分析

一级指标	二级指标	学科性质	样本数	平均数	标准差	F值
学科工作环境	无	国家重点学科	249	3.39	0.840	5.477***
		省级重点学科	102	3.53	0.909	
		校级重点学科	32	3.72	0.924	
		其他	63	3.06	0.821	
学科科研经费	无	国家重点学科	248	3.42	0.918	7.438***
		省级重点学科	102	3.27	1.016	
		校级重点学科	32	3.56	0.982	
		其他	62	2.82	0.859	
学科科研成果	无	国家重点学科	249	3.57	0.940	6.969***
		省级重点学科	102	3.36	0.876	
		校级重点学科	32	3.97	0.695	
		其他	63	3.16	0.971	
学科形象标识	无	国家重点学科	248	3.40	0.899	8.213***
		省级重点学科	102	3.32	0.846	
		校级重点学科	32	3.91	0.995	
		其他	63	2.97	0.915	
职业道德	无	国家重点学科	249	3.59	0.899	4.583***
		省级重点学科	102	3.86	0.890	
		校级重点学科	32	4.09	0.734	
		其他	63	3.65	0.901	

续表

一级指标	二级指标	学科性质	样本数	平均数	标准差	F值
学科梯队	技术职务结构	国家重点学科	249	3.54	0.861	4.100***
		省级重点学科	102	3.49	0.920	
		校级重点学科	32	4.06	0.716	
		其他	63	3.48	0.820	
	年龄结构	国家重点学科	249	3.65	0.789	5.112***
		省级重点学科	101	3.69	0.946	
		校级重点学科	32	4.09	0.734	
		其他	63	3.38	0.958	
	学历层次结构	国家重点学科	249	3.70	0.833	4.624***
		省级重点学科	102	3.57	0.839	
		校级重点学科	32	4.06	0.801	
		其他	63	3.43	0.911	
	海归学者比例	国家重点学科	249	3.28	.992	3.133**
		省级重点学科	101	3.18	1.126	
		校级重点学科	32	3.72	1.054	
		其他	63	3.06	0.982	
学术交流	高层学术会议	国家重点学科	249	3.47	0.992	2.129*
		省级重点学科	102	3.38	1.135	
		校级重点学科	32	3.78	0.792	
		其他	63	3.25	0.933	
	派出国内外访问学者数量	国家重点学科	249	3.26	0.980	7.162***
		省级重点学科	102	2.93	1.065	
		校级重点学科	32	3.72	0.851	
		其他	63	2.94	0.948	
	邀请国内外专家学者数量	国家重点学科	249	3.35	0.997	4.722***
		省级重点学科	102	3.15	1.085	
		校级重点学科	32	3.59	1.043	
		其他	63	2.90	0.962	

续表

一级指标	二级指标	学科性质	样本数	平均数	标准差	F 值
人际关系	一视同仁、互相平等、互相尊重	国家重点学科	249	3.60	0.971	5.894***
		省级重点学科	102	3.95	0.849	
		校级重点学科	32	4.13	0.707	
		其他	63	3.57	1.073	
	重视和谐的人际关系建设	国家重点学科	249	3.65	0.998	3.260**
		省级重点学科	102	3.87	0.919	
		校级重点学科	32	4.03	0.782	
		其他	63	3.52	1.014	
业绩认定	强调客观标准，习惯用事实和数据说话	国家重点学科	249	3.73	0.908	3.335**
		省级重点学科	102	3.87	0.817	
		校级重点学科	32	4.22	0.706	
		其他	63	3.70	0.978	
	强调个人关系，不能科学合理地评价	国家重点学科	249	3.18	1.054	3.350**
		省级重点学科	102	3.23	0.994	
		校级重点学科	32	3.75	0.950	
		其他	63	3.08	0.989	
薪酬激励	奖罚公正，按业绩科学计酬	国家重点学科	249	3.71	0.927	3.240**
		省级重点学科	102	3.71	0.950	
		校级重点学科	32	4.13	0.609	
		其他	63	3.51	0.914	
	支持与奖励师生的创新发明	国家重点学科	249	3.70	0.933	2.705**
		省级重点学科	102	3.75	0.909	
		校级重点学科	32	4.06	0.716	
		其他	63	3.49	1.076	

续表

一级指标	二级指标	学科性质	样本数	平均数	标准差	F值
学科制度	学科设置制度	国家重点学科	249	3.61	0.845	4.850***
		省级重点学科	102	3.75	0.941	
		校级重点学科	32	4.03	0.740	
		其他	63	3.37	0.903	
	学科评价制度	国家重点学科	249	3.58	0.800	6.393***
		省级重点学科	102	3.59	0.916	
		校级重点学科	32	4.16	0.847	
		其他	63	3.37	0.848	
	学科培养制度	国家重点学科	249	3.51	0.857	5.948***
		省级重点学科	102	3.50	0.865	
		校级重点学科	32	4.06	0.759	
		其他	63	3.27	0.954	
	学科生长制度	国家重点学科	249	3.41	0.853	5.486***
		省级重点学科	102	3.48	0.817	
		校级重点学科	32	4.00	0.718	
		其他	63	3.27	1.003	

注：***表示在0.01水平上显著，**表示在0.5水平上显著，*表示在0.1水平上显著。

多重比较的结果如下：在学科工作环境评价上，国家级重点学科的评价要低于校级重点学科的被调查对象（D=−0.333，p=0.040）；而其他类型学科的评价则要低于国家重点学科（D=−0.608，p=0.008）、省级重点学科（D=−0.466，p=0.001）和校级重点学科（D=−0.655，p=0.000）。同样在学科科研经费评价上，其他类型学科的评价也比国家重点学科（D=−0.593，p=0.000）、省级重点学科（D=−0.452，p=0.003）和校级重点学科（D=−0.740，p=0.000）要低。在对学科科研成果评价上，校级重点学科的评价要显著高于国家重点学科（D=0.398，p=0.021）和省级重点学科（D=−0.606，p=0.001），其他类型学科的评价则比国家重点学科（D=−0.412，p=0.002）和校级重点学科（D=−0.810，p=0.000）要低。在学科形象标识的评价上，校级重点学科的评价要显著高于国家（D=0.503，p=0.003）和省级重点学科（D=0.583，p=0.001），而其他学科的评价则最低，其均显著低于国家重点学科（D=-0.435，p=0.001）、省级重点学科（D=-0.355，p=0.014）和校级重点学科（D=-0.938，p=0.000）。在职业道德的评价上，国家重点学科的评价要低于省级重点学科（D=-0.272，p=0.104）和校级重点学科（D=-0.503，p=0.003）。校级重点学科要高于其他学科（D=0.443，p=0.022）。

在学科梯队评价中，校级重点学科的被调查对象对技术职务结构合理性的评价比其余三类学科都高，其差距排名分别为其他学科（D=0.520，p=0.001）、省级重点学科（D=0.572，p=0.001）和国家重点学科（D=0.586，p=0.002）。同样在年龄结构合理性的评价上，校级重点学科也要高于国家重点学科（D=0.439，p=0.006）、省级重点学科（D=0.401，p=0.020）和其他学科（D=0.713，p=0.000）；其他学科则评价最低，其与国家重点学科（D=-0.274，p=0.023）、省级重点学科（D=-0.312，p=0.022）之间也存在显著差异。在对学历层次的合理性评价上也是如此，校级重点学科也要高于国家重点学科（D=0.360，p=0.024）、省级重点学科（D=0.494，p=0.004）和其他学科（D=0.634，p=0.001）；其他学科则评价除了与校级重点学科存在差异外，与国家重点学科也存在显著差异（D=-0.274，p=0.022）。校级重点学科对海外归国的学者的比例的评价也要高于国家重点学科（D=0.442，p=0.022）、省级重点学科（D=0.541，p=0.010）和其他学科（D=0.665，p=0.003）。

在学术交流相关二级指标的评价中，校级重点学科的被调查对象对高层学术会议的满意度要高于省级重点学科（D=0.399，p=0.051）和其他学科类型（D=0.218，p=0.016）的被调查对象。国家重点学科的被调查对象在对派出国内外访问学者的数量上的满意度要高于省级重点学科（D=0.330，p=0.005）和其他学科类型（D=0.325，p=0.014）的被调查对象，但却低于校级重点学科（D=-0.458，p=0.014），此外，校级重点学科的被调查对象的满意度也要显著高于省级重点学科（D=0.787，p=0.000）和其他性质的学科（D=0.782，p=0.000）。在邀请国内外专家学者的数量上，省级重点学科的被调查对象的满意度要显著低于国家重点学科（D=-0.198，p=0.098）和校级重点学科（D=-0.447，p=0.031），其他学科性质的被调查对象的满意度则要显著低于国家重点学科（D=-0.441，p=0.002）和校级重点学科（D=-0.689，p=0.002）。

在人际关系维度，对于"一视同仁，互相平等与互相尊重"的满意度，国家重点学科的被调查对象要显著低于省级重点学科（D=-0.353，p=0.002）和校级重点学科（D=-0.527，p=0.003）；其他学科性质要显著低于省级重点学科（D=-0.380，p=0.012）和校级重点学科（D=-0.554，p=0.007）。在重视和谐的人际关系建设上，也表现出这一差异趋势，国家重点学科的被调查对象的满意程度要显著低于省级重点学科（D=-0.226，p=0.048）和校级重点学科（D=-0.385，p=0.035）；其他学科性质的被调查对象要显著低于省级重点学科（D=-0.349，p=0.025）和校级重点学科（D=-0.507，p=0.016）。

在业绩认定的两个二级指标上，同样存在学科性质之间的差异。校级重点学科对强调客观标准的业绩认定方式的满意度要高于国家重点学科（D=0.484，p=0.004）、省级重点学科（D=0.346，p=0.054）和其他学科（D=0.520，p=0.007）；对强调个人关系，欠科学的业绩认定方式的满意度同样表现出如此差异（D=0.565，p=0.003，D=0.525，p=0.012，D=0.671，p=0.003）。

在薪酬激励上，校级重点学科对奖罚公正、科学计酬的激励方式和支持与奖励师生创新发明的满意度均要高于国家重点学科（D=0.414，p=0.016，D=0.360，p=0.041）、省级重点学科（D=0.419，p=0.024，D=0.317，p=0.095）和其他学科（D=0.617，p=0.002，D=0.570，p=0.005）。其他学科的被调查对象在奖励师生创新发明的满意度的评价上，要低于省级重点学科（D=-0.253，p=0.092）。

在学科制度的满意度调查中，校级重点学科对其中的评价制度、培养制度和生长制度的满意度均要高于国家重点学科（D=0.574，p=0.000，D=0.548，p=0.001，D=0.586，p=0.000）、省级重点学科（D=0.568，p=0.000，D=0.563，p=0.001，D=0.520，p=0.003）和其他学科（D=0.791，p=0.000，D=0.793，p=0.000，D=0.730，p=0.000），对学科设置制度的满意度要高于国家重点学科（D=0.421，p=0.010）。其他学科在对学科设置制度的满意度要低于国家重点学科（D=-0.245，p=0.046）、省级重点学科（D=-0.380，p=0.007）和其他学科（D = -0.666，p = 0.000）。在学科评价制度和培养制度的评价上也要低于国家重点学科（D = -0.217，p = 0.067，D = -0.223，p = 0.097）和省级重点学科（D = -0.244，p = 0.046，D = -0.230，p = 0.098）。

3. 学科文化建设与管理的影响因素分析

（1）大学学科文化建设各影响因素影响程度分析。

研究同时还对大学学科文化建设与管理的各种可能影响因素的影响程度进行了分析。学科文化建设影响因素分析的结果（见表6—14）表明，学科带头人的影响最大，其次为学科教学和科研，再次为学科管理；而学科制度的影响则排名最后。但总的来说，这六个影响因素的影响程度均比较大，其平均数均在3.7以上。

表6—14　　　　学科文化建设影响因素分析（n = 446）

学科文化建设影响因素	平均数	标准差	排序	影响程度（%）				
				大	较大	一般	较小	小
学科带头人	4.12	0.849	1	37.0	42.4	17.3	2.2	1.1
学科管理	3.82	0.871	3	23.8	40.6	30.3	4.7	0.7
学科制度	3.78	0.899	6	22.6	40.1	30.5	5.6	1.1
学术梯队	3.80	0.902	5	22.9	42.6	27.1	6.3	1.1
学术交流	3.81	0.930	4	25.8	37.7	29.6	5.6	1.3
学科教学和科研	3.92	0.908	2	29.6	39.2	26.0	3.8	1.3
选拔优秀的学科带头人	4.13	0.810	1	36.8	41.7	19.7	1.1	0.7
组建结构合理的学科梯队	4.07	0.867	3	35.9	40.6	19.3	3.6	0.7
重视学科的教学与科研	4.11	0.832	2	36.1	43.3	16.8	3.4	0.4
注重学科价值观和学科偶像的引导和激励	3.92	0.828	5	26.2	43.7	26.9	2.5	0.7
加强学科之间的学术交流	3.98	0.857	4	30.3	41.8	23.6	3.8	0.4
重视学科群体习惯的培养	3.90	0.845	6	24.9	46.4	22.9	5.6	0.2
重视学科管理水平的提高	3.90	0.893	6	27.3	42.3	25.0	4.1	1.4

学科文化培育影响因素分析的结果表明，问卷列出的七种影响因素影响均较大，其平均数均在3.9以上，其中选拔优秀的学科带头人、重视学科的教学与科研、组建结构合理的学科梯队影响最大（见

表6—15)。

表6—15　　学科文化培育影响因素分析（n=445）

学科文化培育影响因素	平均数	标准差	排序	影响程度（以百分数计）				
				大	较大	一般	较小	小
选拔优秀的学科带头人	4.13	0.810	1	36.8	41.7	19.7	1.1	0.7
组建结构合理的学科梯队	4.07	0.867	3	35.9	40.6	19.3	3.6	0.7
重视学科的教学与科研	4.11	0.832	2	36.1	43.3	16.8	3.4	0.4
注重学科价值观和学科偶像的引导和激励	3.92	0.828	5	26.2	43.7	26.9	2.5	0.7
加强学科之间的学术交流	3.98	0.857	4	30.3	41.8	23.6	3.8	0.4
重视学科群体习惯的培养	3.90	0.845	6	24.9	46.4	22.9	5.6	0.2
重视学科管理水平的提高	3.90	0.893	6	27.3	42.3	25.0	4.1	1.4

如表6—16所示，学科文化传播的各种影响因素中，学科传统背景的影响最大，其次为学科价值取向和学科思维方式，而学科符号系统的影响排名最后。除学科符号系统外，其余因素影响程度的平均数均在3.8以上，具有较大的影响。

表6—16　　学科文化传播影响因素分析（n=446）

学科文化传播影响因素	平均数	标准差	排序	影响程度（%）				
				大	较大	一般	较小	小
学科传统背景	4.05	0.813	1	31.6	45.1	21.1	1.3	0.9
学科符号系统	3.50	0.859	6	12.4	36.0	42.9	7.2	1.6
学科思维方式	3.97	0.861	3	30.5	40.4	25.1	3.6	0.4
学科价值取向	4.00	0.852	2	31.0	42.0	22.9	3.6	0.4
学科群体合作程度	3.90	0.866	4	26.7	41.9	27.4	2.9	1.1
学科管理完善程度	3.87	0.901	5	26.9	39.9	27.1	5.2	0.9

表6—17给出了学科文化冲突影响因素的分析结果，三个影响因素的平均数均在3.8以上，影响较大，其中学科思维方式的差异影响最大。在学科文化融合的影响因素中，合理的学科布局影响最大，其余三种影响因素也有较大的影响，其平均数均在3.9以上，如表6—18所示。

表6—17　　　　学科文化冲突影响因素分析（n=445）

学科文化冲突影响因素	平均数	标准差	排序	影响程度（%）				
				大	较大	一般	较小	小
大学学科建设制度	3.85	0.832	2	23.1	43.8	28.8	3.8	0.4
知识专业化程度的加深	3.85	0.855	2	23.5	43.7	27.1	5.2	0.4
学科思维方式的差异	3.91	0.852	1	27.6	40.6	28.0	3.4	0.4

表6—18　　　　学科文化融合影响因素分析（n=446）

学科文化融合影响因素	平均数	标准差	排序	影响程度（%）				
				大	较大	一般	较小	小
合理的学科布局	4.09	0.779	1	32.7	46.4	18.6	2.0	0.2
加强跨学科研究	3.91	0.841	4	26.0	43.7	26.0	3.8	0.4
创建良好的学术生态环境	4.04	0.887	2	35.4	38.8	21.1	4.0	0.7
重构学科组织和学科制度	3.97	0.834	3	27.6	46.9	20.9	4.3	0.4

（2）不同类型调查对象对影响大学文化建设因素认同情况的差异比较。

①不同角色之间的比较。

教师、管理人员、研究生和本科生四类不同的调查对象在大学文化建设影响因素的认同情况上差异较小，除了对学科文化培育的影响因素之一重视学科管理水平的提高上存在显著差异外（F=2.441，p=0.064），其余差异均不显著。通过进行多重比较，可以发现，教师（3.71±0.94）认为这一因素的影响程度要显著低于研究生（3.95±0.82，D=-0.249，p=0.021）和本科生（3.98±0.95，D=-0.278，p=0.017）。

②不同性别之间的比较。

不同性别的被调查对象，除了在对学科文化培育的影响因素之一选拔优秀的学科带头人上的看法存在一定的差异外（t=1.889，p=0.060），其余各方面的认识均不存在显著差异。女性被调查对象（4.07±0.86）较之男性（4.22±0.71）认为选拔优秀的学科带头人对学科文化培育更为重要一些。

③不同年龄阶段之间的比较。

单因素方差分析的结果表明,不同年龄阶段的被调查对象在大学学科文化建设与管理的影响因素的认识上,存在较为显著的差异,详见表6—19。

表6—19 不同年龄阶段之间在学科文化建设与管理影响因素比较分析

一级影响因素	二级影响因素	年龄阶段	样本数	平均数	标准差	F值
学科文化建设	学科制度	17—30岁	319	3.87	0.848	2.827**
		31—40岁	71	3.85	0.856	
		41—50岁	41	3.46	1.075	
		51—60岁	15	3.67	0.617	
	学术交流	17—30岁	319	3.86	0.883	2.338*
		31—40岁	71	3.76	1.007	
		41—50岁	41	3.46	1.185	
		51—60岁	15	3.87	0.516	
学科文化传播	学科思维方式	17—30岁	319	4.03	0.854	2.671**
		31—40岁	71	3.93	0.851	
		41—50岁	41	3.63	0.942	
		51—60岁	15	3.87	0.640	
	学科群体合作程度	17—30岁	319	3.96	0.833	4.549***
		31—40岁	71	3.89	0.838	
		41—50岁	41	3.44	1.119	
		51—60岁	15	4.00	0.535	
学科文化培育	选拔优秀的学科带头人	17—30岁	319	4.15	0.772	2.313*
		31—40岁	71	4.00	0.756	
		41—50岁	41	4.00	1.118	
		51—60岁	15	4.53	0.743	
	组建结构合理的学科梯队	17—30岁	319	4.13	0.830	2.384*
		31—40岁	71	3.96	0.853	
		41—50岁	41	3.80	1.145	
		51—60岁	15	4.27	0.704	
	重视学科的教学与科研	17—30岁	319	4.15	0.783	2.404*
		31—40岁	71	4.03	0.828	
		41—50岁	41	3.85	1.195	
		51—60岁	15	4.40	0.507	

续表

一级影响因素	二级影响因素	年龄阶段	样本数	平均数	标准差	F 值
学科文化培育	加强学科之间的学术交流	17—30 岁	319	4.03	0.835	2.101*
		31—40 岁	71	3.89	0.887	
		41—50 岁	40	3.70	0.966	
		51—60 岁	15	4.00	0.756	
	重视学科群体习惯的培养	17—30 岁	319	3.96	0.838	2.489*
		31—40 岁	71	3.80	0.804	
		41—50 岁	41	3.61	0.972	
		51—60 岁	15	4.00	0.655	
	重视学科管理水平的提高	17—30 岁	318	3.99	0.861	4.377***
		31—40 岁	71	3.66	0.877	
		41—50 岁	40	3.60	1.081	
		51—60 岁	15	3.93	0.799	
学科文化融合	合理的学科布局	17—30 岁	319	4.12	0.737	2.613*
		31—40 岁	71	4.06	0.809	
		41—50 岁	41	3.85	1.014	
		51—60 岁	15	4.47	0.640	
	加强跨学科研究	17—30 岁	319	3.96	0.806	4.256***
		31—40 岁	71	3.79	0.877	
		41—50 岁	41	3.59	0.974	
		51—60 岁	15	4.33	0.724	
	创建良好的学术生态环境	17—30 岁	319	4.10	0.843	4.070***
		31—40 岁	71	3.97	0.861	
		41—50 岁	41	3.63	1.178	
		51—60 岁	15	4.33	0.724	
	重构学科组织和学科制度	17—30 岁	319	4.01	0.805	4.644***
		31—40 岁	71	3.99	0.765	
		41—50 岁	41	3.54	1.098	
		51—60 岁	15	4.27	0.594	

注：***表示在 0.01 水平上显著，**表示在 0.5 水平上显著，*表示在 0.1 水平上显著。

结合表6—19以及多重比较的结果可见，在学科文化建设的影响因素中，41—50岁年龄阶段的被调查对象认为学科管理的影响力不及17—30岁年龄阶段（D=-0.405，p=0.005）和31—40岁年龄阶段（D

=-0.382,p=0.025）的被调查对象所认为的影响程度。41—50 岁年龄阶段的被调查对象认为学术交流的影响程度与 17—30 岁年龄阶段的被调查对象存在差异（D=-0.339,p=0.010）。

在学科文化传播的影响因素中，41—50 岁年龄阶段的被调查对象对学科思维方式影响程度所起的作用的评价不及 17—30 岁年龄阶段（D=-0.391,p=0.006）和 31—40 岁年龄阶段（D=-0.295,p=0.079）的被调查对象。同样 41—50 岁年龄阶段的被调查对象对学科思维方式影响程度所起的作用的评价也要低于 17—30 岁年龄阶段（D=-0.520,p=0.000）、31—40 岁年龄阶段（D=-0.448,p=0.008）和 51—60 岁年龄阶段（D=-0.561,p=0.030）的被调查对象。

在学科文化培育的 7 种影响因素中，也存在不同年龄阶段的评价差异。如在选拔优秀的学术带头人方面，51—60 岁年龄阶段的被调查对象认为其所起的作用的评价要高于 17—30 岁年龄阶段（D=0.380,p=0.075）、31—40 岁年龄阶段（D=0.533,p=0.020）和 41—50 岁年龄阶段（D=0.533,p=0.029）的被调查对象。在组建结构合理的学科梯队上，41—50 岁年龄阶段的被调查对象的评价要低于 17—30 岁年龄阶段（D=-0.321,p=0.026）和 51—60 岁年龄阶段（D=-0.462,p=0.077）的被调查对象。在重视学科的教学与科研方面，也是如此，41—50 岁年龄阶段的被调查对象与 17—30 岁年龄阶段（D=-0.297,p=0.031）和 51—60 岁年龄阶段（D=-0.546,p=0.029）的被调查对象之间也存在差异。在加强学科之间的学术交流上，41—50 岁年龄阶段的被调查对象认为其影响力要低于 17—30 岁年龄阶段被调查对象的判断（D=-0.331,p=0.021）。在注重学科群体习惯的培养方面，17—30 岁年龄阶段的被调查对象认为其影响力要强于 41—50 岁年龄阶段被调查对象的判断（D=0.346,p=0.013）。同样在重视学科管理水平的提高方面，17—30 岁年龄阶段的被调查对象认为其影响程度要强于 41—50 岁年龄阶段被调查对象的判断（D=0.391,p=0.009）。

在各种学科文化融合的影响因素方面，17—30 岁年龄阶段的被调查对象认为合理的学科布局的影响程度要强于 41—50 岁年龄阶段被调查对象的判断（D=0.262,p=0.042）；51—60 岁年龄阶段的被调查对象认为其所起的作用的大小要超出 17—30 岁年龄阶段（D=0.351,p=

0.087)、31—40 岁年龄阶段（D=0.410，p=0.063）和 41—50 岁年龄阶段（D=0.613，p=0.009）的被调查对象。在对加强跨学科研究的评价上也表现出同样的年龄阶段之间的差异，17—30 岁年龄阶段的被调查对象认为其影响程度要强于 41—50 岁年龄阶段被调查对象的判断（D=0.374，p=0.007）；51—60 岁年龄阶段的被调查对象认为其所起的作用的大小要超出 17—30 岁年龄阶段（D=0.374，p=0.089）、31—40 岁年龄阶段（D=0.545，p=0.022）和 41—50 岁年龄阶段（D=0.748，p=0.003）的被调查对象。在创建良好的学术生态环境这一影响因素的评价上，31—40 岁年龄阶段的被调查对象认为其影响程度要强于 41—50 岁年龄阶段被调查对象的判断（D=0.338，p=0.051）；41—50 岁年龄阶段的被调查对象认为其所起的作用的大小不足于 17—30 岁年龄阶段（D=−0.463，p=0.002）和 51—60 岁年龄阶段（D=−0.699，p=0.009）的被调查对象。在重构学科组织和学科制度的判断上，41—50 岁年龄阶段的被调查对象认为其所起的作用的大小与 17—30 岁年龄阶段（D=−0.470，p=0.001）、31—40 岁年龄阶段（D=−0.449，p=0.006）和 51—60 岁年龄阶段（D=−0.730，p=0.003）的被调查对象之间存在差异。

④不同专业技术职称之间的比较。

单因素方差分析的结果表明，不同专业技术职称之间在大学学科文化建设与管理的影响因素的认识上，均不存在显著的差异。可见，不同专业技术职称者在这一问题上的看法基本上保持一致。

⑤不同学科类型之间的比较。

单因素方差分析的结果表明，不同学科类型的被调查对象之间在大学学科文化建设与管理的影响因素的认识上，除了在学科文化传播的影响因素之一学科符号系统上（F=2.236，p=0.083）存在一定差异外，其余均不存在显著的差异。多重比较的结果表明，学科符号系统上的差异主要是由于社科类被调查对象与工科调查对象之间存在差异（D=0.246，p=0.012）。可见，不同学科类型的被调查对象在学科文化建设与管理的影响因素的看法基本上保持一致。

⑥不同学科性质之间的比较。

表 6—20 所示的结果表明，处于不同学科性质的被调查对象在大学

学科文化建设与管理的影响因素的认识上,存在一定的差异。结合多重比较的结果,可以对差异来源进行进一步的分析。

表6—20　不同学科性质之间在学科文化建设与管理影响因素比较分析

一级影响因素	二级影响因素	学科性质	样本数	平均数	标准差	F值
学科文化建设	学科带头人	国家重点学科	249	4.05	0.883	2.436*
		省级重点学科	102	4.31	0.689	
		校级重点学科	32	4.13	0.751	
		其他	63	4.08	0.955	
	学科制度	国家重点学科	249	3.70	0.861	4.204***
		省级重点学科	102	3.93	0.947	
		校级重点学科	32	4.16	0.808	
		其他	63	3.62	0.941	
	学术交流	国家重点学科	249	3.72	0.898	3.313**
		省级重点学科	102	3.94	0.953	
		校级重点学科	32	4.19	0.738	
		其他	63	3.75	1.047	
	学科教学和科研	国家重点学科	249	3.86	0.936	2.475*
		省级重点学科	102	4.11	0.819	
		校级重点学科	32	4.03	0.647	
		其他	63	3.78	1.007	
学科文化传播	学科传统背景	国家重点学科	249	4.12	0.807	2.690**
		省级重点学科	102	4.01	0.738	
		校级重点学科	32	4.16	0.847	
		其他	63	3.81	0.895	
学科文化冲突	知识专业化程度的加深	国家重点学科	249	3.86	0.873	2.728**
		省级重点学科	102	3.94	0.854	
		校级重点学科	32	4.00	0.762	
		其他	63	3.59	0.796	
学科文化培育	加强学科之间的学术交流	国家重点学科	249	3.90	0.848	2.912**
		省级重点学科	101	4.14	0.849	
		校级重点学科	32	4.22	0.706	
		其他	63	3.90	0.928	

注：＊＊＊表示在0.01水平上显著,＊＊表示在0.5水平上显著,＊表示在0.1水平上显著。

在学科文化建设的影响因素之一学科带头人的影响大小的判断上，省级重点学科的被调查对象的评价要高于国家重点学科（D=0.266，p=0.008）和其他学科类型（D=0.234，p=0.084）的被调查对象。在学科制度的影响评价上，国家重点学科则要低于省级重点学科（D=-0.229，p=0.029）和校级重点学科（D=-0.453，p=0.007）；其他学科类型的被调查对象的评价也要低于省级重点学科（D=-0.312，p=0.029）和校级重点学科（D=-0.537，p=0.006）。同样，国家重点学科认为学术交流所起的作用也要低于省级重点学科（D=-0.218，p=0.045）和校级重点学科（D=-0.465，p=0.008），其他学科类型的被调查对象的认识则与校级重点学科存在显著差异（D=-0.441，p=0.028）。省级重点学科被调查对象认为，学科教学和科研对学科文化建设的影响大小的认识与国家重点学科相关，国家重点学科则要低于省级重点学科（D=-0.229，p=0.029）和校级重点学科（D=-0.453，p=0.007）和其他学科，国家重点学科则要低于省级重点学科（D=-0.244，p=0.022）和校级重点学科（D=0.330，p=0.023）。

在学科文化传播的影响因素认识上，其他学科类型的被调查对象与国家重点学科（D=-0.307，p=0.007）和校级重点学科（D=-0.347，p=0.049）在学科传统背景的认识上存在差异。

在学科文化冲突的影响因素认识上，其他学科类型的被调查对象与国家重点学科（D=-0.268，p=0.026）、省级重点学科（D=-0.354，p=0.010）和校级重点学科（D=-0.413，p=0.026）在学科传统背景的认识上存在差异。

在学科文化冲突的影响因素认识上，其他学科类型的被调查对象与国家重点学科（D=-0.268，p=0.026）、省级重点学科（D=-0.354，p=0.010）和校级重点学科（D=-0.413，p=0.026）在学科传统背景的认识上存在差异。

在学科文化培育的影响因素上，不同学科类型的被调查对象在加强学科之间的学术交流上有些不同的认识，国家重点学科认为其影响力要小于省级重点学科（D=-0.239，p=0.018）和校级重点学科（D=-0.319，p=0.046），其他学科也是如此，其同样评价要小于省级重点学科（D=-0.234，p=0.088）和校级重点学科（D=-0.314，p=0.090）。

4. 学科文化建设的政策建议分析

从表 6—21 中可见，在促进学科文化融合的方式选择中，尽管"不同学科文化特质互相糅合"这一方式的得分略高，但总的来说被调查对象对四种学科文化融合方式的认同度之间差异并不明显。这说明，学科文化的融合是一个多路径的选择，既可以是不同学科文化特质的互相作用，也可以是弱势学科和强势学科的共存，同样也可以是弱势文化对强势文化的依附，或是新的文化特质对旧的文化特质的取代。

表 6—21　　　促进学科文化融合的方式选择（n=445）

学科文化融合的方式	平均数	标准差	排序	影响程度（%）				
				大	较大	一般	较小	小
弱势学科文化依附于强势学科文化	3.61	0.90	4	15.7	40.6	35.2	6.3	2.2
新的文化特质取代旧的文化特质	3.71	0.90	3	19.3	41.5	30.3	7.8	0.9
不同学科文化特质互相糅合	3.81	0.90	1	23.1	43.3	25.8	7.0	0.9
弱势学科和强势学科共存	3.78	0.87	2	22.2	39.7	32.1	5.6	0.4

从表 6—22 中可见，在学科文化的建设策略选择上，问卷上列出的四大策略均得到了被调查对象的基本认同，其平均得分均在 3.8 以上，说明这几个策略能够对学科文化建设起到较大的作用。

表 6—22　　　学科文化的建设策略选择（n=446）

学科文化的建设策略	平均数	标准差	排序	影响程度（%）				
				大	较大	一般	较小	小
学科群的建立与整合	3.99	0.888	1	32.1	40.4	23.1	3.4	1.1
大学组织结构适应性调整	3.91	0.846	3	25.8	45.3	24.2	4.0	0.7
大学学术交流制度的建立	3.97	0.859	2	29.4	43.9	21.5	4.7	0.4
行政权力与学术权力的协调	3.86	0.952	4	28.0	39.7	24.2	6.5	1.6

此外，在调查问卷的第四部分设置了开放式问题——"对于大学学科文化管理，您的建议是？"，145 名调查对象提出了自己对大学学科

文化管理的建议，占总调查人数的 31.61%。按照第二章所述的学科文化层次结构模型，我们将收集的有实质内容的 145 条建议按学科精神文化、学科制度文化、学科行为文化、学科物质文化进行了分类整理，如表 6—23 所示。

表 6—23　　　关于大学学科文化管理的建议分析（n=145）

建议类型	人数（人）	比率（%）
学科精神文化	63	43.45
学科制度文化	29	20.00
学科行为文化	15	10.34
学科物质文化	34	23.45
其他	4	2.76

注：部分建议可能涉及多方面内容，按其中最主要内容归类。

从表 6—23 可以发现，调查者所提建议主要集中在学科精神文化和学科物质文化两方面。在学科精神文化方面，调查者建议加强学科文化宣传，重视学科文化对学科思维方式与学科价值取向的影响，要依据自身特色建设具有自己学科标签的文化。在学科制度文化方面，主要建议加强与国内外名校交流、加强学科交叉和跨学科研究、加强学科梯队建设、引进和培养学科带头人、增强带头人的学科建设和发展的自主权。在学科行为文化方面，调查者主要强调维护学术道德、支持和鼓励创新、营造公平公正的学术生态环境。在学科物质文化方面，调查对象通常建议加大投入力度、加强学科基础设施建设、优化学科发展环境。同时，许多调查者也建议，大学学科文化建设任重道远，要通过实质性工作脚踏实地推进大学学科文化建设，不搞形象工程，这表明广大师生对大学学科文化建设的进一步深入抱着强烈的期盼。

五　本章小结

本章以大学学科文化管理的主体——大学师生为调查对象，以问卷调查和数据分析的形式，深入了解高校师生对大学学科文化建设和管理的态度和认同感，对不同类型调查对象在学科文化观念上的差异、不同调查对象对学科文化建设满意程度的差异、不同调查对象对影响大学学科文化建设因素认同情况的差异进行了比较分析，并对调查对象提出的大学学科文化建设的建议进行了整理和统计分析。主要结论包括：

（1）调查结果表明：73.99%的被调查对象认为大学学科文化建设非常重要或比较重要，66.82%的调查对象认为学科文化的核心是一种学科精神文化；与学生比较而言，教师和管理群体对学科文化建设更为关注。

（2）不同性别的被调查对象在学科文化的观念和态度上均不存在显著差异；不同年龄阶段的被调查对象对学科文化核心认识存在显著差异。

（3）被调查对象的职称越高越倾向于将学科文化观念的核心视为一种制度文化，职称越低则越倾向于将其视为一种行为文化，并且职称越低对学科文化核心的认识越呈现出多元化的倾向；不同学科类型的被调查对象除了对学科文化概念的接触上不存在显著差异外，在其余关于学科文化观念看法上均存在显著和极显著的差异。

（4）大学学科文化建设现状满意度评价中，学术交流中的对外交流、业绩认定中的个人关系认定、海归学者比例和邀请国内外学者数量认同度最低；不同年龄阶段被调查对象在学科文化建设现状评价中存在较大的差异。

（5）学科文化建设影响因素分析的结果表明，影响程度最大的依次是学科带头人、学科教学和科研、学科管理、学术交流、学术梯队、学科制度。

第七章 完善学科文化管理的对策

学科文化建设的过程实际上就是学科向文化管理新阶段跃进的过程。学科文化与大学管理两者之间相互联系，彼此影响。大学管理服从于学科文化，学科文化指导大学管理活动的主导方向。学科文化是大学文化的核心，大学管理也就是对各类学科文化的管理；学科文化是大学领导管理基层学术组织的一个重要中介。大学的科学管理为学科文化的合理发展提供了保障。如何通过科学、合理的管理范式来促进学科文化生态群的共同繁荣，以及通过学科文化的进步来提升大学管理水平，是一个具有理论和实践双重意义的研究课题。中国工程院院士黄伯云教授认为加强大学学科文化建设要注意三个方面：一是要尊重学科文化发展的基本规律；二是要培育学科文化发展的良好氛围；三是要坚持学科文化的特色发展。黄院士的观点为大学学科文化建设提供了一个清晰的思路和框架。在笔者看来，大学要根据特定的历史环境和条件，结合自身的实际推陈出新，不断探索学科文化建设规律，调整学科文化建设内涵，使学科文化建设更加具有时代气息和充满活力的进取精神。

一 明确学科文化发展战略

战略就是"适应"，即在环境中识别机会，并通过为这些机会配置相应资源和能力来制定相应战略。[①] 学科文化建设的战略选择是根据当前社会发展形势、大学内部管理调配资源能力和学科所处的阶段及水平来进行选择。学科文化建设的战略选择对学科建设具有重要的意义。大学管理者特别是大学校长采取何种战略措施准确描述、理解、定位大学内的不同学科文化，协调不同学科的利益，处理主导学科与辅助学科的关系，引导大学学科的分化与融合，又不伤害原有的学科肌理，从而带动整个大学学科生态群健康发展，是管理者面临的现实难题。这种选择如果正确，不但能实现卓有成效的管理，更能促进整个大学学科生态群的繁荣，提高大学的竞争力。反之，就会因为一个学科文化建设的失败，而感染学科生态群里的其他学科，造成连锁反应，对大学的管理也会带来负面影响。

（一）学科文化建设的指导原则

学科文化建设是促进大学核心竞争力可持续发展的根本出路。建设大学学科文化必须遵循一定的原则，否则学科文化发展就会偏离学科发展的轨道，危害学科发展。

1. 协调性原则

大学学科文化建设首先要建立合理行使权力的机制。大学内的行政权力和学术权力，不论其强弱大小都是实际存在的，均需要适当地加以区分。行政权力的实施遵循下级服从上级、少数服从多数的原则；学术权力的实施往往借助同行评议，通过学术感召力或权威魅力的方式施加影响。行政组织是行使行政权力的制度保证，学术组织则是行使学术权力的制度保证，它更关心知识运作"质量"和"学术声誉"。学科作为大学的基本组织单位，是开展各项工作的基本元素。因此，应在学科中协调配置两种权力。在学科组织文化创新中明确两个权力的关系，梳理正确的权力观，建立有利于学科建设和发展，有利于合理行使权力的学科文化。在学科内部和外部均建立行政权力和学术权力一体化的机制，保证两个权力在学科层次协调一致。所以，权力制衡是大学内各类学科

---

① ［英］格里·约翰逊、凯万·斯科尔斯：《战略管理》，王军译，人民邮电出版社2007年版，第59页。

文化和谐共济的保证。

2. 学术性原则

大学学科文化建设应当坚持学术性价值导向。有竞争力的大学学科并不单纯以一流的设备、条件取胜，大学学科竞争力还表现在具有浓厚的文化氛围，自由的学术空气，平等、融洽的人际关系，民主、宽容的科学精神等文化层面上。独特的校风和严谨的学风，理性的批判精神和止于至善的探索精神，有容乃大的平等包容精神，开放进取的世界精神，对于整个大学学术的发展与繁荣而言，是至关重要的。大学的使命在于研究高深学问，传播和发展文化科学技术，培养和造就高素质的创造性人才，为解决人类面临的重大问题贡献科学理论和知识。大学学科承担大学的使命，要完成上述使命，对学科而言，必须遵循学术系统的"游戏规则"，坚持学术性价值导向，建设良好人文环境，尊重学术、尊重人才，在行政管理人员、教师和学生之间建立一种良性互动、和谐共进的人际关系，为学术发展营造浓厚的文化氛围。学科生态环境是学科文化建设的保证。一个良好的学科生态环境能够激发学术人员以饱满的热情从事艰苦的学术研究，以理解和宽容的精神进行广泛的人际交往，以开放的心态独立探索与创新。创建良好的学科生态环境，既要建立合理的学科梯队结构，也要大力投资建设高水平的学科基地，并营造宽松的学术氛围。

3. 融合性原则

学科交叉综合和发展要求学科组织跨学科研究，跨学科研究是产生学科"耦合点"、生成新学科的一条重要途径。新学科的产生也就意味着新的学科文化的诞生。因此，组织多学科、跨学科的集体研究对于学科文化的融合具有重要意义。要通过学科文化创新促进学科前沿的演进，使学科充满生机和活力；促进学科向纵深发展，形成学科优势；推动学科间相互融合、渗透，产生新学科；通过价值观念体系、工作习惯、思维方式、生活方式，对人的发展起到定向和规范作用，从而使人才在学科文化的特定氛围中成长，促进学科人才的培养。

4. 职能性原则

大学学科文化建设离不开学科带头人职能的发挥。学科带头人对学科的生存与发展起着决定性的影响。学科带头人不仅要具备卓越的知识水平，在自己所属的学科领域中各领风骚，还要有广博的胸襟和海纳百川的气度，善于接受各种不同的学术思想和观点，集思广益，更要有高尚的道德修养和思想境界，具有令人叹服的人格魅力，能团聚大批学术骨干，组织带领学科成员开展教学、科研和各类学术活动。学校高度重视学科带头人的遴选和培养，在甄选中既注重学术能力，又重视人格涵养。通过遴选和培养合格的学科带头人，稳定学科队伍、凝聚学科力量。

(二) 学科文化建设的战略定位

大学核心竞争力是大学独有的、长期形成并融入大学内质中支撑大学竞争优势，使大学在竞争中取得可持续生存与发展的能力系统。提升大学核心竞争力是学科文化建设的战略定位。

综观世界著名大学，其核心竞争力无不是大学在沧桑岁月中经长期积淀而成并深深根植于个性鲜明的大学文化中。文化不像制度和技术那样容易模仿或扩散，其演变和形成固然需要经过漫长的时间，但优秀的文化一旦形成，又往往构成最基本和最持久的竞争优势。如何形成、保护并发挥自己独特的文化资源，把学术发展融入这种文化传统，从这种文化土壤中获取持久的活力和发展潜力，是大学核心竞争力建设不容忽视的重要课题。学科是大学的内核，学科文化是学科的成长环境，也是大学履行其使命，发挥其社会职能的隐性背景。长期以来，我国大学比较重视学科的外延的拓展，而不太重视学科内在品质的培育，对学科文化建设和管理关注更少。所以，尽管我国大学的学科数量在不断增加，学科的规模也在逐步扩大，但是学科的传统积累却没有能够同步增加，学科的底蕴不足，特色不鲜明，优势不显著，文化氛围淡薄，导致学科的学术竞争力较弱，学校的办学水平和学术质量难以得到实质性提高。因此，要提高大学的核心竞争力，必须高度重视学科内涵的培育，大力建设底蕴深厚的学科文化，着力营造富有特色的学科文化氛围，使大学真正打造成为学问渊博、学术发达、人才荟萃、潜力无限的高等学府。①

---

① 别敦荣、田恩舜：《论大学核心竞争力及其提升路径》，《复旦教育论坛》2004年第1期。

(三) 学科文化建设的实施途径

学科文化力的培育是学科文化融合与创新的根本出路，实际上，这种学科文化力就是学科文化的某个方面彰显出的竞争力。在大学管理协调下，集中优势资源，通过选择建设学科群中优势学科文化、主导学科文化来影响整个大学学科生态群，从而提升大学核心竞争力，具有重要的战略意义。

在前面学科文化体系构建部分已经阐明，学科文化是由学科文化的精神层、制度层、行为层、物质层四部分组成，不同层次的学科文化在提升学科核心竞争力过程中发挥不同的作用。当某一个学科通过建设其学科文化力而达到提升大学核心竞争力的水平，这种学科文化力应该是在精神文化、制度文化、行为文化、物质文化四个层面的"百花齐放"、共同繁荣，是这四个层面的合力。只有同时从这四个层面出发，并抓住这四个层面的各自的关键因素对优势学科和特色学科进行学科文化建设，才能实现学科文化建设提升大学竞争力的目的。

1. 通过学科精神文化建设提升学科核心竞争力

以学科价值观为例，学科价值观作为学科文化的核心精神层，决定学科存在和发展的意义和根本目的以及学科努力的总体方向。在学科价值观的指引下，学科要根据环境条件的变化和自身的各项条件及努力水平确定的发展范围和长短期目标，培养自己的核心竞争力。具体来说，由于学科内外环境及自身势力的动态变化性和不确定性，学科必须在发展过程中不断变换符合自己价值观的行为方式，不断调整研究范围、教学策略、管理方法和目标，不断用符合自己价值观的行为方式来实现短期目标，进而逐步实现长期目标。在这个周而复始、不断循环的过程中，学科逐渐形成自己的核心能力。核心能力对应于学科价值观，是学科实现其宗旨、理想的手段。由此可见，学科文化在核心竞争力的形成过程中发挥着无可替代的基础性作用，学科价值观是学科的精神支柱，学科的一切经营行为本质上都受到价值观的指导，是价值观的集中体现，学科价值观从深层次上影响着学科核心竞争力的强弱和具体内容。核心价值观成为核心竞争力，是基于历史、现状和未来环境需求的，而基于历史和现状的价值取向容易形成很强的稳固性和持续性，这种持续的稳固性可以使学科组织在统一的基本判断和信念下协调运行，在不同学校相同学科解决同样的生存和发展问题时凸显独特的学科个性和竞争优势。但是也可能使组织在为适应外部环境变化而调整组织核心理念时遇到很大的阻力。因此，为适应环境需求而变革学科文化核心价值观是必需的也是困难的。很多学科进行组织、战略、流程、管理技术等变革效果不佳甚至半途而废，原因就在于没有同步顺应地解析、定位自己的核心价值观，没有在顺应的同时调整或者变革自己的核心价值观。因此，为了构建和提升学科的核心竞争力，就有必要有规律地审视学科自身的核心价值观，在保持相对稳定性的同时，根据外界环境的变化和学科自身发展的需要，适时进行适当的调整。

2. 通过制度文化建设提升学科核心竞争力

核心竞争力很大程度上取决于学科知识与服务的创新能力，而知识创新和服务创新的变化则根源于价值观念变化，并且通过管理创新建立起与新的经济发展相适应的发展战略、组织形态、运作机制、管理模式。通过管理创新可以提高学科的创新能力，进而构建和提升学科核心竞争力。

一般说来，管理创新可以从以下几个方面进行：一是管理理念创新，这是管理创新中最重要的部分，也是能够发挥最大作用的一种管理创新，它将极大地提升学科的竞争能力。譬如，从学科的基础研究转变为学科的应用性研究，这要求学科不但重视对外部环境的适应性，更要重视提高学科自身的素质；二是组织创新，主要是针对学科的组织结构和管理方式方法。譬如，建立现代学科制度，完善学科结构，并根据学科实际进行组织结构设计。三是战略创新，这将影响学科的总体发展思路和发展大方向。在目前经济全球化的大背景下，学科专业化程度越来越高。因此，学科应该从单个的竞争战略向合作竞争战略转化，通过各种战略联盟和合作，提高自己的竞争能力。四是控制工作创新，这涉及学科具体的日常管理工作，但是对于学科科研和教学，提升学科核心竞争力，改善学科发展状况具有非常重要的意义。譬如，确立全新的控制标准，推进学科信息化，研究和使用新型控制原理与手段。五是人力资源管理创新，知识经济条件下，学术界和理论界都已经达成共识，即人才是学科最重要的资源，因此必须对过去的人力资源管理理念、方法进行创新，如引入柔性管理等，通过最大限度地发挥员工的各种潜力，提升核心竞争力。

3. 通过行为文化建设提升学科核心竞争力

上至学科最高领导，下至普通员工，他们的行为和言谈举止，往往会影响外界对学科的认识和看法。一方面，从学科文化的行为层来看，学科员工的行为方式大多数体现了学科的价值观。行为方式的不同，组织积累的学识也就不同，所以组织行为方式决定了它能积累什么样的核心竞争力。另一方面，并不是所有员工的行为方式都完全体现了学科的价值观，总有在部分时间由于某些原因其行为可能会偏离学科的价值观，这些行为会给学科造成损害，削弱学科的核心竞争力，这就要求学科对行为文化的建设十分重视，通过设计能够充分体现学科价值观的行为准则和行为规范并灌输给所有员工，通过行为强化来加强学科价值观的渗透，提升学科的核心竞争力。世界知名大学的传统学科往往都十分重视学科内部的文化仪式就是一个很好的证明。

4. 通过物质文化建设提升学科核心竞争力

学科的物质文化包括学科产品、技术、品牌、资源和学科社会形象等。独特的、难以模仿的核心技术和核心产品，是学科核心竞争力的重要组成部分。世界著名学科大多拥有自己的重点实验室和核心技术，核心技术是这些学科不断发展壮大，并在激烈的市场竞争中胜出的关键。随着人们选择大学时更加注重品牌、价值和服务，以及由此带来的心理满足感，学科的竞争从经费和资源的竞争，发展到品牌、价值、服务的竞争。而这种竞争更多的是一种科技和文化的竞争，这就迫使学科加大科技和文化的投入，用文化纽带促进和保证学科的正常运行和发展。因此，学科只有形成有自我特色的学科文化，才能形成别人难以模仿的核心竞争力。

二 完善学科文化管理环境

大学管理是一个全面的、整合的过程。在大学管理模式下的学科文化建设，是从大学的全局出发，调动全校的有利资源，制定有效的战略或政策促进学科文化建设，从而产生优秀学科文化力。优秀学科文化力的产生要求学科文化四层结构的各因素随时保持畅通无阻的流通；要求学科成员紧紧抓住自己的学术职责，具有敏锐的社会洞察力，时时根据社会各层的需求变化来调整自己的教学与研究方向；要求大学层面的管理者合理运用手中的权力处理好与学者之间的关系，化解学科层面难以解决的各种冲突和矛盾，促进不同学科之间有融合倾向的要素的整合，促使新学科文化力的产生。

从根本上说，优秀学科文化力无论对学科还是大学的要求，都是为了使学科文化的四大功能得到充分的发挥，在管理的协调下学科文化生态群处于积极健康的发展状态，大学管理才能实现其存在的意义。根据我国综合性大学现有的学科状况，学科文化建设的对策建议包括：调整大学组织结构、建立大学学术交流制度、协调行政权力与学术权力。

（一）调整大学组织结构

学科文化的学术性既表现为知识的不断分化，也表现为知识的日益综合。这在客观条件下要求建立和调整相应的有利于学科知识增殖的学科组织，以利于学科文化的长远发展。

目前，我国高校学科知识分化的情况较为严重。过分专业化的学科已经显现出对社会发展的种种不适应，学科知识整体被割裂得支离破碎，学科壁垒阻碍了学科交流与对话，对知识的创新和新学科的成长极为不利。因此，必须通过调整大学组织结构，以适应学科综合发展的需要。20世纪90年代以来，我国大多数高校实行的学院制在客观上为相关学科之间的整合提供了有利条件。但是按学科群建立学院不是多种学科的拼盘，而是要在实现人力、财力、物力、资源共享时，实现各科知识、理论、研究方法的优势互补。通过成立跨学科科研攻关小组、建立跨学科项目基金等方式鼓励学科成员开展跨学科研究，鼓励不同学科成员之间的科研协作，注重从不同角度和层面揭示事物的本质，促进不同学科文化的交流和真正融合，实现弘扬科学精神的目的。

组织结构是指组织内部各组成要素及相互联系的方式或框架。对于大学组织结构，人们通常理解为"校—院—系"或"校—系—教研（所）"。学院、学系、教研室、研究所等并不等同于大学的组织结构。

因为组织结构是一个组织的内部架构,是看不见的。我们所能看见的是其外部表现,也就是学院、学系、教研室、研究所等人为设置的机构。其实,学院、学系、教研室、研究所等只是大学组织结构的表现形式,大学组织结构隐藏在内部,是大学的内部构架。所以,大学组织结构是指大学内部的各个组成部分以及各部分之间所确立的关系形式,具体表现为大学的组织机构设置以及大学的组织结构形式。

目前我国大学学术组织结构存在着以下弊端:

(1)缺乏适应性。在大学规模急剧膨胀的过程中,很多院校产生了"骨质疏松症"。由于大学学科内在的知识生产性、传递性、应用性和再生产性,以它为中心而建立的学术组织必须根据科技进步与经济社会发展需要和增强自身功能的需要,对组织形式进行适应性调整。

(2)缺乏多样性。大学学术组织结构单一,缺乏多样性。美国同类大学的组织机构各有特点,即使同一所大学,基层组织类型也变化多端。灵活多样的结构模式能满足不同需要,实现多种职能。

(3)缺乏合理性。组织结构的层次过多,我国大学广泛采用的四层结构可以在规模急剧扩张后加强纵向控制能力,但降低了管理效率。三层结构模式有高度的科学性和合理性,上下信息交流速度快、有利于调动基层人员积极性等优点。

大学组织结构的弊端制约着学科主体主动性的发挥、阻碍学科之间的交流与融合,强化学科文化的冲突,不利于学科文化功能的有效发挥。为实现学科文化建设的顺利进行,必须根据大学学科群的发展动态对大学组织结构进行适应性调整。

对大学学术组织结构适应性调整必须遵循以下原则:

(1)学术性原则。调整和创新应该始终贯彻学术精神、弘扬学术价值的原则。大学组织系统区别于其他社会组织,关键在于大学的学术价值。

(2)职能性原则。调整和创新应该坚持适应社会需求的变化,丰富和完善自身的社会角色的原则。大学学术组织作为社会性组织,必须履行相应的社会职能,承担相应的社会角色。

(3)主体性原则。调整和创新应该遵循有利于发挥教师"主体性"的原则。大学基本上是追求知识的学者团体,教师之于大学的重要意义，无可争辩地使其处于大学学术组织构成要素中的"主体性"地位。

（4）多样性原则。调整和创新要同学校的类型相适应的原则。大学发展的趋势是大众化，大众化发展必经之路是多样化。高教多样化包括办学主体、教育结构、专业设置等多样化。

（二）建立大学学术交流制度

大学学科文化力的培养必须有畅通的沟通、交流渠道，使各学科与经济社会之间相互交流，各学科之间相互渗透、相互促进，为新的学科生长点或新学科的产生提供条件，这就要求学术交流制度的建立，从制度上保证学术交流的顺利。

大学具有多学科、多专业，学科之间积极开展广泛的学术交流，可以加强多学科的信息沟通与联系，推动大学多学科的发展。通过报告会、研讨会、座谈会以及专题讲座等多种交流形式，使报告人与大学师生和科技人员面对面地进行学术交流和探讨，不仅会活跃学术气氛，而且对大学科研工作有促进作用。

首先，学术交流有利于提高学者的科研素质。大学开展多学科、多专业的学术交流，聘请国内外不同学科的知名专家做学术报告，使大学学者了解相关研究领域的前沿问题、研究方向、研究方法以及发展趋势，接触到新思想、新方法和最新的学术动态，拓宽科技人员的科研思路和研究方法，为他们的科研提供交叉学科、边缘学科和综合学科的研究信息，拓宽大学学者的研究领域。

其次，学术交流有利于大学科研团队的形成。通过学术交流可促进多学科学者的合作，优化课题组成员结构，形成多学科人员组成的科研团队。团队作战是现代科研发展的基本趋势，尤其是重大科研项目的研究，更得依靠多学科科研人员集体的智慧。

最后，学术交流可以使学科的科研成果和科研项目在社会实践的检验中得以改善和提高。大学、科研机构及企业横向科研项目的合作，可以根据各自的特点发挥优势。科研机构的研究人员，研究经验丰富，有较先进、较齐全的实验设备；企业在生产建设中常会遇到急需解决的技术问题；大学具有学科较全、科研力量较强、学术思想活跃、探索创新能力强等优势。大学邀请有关科研机构和企业科研开发人员及科研负责人进行讲座和学术交流，在双方互相了解的基础上充分发挥各自的科研优势，针对共同感兴趣的科研项目进行广泛的合作。大学与科研机构合作，可利用科研机构先进的研究设备和科研力量，完成在大学无法完成的研究课题；大学与企业合作，以重点解决企业生产中存在的急需解决的技术难题为研究目的，联合攻关，既解决了企业生产中的技术难题，又提高了大学的科研水平。

（三）协调学术权力与行政权力

学术权力（Academic power）是指学术人员或学术组织所拥有的影响他人或组织行为的一种权力形式。它植根于高深学问，源于专家学者的学术水平和学术能力。就大学而言，其权力主体是教学、科研人员，但主要是那些代表大学最高学术水平的教授及由他们构成的团体；学术权力存在的目的，一般说来是使学术标准得以贯彻，使学术人员赖以生存并为之献身的学科得以发展，使学术人员的权益得以保证。

行政权力（Administrative power）是指大学行政机构及行政人员，依靠包括国家法律、政府意志、社会要求、学校规章等制定的强制手段形成的，影响和支配大学内部成员和机构的一种权力形式。它根植于层次组织，其合法性在于法律的明确授权和组织的正式任命。该权力具有强制性，其主体为大学行政管理人员及其机关。在我国高校内部，学术权力和行政权力并不是二元对立的。它们的主客体以及实现形式都具有交叉性和重叠性。因此，这两种共存于我国高校内部管理中的权力，既具有功能上的相互补充，又具有性质上的相互冲突。

如果说学术自由是对学者个人权力的尊重，是给学者适当自主权的管理方式，那么教授治学则是对教授团体权力的尊重，是给教授团体适当决策权的管理方式。

严格意义上说，无论是学者个体的权力还是教授团体的权力，都属于学术权力的范畴。学科文化的发展客观上要求学术权力要得到充分保证，但是在前面我们认为学科文化存在弱点，这些弱点需要大学层面的行政权力做出弥补。如何做到恰到好处，而又不影响学术权力的发挥，是大学校长及其内部管理人员的一项十分重要的任务。它要求校长处理好以自己为代表的行政权力与学术权力尤其是教授团体拥有的权力的关系。运用好这两种权力，使它们均能根据学校的使命和目标各得其所、各显其长、各尽其能、各施其责，以达到大学内部的高度协调。我们知道，当一个学科组织同时存在两个决策或权力系统，其除具有相互制约、相互补充的有利性外，亦有相互冲突、相互抵制的有害性。对校长来说，如何在充分发挥学术权力作用的基础上又不至于使行政权力失控全局，确为校长有效治校必须解决的管理难题和面对的挑战。

1. 管理价值的协调

任何行为取向都是价值取向的结果，大学亦然。从管理的角度考察，大学是一个同时存在多种价值观的学科组织群，学者认为其内部有四种基本的价值取向，即平等、效率、自由、约束。这四种价值取向构成大学管理的四种基本信条并要求体现在大学管理的整个过程中。所谓平等和自由，强调大学是个由学者团体构成的学术组织。因此，作为知识的拥有者和创造者的学者们，不仅应当有"进行选择、鼓励积极性、从事创新、维持批评和促进多元化"[①]的学术自由，还应当拥有与他人相同的参与学校事务尤其是参与学校决策事务的权力。只此，作为学校主体——学者的活动才能服从于真理的标准，而学校学术的发展才可能获得必需的条件，这是学科发展的根本要求。所谓效率和约束，强调的则是大学并非一般的学者团体，而是必须执行特定社会职能、具有特定目标和利益、有工作分工及资源和权力分配等基本特性的社会组织。在这样的组织中，离散的、无组织的、无效率的行为是不允许的，至少是要受到限制的。严格意义上说，平等、自由与效率、约束之间是存在矛盾的。但是，大学组织的特殊性则要求，这些价值观必须在大学内部的管理中获得共存的空间。由于平等和自由基本反映了学术权力的价值取向，而效率和约束则反映了行政权力的价值取向。因此，对管理价值的协调要求，即提出了学术权力与行政权力必须协调的要求。

2. 管理内容的协调

大学为既有学科性又有科层性交叉的组织，这致使学术事务管理和行政事务管理的交织成为大学独有的管理结构。尽管学术事务的管理和

[①] [美]伯顿·R. 克拉克：《高等教育系统》，王承绪等译，杭州大学出版社1994年版，第279页。

行政事务的管理有其不同的管理价值、管理内容和管理方式，但是它们都是为大学目标的实现服务的，即它们有最终的一致性，否则无论是学术管理还是行政管理都失去意义，而且在大学内部学术事务和行政事务的边界是模糊的，譬如很难说教学和科研经费的分配、教师的聘用、管理及工资确定等究竟是学术事务还是行政事务。只能笼统说大学内部存在学术管理和行政管理两种管理的内容，但纯粹的学术事务或纯粹的行政事务在大学管理的实际过程中是很难区别的，它们本身交融在一起。因此，这也要求以分别处理学术事务和行政事务为主职的学术权力和行政权力必须协调。

3. 管理者的协调

为了实现管理目标的需要，校长、以校长为代表的校行政团体、教授和教授团体，都是渴求权力的管理者。但是把管理一个既有学术性又有行政性的复杂组织的权力，全部交给校长及校行政团体或全部交给教授团体都是不恰当的，甚至是有风险的。于是就出现了权力的一分为二，即分掌学术权力和行政权力的两个管理系统。不同的权力系统固然有其管理的重点，但只有两者达致平衡的管理，才能确保大学整体目标的实现。而为了实现学术权力和行政权力系统的管理平衡，则必须超越校长与教授亦即行政权力与学术权力的紧张关系。如果我们把大学教育的应有质量视为每所大学追求的整体目标，那么欲获得质量保证，"就需要极力改善机构的每个组成部分，以及整个机构实体作为一个协调系统而工作"[1]。权力系统的协调即管理者的协调。作为大学内部既有学术领导又有行政领导双重角色特征的校长，其无法回避学术权力和行政权力的协调问题。当校长充分了解到：学术权力的存在确保了大学教学、科研的基本属性，行政权力则使大学成为其内部各部门相互关系且不可分割的整体；"对行政权力的过分强调必然会影响从事学术活动者的积极性和创造性，而过分松散的学术权力则将有损于大学效率的提高和整体目标的实现"[2]，就会产生自觉维护两种权力共存的局面并致力

---

[1] 联合国教科文组织：《21世纪的高等教育展望和行动》，巴黎：世界高等教育会议工作会议，1998。

[2] 薛天祥等：《高等教育发展历程中的大学校长权力》，《高等教育研究》1996年第3期，第3页。

于使它们获得良好协调的关系。学科文化也只有在这两者协调的基础上才能健康发展。

学术权力与行政权力的协调发展不仅是单个学科繁荣的要求，更是研究型大学内整个学科文化群健康发展、和谐共存的保证。大学校长在处理这二者关系中的地位至关重要。

三 加强学科文化管理监督检查

任何管理工作都离不开监督检查工作，离开了监督检查工作，原有的计划、方案必将失去前行的动力。如何有效地开展监督检查工作直接关系到学科文化建设工作的落实。因此必须做好如下三个方面的基础工作：

（1）成立专项监督检查组织机构。领导层必须重视学科文化建设工作，并成立领导小组、工作小组，设立常设机构，负责学科文化建设落实的具体日常工作。并将学科文化管理工作常态化、制度化，做到凡事有管理、凡事有人负责。

（2）明确监督检查的原则。首先，要做到"服务与提高原则"，考核的目的在于提高执行力和执行的准确度，但是基础是服务，作为检查机构的服务目的在于引导执行机构或者是执行层不偏离方案原有的航向。其次，要做到"民主与公开的原则"，民主在于考核不能仅仅是考核机构的某一个人说了算，需要整体做到均衡，做到有效处理异议。

（3）明确监督检查考核的具体方法。

四 制定学科文化管理宣传机制

学科文化建设管理宣传工作的目的是树立榜样和典型，提炼优秀的做法，普及学科文化建设管理工作的优秀方法和经验，旨在"对内凝聚力量，对外树立形象"，不断将学科文化管理与学校经营紧密结合，有效提高学校的竞争力。所以制定学科文化建设管理宣传机制必须从如下几个方面进行：

（1）充分认识学科文化宣传工作的重要性。当今的时代，早已不是"酒香不怕巷子深"的时代，好的亮点工作需要去发扬，就像这个社会需要正能量一样。做学科文化建设管理工作离不开宣传，宣传工作做得好能够非常有效地促使学科文化宣传工作取得更好的成绩。必须将宣传工作作为实现学校战略的重要手段，并纳入经营发展战略的整体实施方案和规划之中。

（2）重视宣传人员的专业素质和文化素养。宣传工作离不开宣传人员，宣传人员对信息的敏感度及嗅觉取决于其专业素质和文化修养。一个优秀的学校文化宣传人员能够充分挖掘学科文化管理工作中的亮点，将宣传工作紧紧围绕学校的方针、政策，进行正确引导，加强工作，让学科文化建设工作始终保持积极、健康、活泼的氛围。

（3）重视宣传工作的具体细节和具体方式。首先，必须明白宣传工作不是某一个人的宣传工作而是一个团队的宣传工作，所以必须重视培育团队精神，增强学科凝聚力。还要充分发挥宣传人员的聪明才智，做到人尽其才、发挥专长，充分调动宣传人员的工作积极性。其次，还要做好宣传人员的职业发展规划工作，不断完善宣传人员的选拔和任用制度。最后，宣传工作必须以学校文化为中心，正确把握舆论导向，保持高度的政治敏锐性，将宣传工作与学校工作紧密结合。宣传的形式不能仅限于学校报纸、网站，还需要做好宣传方式的拓展，比如说创建微信公众号、微博平台等，及时发布有关亮点工作的信息，找准宣传工作的着力点和高效且易接受的宣传方式。

五 构建学科文化管理评估反馈机制

学科文化战略目标的实施效果必须依靠评估反馈手段来衡量。因此，建立和完善有效的评估反馈机制，不仅可以促进学科文化战略目标的实施，还可以在实施过程中更好地发挥先导性、基础性和全局性的作用。

大学实施科学文化建设系统以后，为了了解大学学科文化建设系统是否达到预期目标，最重要的一点就是形成科学有效的客观的评估反馈机制，以便找出不足和问题，为大学学科文化建设的深入实施创造有利条件。大学学科文化建设系统实施效果评估工作，分为三个阶段进行：一是大学学科文化建设现状调查与分析；二是大学学科文化建设现状评价；三是大学学科文化建设现状修正与完善。

评估要素可以大学学科文化的构成要素为基础，关于评估意见有诸多研究成果，这里只谈其重要性。评估的结果为分析系统构建的现状和下一步的发展方向提供了依据，接着一定要形成反馈信息以再次运用于指导实践。就大学学科文化建设而言，作为一种目的性活动，它离不开有效的反馈。反馈是指将大学学科文化建设各方面完成成效的信息再返送回主抓大学学科文化建设的领导层、校长或科研院所及有关机构，并对正在实施中的文化系统建设再次产生新的影响。另外，得到反馈并予以修正后要善于发现原先大学学科文化发展计划中存在的问题，通过修改而不断完善。建立评价模式和机制是大学学科文化系统构建的重要一环，要提高大学自我测评的自觉性，积极地做出反馈，实现文化建设在合理的范围内健康良性地发展。对生活在大学中的人而言，反馈是人们认可身边可感知的大学学科文化后，会按照该大学学科文化的指引去做，而这种行为也能得到其他社会成员的认可，就会形成一种信号，反馈到实施的主体那里去，继而加强对大学文化建设的认同感；反之，就要修正已形成的大学学科文化的认识，产生新的文化认同，以适应社会的要求。坚持经常实施评估和反馈机制将使学科文化建设的实际效果更加显著。

访谈实录

黄伯云院士访谈实录

问：您觉得怎样才能将大学学科文化管理理论与实践更好地结合起来？

答：学科文化是大学文化与精神的重要内涵，是高校软实力和竞争力的重要支撑，对高等教育内涵式发展具有积极的促进作用。谈到理论与实践结合，我觉得要注重三方面的问题：

一是要尊重学科文化发展的基本规律。学科文化的发展与学科的产生、发展和优势显现这一过程紧密相连，步调和谐，是学科知识、学科特色长期沉淀的历史结晶。以中南大学为例，虽然合并组建还只有短短的十余年，但在这十余年的背后其实是百年的办学历史——我们的湘雅医学起源于20世纪初，我们的工科也可以追溯到1903年"湖南高等实业学堂"的矿科和路科。中南大学今天的成就与飞速发展并不是仅仅靠这十余年的努力取得的，更不是一朝一夕得来的，它根源于其背后百年办学的深厚历史积淀，是数代人共同努力的结果。学科文化的发展有其内在规律可循，不是你要一个什么样的学科文化，你就去生搬硬造一个，拔苗助长是不行的。它要与学科发展乃至学院、学校的发展统筹协调。这个统筹协调要求我们不能空谈学科文化发展而脱离学科建设的基本要求，也不能只管投资金，买设备，看指标，而要把握和发掘学科发展的内涵与潜力。

二是要培育学科文化发展的良好氛围。我们可以把学校比作一个大的花园，"一枝独秀不是春，百花齐放春满园"。学校这么多的学科，每个学科应该有自己的学科文化特色，搞人文社会科学的追求自由、包容与开放，搞理工科的追求极致、严谨与卓越，这与学科特点紧密相连。为学科文化的发展提供良好氛围，非常重要的就是要鼓励创新、容忍失败。

三是要坚持学科文化的特色发展。21世纪初，伴随着中国高等教育的巨大变革，原中南工业大学、湖南医科大学、长沙铁道学院这三所渊源有别、各有特色的学校合并组建中南大学。十多年来，中南大学飞速发展，为国家和社会培养了大批人才，取得了一系列重大研究成果，学校学科实力与社会影响显著增强，实现了1+1+1>3的良性效应。取得这些成绩，关键一条在于我们坚持了特色发展，并形成了属于中南大学的特色学科文化。这一特色首先体现在我们注重将人才培养、科学研究始终与国家和社会的需要紧密结合，瞄准国家重大项目，对接国家重大需求，始终把国家的需求、任务放在心中，并努力去承担它、完成它。我们的学科文化特色还体现在我们的学科发展和科学研究始终瞄准人类科技最前沿，关注影响人类和社会进步发展的关键领域。学校在新材料、轨道交通、生物医药等方面科研实力很强，这些领域都是非常前沿和新兴的领域，在这些领域我们可以大有作为。我们一直强调特色办学，就是要让中南大学长成"高个子"，不做"大胖子"。

问： 您认为学科文化在大学管理中能发挥怎样的作用？

答： 学科文化作为高等学校在学科发展与办学实践中凝聚的思想共识和精神取向，对于办一所什么样的大学、怎样办一所大学具有重要的导向、促进和反馈作用。

一是对大学管理有导向作用。学科文化是学校文化的重要组成部分，也是高等学校办学理念的重要思想来源。可以说有什么样的学科文化，就有什么样氛围和特色的大学。我们提出建设世界知名的高水平研究型大学的办学目标。这一办学目标的一个重要来源就是中南大学大多数学科所具有的"追求卓越、勇于创新"的学科文化特色。之前学校提出了"经世致用"的校训，校训可以说是学校各个学科学科文化的升华和总结。中南大学有个非常好的传统就是求真、务实，擅长在实践中发现问题、解决问题，科学研究是如此，人才培养也是如此。

二是对大学管理有促进作用。一个好的学科文化可以凝聚学科发展理念，促进学科人才培养，推动学科发展。每个学科都在学科文化的推动下快速发展，从宏观上看，学校的整体事业就会取得进步。更为关键的是，学科文化可以增进师生的思想共识，培养大学风尚，形成一股好的学校风气。

三是学科文化对大学管理有反馈作用。大学管理做得好，学校各方面的积极性都会被调动起来，学校办学资源的利用率就高，各个学科的发展态势就越良好，学科文化的氛围相应就会越来越浓厚。所以通过观察学校的学科文化是否积极向上，就可以得知学校的管理和办学水平。

问：您曾经担任大学校长多年，您觉得大学校长在学科文化建设中应起到什么样的作用？

答：民国时期北大校长蔡元培革新北大，开"学术"与"自由"之风，奠定了北大爱国、进步、民主、科学的传统精神；谈起清华，人们自然会想起梅贻琦先生，在成千上万人尤其是清华校友的心目中，梅贻琦就是清华的代表。一所好大学，必然有一个好校长。大学校长的认识和思想风格一定程度上代表了这个大学的精神内核与取向。作为一个大学校长，在学科文化建设中应该起到三个作用：

一是树立一种取向。一个大学有没有风骨，首先取决于大学校长的价值追求；一个大学有没有精神理念，关键看大学校长的认知和取向。作为大学校长，你要明确学校的发展方向与办学定位，要洞悉应该提倡的学科文化与大学精神，在学校的建设与发展中，树立一种取向，凝聚好全校师生的共识和追求。

二是怀有一份包容。每个学科都有自己的内在规律可循，每个学科的学科文化都根植于本学科的发展特色之上。作为校长，必须要怀有一份包容，鼓励和支持学校的各个学科按照自己的特色和发展规律快速发展，并形成自己的学科文化。

三是做好一份服务。我觉得大学校长不是学校的大管家，而应该是师生们的服务员。具体到学科以及学科文化的建设与发展而言，大学校长首先要在集思广益的基础上做好规划，为学科发展与学科文化建设提供指导意见。但是校长的意见不应该是行政命令，而应该是校长站在学校发展全局的高度，给予该学科建设的意见和建议。其次要给予政策和资金的支持，鼓励二级学院办学自主权的发挥，激励更多的学科自主筹措发展资金。最后要搭建学科交流与合作的平台，促进更多的学科在科学研究和人才培养上密切合作，构筑大平台、汇聚大团队、承担大项目、取得大成果、做出大贡献。

（黄伯云，材料学家，全国人大常委，全国科协副主席，中国工程院院士，原中南大学校长）

何继善院士访谈实录

问：曾经有人形容您是"把握地球脉搏的人"，同时您又非常擅长书法和楹联，请问您怎样看待学科间文化的融合与交流？

答：文化贯穿时间、空间，无处不在。作为一个大学更是需要很好的文化氛围。从学科建设来说，一个学科在自己的领域前沿要有自己的成就，离不开与文化层的结合。我们研究地球物理，就是用物理的方法研究地球，把物理学与地质学相结合。地球物理学科有它自己的特点。与在室内实验室里研究物质结构等的纯物理学研究不一样，地球物理的工作对象或者实验室是大地，常需要到野外去，用物理的方法研究地球的电场、磁场、弹性波等在地底下和空间的分布，并据此得到地底下的结构、构造、矿产资源等信息。当你在野外工作，站在高山之巅、大草原之上时的感觉，与在室内实验室的感觉是不一样的。那时的辽阔，会让我们自然地想起大师的名句，自然地高声歌唱，这是大自然的力量。人与大自然是分不开的，地球物理研究使人和自然相距更近，有一种自然的亲近感。

从事我们这个学科，需要经常到野外工作，很辛苦。在新疆的戈壁滩、宁夏黄土高原、内蒙古大草原、黑龙江大庆的黑土地上，用我发明的新方法做了很多实验探测。一百平方公里的土地上，一百米测一个点，总共要测一万个点，无论高山河流，仪器设备都得搬过去。黄土高原上的黄土坑几十米高，车没法过去，那工作过程确实是很艰苦的。通过诗词歌赋等文娱活动来激励大家这一点很重要，从这一点来说，地球物理科学与诗词歌赋等有着天然的联系。

就我个人而言，成长的过程中受到了多种学科文化的熏陶，经历的时代背景使得自己能够克服学科间的文化藩篱。我出生于1934年，正处于日本加紧侵略中国的时期。我的家乡湖南省浏阳县有一种特殊的文化，无论喜事还是丧事，都有亲戚朋友送对联的风俗，接受对联的人家会把收到的对联挂出，逢年过节门口也会贴对联。此外，那时的老师，从小学到中学，都很重视书法、楹联。学生每天回到家都要写一张大字和一张小字，不管是语文课、算术课，还是音乐课和后来的英语课，都是用毛笔写作业，这对我影响很大。从那时起，我就很喜欢古典的东西，那时同学们在一起背诵古文、朗诵诗歌、写得一手好字是很体面的。1955年开始，中央提出"向科学进军"的口号，扩大大学招生，包括对在职人员。我就是那时报考大学的，选择了金属物理勘探专业，很幸运赶上了新中国建设发展的过程。

问：您认为地球物理这一学科的学科文化，或者说是学科精神是什么？

答：广义的地球物理范围很广，包括天文、大气等，而我们工科的地球物理实际上就是探测地球，探测未知的东西，这是需要想象能力的。用地球物理本身的语言来说，那就是"正问题是唯一的解，反问题的解是有无限个的"。假设地下有一矿体，地面均匀，那么就可以计算出磁场是什么样的，这是一定的。但反过来，知道电场、磁场的分布，反算地下是什么，解就会很多。这就像肺炎与发烧的关系，肺炎可以引起发烧，但发烧不一定是肺炎。测出了电场、磁场后，怎么判断地下是什么矿体，一要丰富的经验，二要结合环境，三要有很好的、丰富的想象力。所以说有些矿体是想出来的，就像地球是怎么形成的，这实际上就是一种猜测，因为谁也没见过。此外，与其他物理、化学实验可以重复不同，地球物理勘测实验具有不可重复的性质。比如你说地下有硫矿，开挖后不是，总不能把土填回去再挖一次。所以在认识、判断的时候就还需要事先收集大量的资料。资料越多，认识越接近客观事实。从这一点来说，这个学科需要细致、严谨、理性，丰富的想象力是要有根据的。

此外，我们这个学科需要长期在野外工作，条件非常艰苦，需要有敬业、勤奋的精神，同时需要有扎实的资料、创新的思维。总之，这个学科的学科文化特色可以归结为"敬业、勤奋、求实、创新"八个字。这是我从学科中体会出来的，后来慢慢就成为一种学科文化、学校文化沉淀下来。

问：学校的发展离不开学科文化建设，离不开校园文化底蕴的支撑。作为原中南工业大学校长，您认为学校应该怎样促进各个学科文化的建设与发展呢？

答：一个学校在发展的过程中，经过长期积淀，会形成丰富多彩的学科文化，各个学科文化交融贯通，便会产生属于这个学校的校园文化特性。学校文化不是一朝一夕形成的，不是今天喊一个口号，大家呼应就可以的。其实"敬业、勤奋、求实、创新"曾经也是中南工业大学，及其前身中南矿冶学院的校训。因为中南矿冶学院都是艰苦类专业，如地质、采矿等，所以需要敬业、勤奋。另外，我们学校从建校以来就有一个特点，那就是求实。文化需要发展，如果一个学校没有文化特色、无文化积淀的话，那一定是苍白的。不过我们国家具有特殊性，现在的城市，大部分都是大致相同的，这与"文化大革命"造成的文化断层有关系，否则每个城市应该都会有自己的特色。事实上，"文化大革命"之前，各个城市的差别就很明显。因此，校园文化要有自己的特色，也需要培育。实际上我们校园很多地方都有我写的字，比如中南大学第一办公楼后面的"求是"，还有"矿冶园""观云池""新民路"等。一个大学就应该让人感觉不仅是房子好看，还要让人感觉到一种文化的熏陶。

　　我觉得学校主要是要提倡一种氛围，引导大家有意识地这么去做，去培育各自的学科文化，可以百花齐放。我们学校的学科，与北大、清华等其他学校的学科文化特点肯定不一样，我们坐落在三湘大地上，就应有湖湘文化的特色。江浙一带多出大商人，湖南则多出军事、政治人才，商人少。这与湖南人从小所受的文化熏陶是分不开的，因为湖南人从小接受的教育就是"万般皆下品、唯有读书高"。我这里讲一个小故事。刚刚改革开放的时候，我们在长沙开地球物理年会，组委会给每人发一张票去电影院看电影，因为"文化大革命"的关系，大家很久没见面，都顾着彼此交流，没人去看电影了，票差点就作废了。而广东的一个代表就把大家的票收集起来，拿到电影院卖了，买了很多水果回来。从这个小事就可以看出观念的不一样。所以学校应该要去提倡引导，引导学校师生员工去觉得作为大学的学科应该是一种什么样的文化，去发掘自己的学科文化，经过时间沉淀，自然就会形成。当然资金、政策等支持也是需要的，但最要紧的是形成一种氛围。

　　（何继善，应用地球物理学家，中国工程院院士，原中南工业大学校长，中南大学教授）

陈来教授访谈实录

问：当前国学热方兴未艾，您怎样看待这个现象？

答：踏入新世纪以来，全方位的国学热四面兴起并持续升温，其中媒体的参与固然起了很大作用，而来自民间的对传统文化的热情和需求扮演了主要的推动力量。新世纪国学热兴起和持续的根本原因，在于中国现代化进程20世纪90年代以来快速和成功的发展，及其所导致的国民文化心理的改变。从历史上看，后发现代化国家处在现代化工程初期时，多采取启蒙式的文化动员，批判传统，引进西方文化；而在现代化受挫期，更容易全盘否定自己的文化传统，反映了追求现代化而不得成功的集体焦虑。当现代化进程驶入快速发展的轨道、经济发展取得成功之后，国民的文化自信便会逐渐恢复，文化认同也随之增强。这在后发现代化国家现代化史上是常见的。在20世纪90年代中期以来的中国，与传统文化不同程度地隔绝了多年之后的人们，在文化信心得以恢复的同时，便急切地想要了解自己祖先创造的灿烂文化，促成了对国学资源的全面需求。从这一点来说，国学热的出现是中国现代化成功发展的文化表象，是有其必然性的。

同时，国学热反映了广大人民群众在建设精神家园方面对本土的传统资源的热切渴求。社会转型需要一种与革命时代不同的意识形态，由此促进的文化转型，构成了当代文化景观的大背景。在现代化市场经济发展的同时，社会道德秩序和个人安身立命的问题日益突出起来。社会道德秩序的建立离不开传统道德文化，这已经是后"文革"时代转型期执政党和人民的共识。安身的身，立命的命则都归结到心灵精神的安顿，从而心灵的需求比以往更加突出。市场经济的发展带来了人与人关系的新的变化，也使得青年一代在寻找人际关系处理方法等方面把眼光转向古老文明的人学智慧。中国古代文化的宝库已经成了现代人待人、处世、律己的主要资源，与其他外来的文化、宗教相比，在稳定社会人心方面，传统文化提供的生活规范、德行价值及文化归属感，起着其他文化要素所不能替代的作用。几千年以人为本的传统文化，在"心灵的滋养、情感的慰藉、精神的提升,以及增益人文教养"方面,为当代市场经济社会中的中国人提供了主要的精神资源,在心灵稳定、精神向上、社会和谐等方面发挥了重要的积极作用。

问: 您认为大学不同学科的文化差异及其融合特别是人文学科与自然学科的交叉、融会,对于大学学科发展或人才培养有何意义?

答: 西方学者总是自觉或不自觉地从欧洲中心主义的立场思考问题,所以他们把人文学科定义为希腊、拉丁语言的研究,其实希腊和拉丁语言及其文献的研究是古典学,而不能作为人文学的定义。西塞罗则是欧洲最早提出"人文主义"的人,而不是人文学的创立者。从整个世界史的角度来看,中国古代先秦诸子都属于人文学的范围,古希腊哲学也属于人文学的范围,故可以说轴心时代在中国、希腊都已经开始发展起人文学的研究。

中国古代人文学的传统是"文史哲不分家",不强调学科分化,重视学科贯通,重视通识、通才的大家的培养。人文学科的功能可以分为三个方面:历史、社会和个人。就历史的方面而言,人文学科的功能是促进人类思想、文化、历史经验的承续,实现文明和知识的传延;就社会的方面而言,人文学科的功能是发展和培养学生对社会历史的理解能力、伦理分析的能力,以及批判的能力,使他们有能力参与社会事务;就个人而言,人文学科关注培养人的道德品性,宽广的智识,帮助人们进行人生意义的探究,改变生活的素质,过有意义的人生。人文学科是以培养君子、精英为主旨,是非职业取向的,也不是功利主义的有用性概念所能评价的。2008 年美国人费什(Stanly Fish)在纽约时报博客发表看法,题目是"人文学科能拯救文明吗",认为人文学科确实没有什么功用,反对耶鲁大学法学院院长科隆曼的主张"唯有人文学科才能帮我们去解决迫在眉睫的'生活的意义何在'的问题"。而斯坦福大学的多位教授回应费什的看法,坚持人文教育的本质——通过阅读伟大的文学和哲学作品,从而去"探究生命的意义"坚持只有人文学才能帮助我们面对和克服现代化社会的精神危机。这些讨论对我们也仍然有参考意义。

问: 您作为清华大学国学院院长、哲学系教授,本科学的却是地质学,请您谈谈不同学科学习阶段对您的学术研究有何影响或帮助?

答：我的经验不一定有普遍性。我上学时接触的大学基础课教材，高等数学、普通物理、普通化学多是苏联人编写的大学教科书，翻译为中文，读起来并不顺畅。而且，每个人理解上的难点各不相同，即使是教育部统编的教材，也不可能适合每个人的特殊需要。我的习惯方法，是把每门课程的每个概念、定义和理论部分，都用自己认为易于理解的语言改述一遍，把难点要点阐明，写在一本一本的笔记本上，去代替教科书讲述不清楚的地方，这几乎是重写教科书的叙述文字，也可以说是我最早开始的文本解释实践。我这样做的原因之一，是因为我采取的是自学为主的方法。所谓自学，并不是不上课，而是指自学的进度大大超前于老师讲课的进度。在几年里，所有的基础课和专业基础课，我差不多都提前半个学期到一个学期自学完成。这种学习的特点是，理解在自学中已经完成，听课是验证理解和加强记忆，学习完全成为自己的主动性活动。在这个意义上，可以说，大部分课程，从高等数学、普通物理到理论力学、材料力学等，我都是自学的。在这样的方式下，我的专业基础课可以说还是学得很好。

为什么有可能采取这种超前的自学方法呢？一个最重要的原因，是当时的课程没有考试，也不需要大量做习题，资质好的学生自然学有余力。这也是我把我经历的这一段教育近似地称之为"自由教育"的缘由。这样的方法使得学习集中在理解能力的锻炼培养，而完全忽略做题技巧的重复训练。对我个人而言，大学几年的这种学习，主要是从理工科的角度全面训练了我的"理解"文本、分析概念的能力，这种能力其实主要就是逻辑分析的能力，这和哲学的逻辑分析是相通的。对我后来转向哲学和哲学史，起到了另一种的训练作用。

这种自学教育方式其中自然有得有失，而我要说的是，这种没有考试、不要大量做题的学习模式，还带给了我另一重要的发展空间和可能性。由于没有考试和作业的负担，从第一个学期结束的假期开始，我就开始大量阅读哲学、社科、文史书籍。我上大学的时期还是属于"文革"后期，"文革"后期图书馆的文科书开放仍有限制，但人的阅读兴趣也受到时代的限制，所以当时图书馆的书已大大满足了我的需要。上大学后，我延续了在下乡时养成的文科爱好，以通读《马恩选集》和《列宁选集》为基础，从周一良的《世界通史》和敦尼克的《世界哲学史》开始,广泛借阅了各种人文社科书籍,在人文社会科学方面打下了较宽的基础。我在下乡的社会实践中开始养成阅读经典原著的习惯,初步打下了人文社会科学的基础;在大学的时代继续拓宽了人文社会科学的知识面,而且经过了比较系统的理解能力的训练,提高了综合素质。这些可以说都对我后来的学术发展做了铺垫和准备。

(陈来,哲学家,中央文史研究馆馆员,全国中国哲学史学会会长,清华大学国学研究院院长)

蔡言厚教授访谈实录

问：就您所了解，学科文化的研究发展路径是怎样的？

答：学科文化不是在大学教育高度发展后才提出的一个新概念，而是一个与大学共生共荣的、伴着大学发展而发展的、既古老又年轻的概念。说它"古老"，在中世纪就能找到学科文化的种子；说它"年轻"，在我国强调"素质教育"以后才重新重视学科文化建设。

学科文化的基本内涵是由知识（学科文化的本原）、学科（学科文化的载体）和学者（学科文化的主体）三个方面构成的。这里的知识是人类创造的一切文明成果，这里的学科是一个研究对象的知识集合，这里的学者是一个群体的科学共同体。

问：有观点就认为，"学科文化是不同学科人由于不同的工作和生活习惯而具有的不同文化"，那么您如何看待学科文化，它又有哪些内涵和特征？

答：学科文化是大学文化的核心部分，是学科在形成和发展过程中所积累的语言、价值标准、伦理规范、思维与行为方式等的总和，而大学核心竞争力无不是大学在沧桑岁月中经长期积淀而成并深深根植于个性鲜明的大学文化中。这个"个性鲜明的大学文化"就是学科文化。学科文化是一个群体由于共同的理想聚集在一起的、追求同一目标而应用人类创造的一切文明成果所形成独特的语言、价值标准、伦理规范、思维与行为方式等的总和。

学科文化有继承性、同一性和包容性三个主要特征。

科学是没有国界的，学科也是没有国界的。因此，学科文化第一个特征就是继承性。所谓学科文化的继承性，就是一个学科，如基础学科、传统学科，一定要有全球的视野，把世界各国相关学者所创造的文明成果都要囊括进来。这是基础学科文化、传统学科文化继续发展的基础。

所谓学科文化的同一性，就是在一定的历史背景下选定的目标，同一学科的学者要为之而奋斗，即使在实践的过程中产生不同的看法，也要求同存异，先完成既定目标后再说。

所谓学科文化的包容性，就是在学科发展的过程中，确实发现了新的"元素"，要能容忍它存在，并在新的发展规划中允许它发展。这是新学科产生的基础。

问：您一直密切关注和聚焦大学文化问题研究，那么具体到学科文化，您觉得大学学科文化体系建设的核心是什么？

答：因为工作的需要，接触过大学文化，进行过大学文化研究。公开发表的论文有《文化特色决定大学发展的方向》《大学校长与大学文化》等，从中可以悟出大学学科文化体系建设的核心是什么。

大学学科文化体系建设的核心应该围绕物质形态、文字形态、学者形态三个方面展开。物质形态就是各种各样有形的物品，是学科文化的外壳，最容易被人们认识和接受，但不深刻；文字形态就是各种各样的专著，是学科文化的内核，能够详细而深刻地叙述、阐明对人类发展的贡献和可能带来的负面影响，是人们深入了解学科文化的钥匙；学者形态就是具有各种各样知识、文化背景的学者，为了学科发展而聚集在一起，是学科文化的核心，关系到学科文化的特色所在。

（蔡言厚，大学评价咨询专家、中国校友会网大学研究团队首席专家，中南大学高等教育研究所教授）

杨毅董事长访谈实录

问：您觉得企业文化管理与高校学科文化建设和管理有何联系与区别？

答：企业文化管理与高校学科文化管理和建设密不可分。我们公司几百名管理层干部均毕业于高校，我们都是在大学的文化培养熏陶下成长起来的。高校学科培养、人文培养是我们立足社会、管理企业的根，我们公司所有中层每年还要再到高校回炉，不断接受培训及教育，高层还要接受 EMBA 教育，不断接受高校文化的辐射和滋润。而企业在生产力管理中遇到的各种问题，也为高校提供了大显身手的舞台。企业文化管理是一个企业生存的根本、制胜之道，尤其是在企业竞争越来越激烈的今天，企业能否有自己的愿景、战略、凝聚力和奋发向上的精神成为企业能否生存和发展的关键。优秀的企业文化对在校的大学生有着极大的吸引力，也对高校学科文化产生极强的影响。

两者区别在于，企业文化偏重于绩效考核，在规定时间达到既定的目标；而高校学科文化则是注重人的精神的塑造，不追求短期目标，其效果在学生进入企业之后显现出来，可比作高校文化是栽树，而企业文化则是开花结果。

问：您觉得鑫恒集团的企业文化管理可以给我们提供哪些借鉴和启示？

答：鑫恒能够从两三个人的贸易公司成长为世界铝工业公认的最具竞争力企业，企业文化起着决定性的作用。鑫恒是一支军队，是一所学校，是一个家庭。企业发展依靠员工，企业发展为了员工，发展成果与员工共享。这些企业文化深入人心，当企业资金一时短缺时，员工主动自掏腰包垫付设备款。这样六七千员工才能成为有凝聚力的团队，完成贸易的转型，打造铝土矿—氧化铝—水电—铝—铝加工的完整产业链，实现绿色制造、低碳生产、高附加值，成为中国铝工业的骄傲。

我们的社会随着今天高等教育的普及、人的素质越来越高，一个企业发展的要素，资金、技术、人才、管理，这几个要求的门槛越来越低,但"文化"却不是轻易能培养出来的,只有不断打造优秀的企业文化,才能铸就别人不可复制的核心竞争力。

(杨毅,全国工商联冶金业商会副会长,北京鑫恒集团董事长)

杨雨教授访谈实录

问：文化的意义不仅在于传承，还在于创新。那么您觉得大学学科文化创新的价值何在呢？

答：大学学科文化是泛文化的一个部分，它既具备一般文化的特征，也具备自身的学科特性。文化是在创新中发展，在发展中创新，这是一个生生不息的过程。这个过程一旦停滞，也就意味着一种文化的断裂即将到来。大学学科中，基础学科一般具有较强的历史传承性，也就是说它的基本格局会相对稳定。但这种稳定并不意味着它不需要更新和发展。随着时代的发展，学术研究方法的更新，学科内涵的充实、调整也是必然要面对的。只有具有创新意识和精神的学科，才是有活力的学科。文化创新不仅提升学科的境界，也会影响到学科格局的调整，其意义十分重大。我个人在解读陆游、李清照的过程中，就尝试从传统接受史中跳出，尽量去接触原生态的诗人，这样的尝试令我感到诗人虽生活在古代，却鲜活地存在于当今。我无意否认学术史的价值，但在学术史中的循环判断，很可能造成陈陈相因的局面，所以走进文学的原生形态，我认为是一个文学研究者应该大胆去尝试的。

问：创新是文化的本质特征，那么学科文化的创新应该包括哪些方面？

答：我没有系统关注过这方面的理论，但就我长期从事的学科文化研究而言，我觉得至少应该包括：学科布局的调整、学科历史的规律性认知、学科与学科的关系、学科学术史的融入、学科的当代视野以及学科范围内大量或断代或分体或个案的创新性研究等。当然，创新固然是文化的本质特征，但并非唯一本质特征，我始终认为创新必须是建立在对传统文化的合理扬弃和传承的基础之上的，完全抛弃传统的创新是缺乏持久的生命力的。因此，学科文化的创新也应在遵循独立学科的基本规律的基础上，以跨学科、跨文化的交叉视野激活学科的生命力，这也应是学科文化创新的重要方向之一。

问： 学科交叉是当代科技与教育发展的必然要求，但是不同学科文化间存在差异，在融合的过程中，如何创新才能尽量避免冲突，达到最大程度的融合？

答： 第一，学科交叉是创新的重要途径，但并非学科发展的目的。因此，为了避免交叉可能造成的冲突，运用跨学科的方式来进行研究首先应尊重各学科的基本发展规律，学科交叉是为了将学科置于更高层面的比较视野之下，更鲜明地凸显学科各自的特点，而并非破坏学科本身的完整性和系统性。

第二，学科交叉不是夹杂，也不是简单的并置，而是寻找学科与学科之间的契合点，这个契合点应该是精准而深厚的，同时又具有强大的发散力，这样才能在不同的学科间形成一种彼此助力，以其他学科的异质因素来丰富、调整和推动本学科的发展。学科交叉的创新不能离开这个重要的契合点，否则就会形成各行其道、互不相关的局面，这不是学科交融、创新的正确之路。有了契合点，不同的学科才可以"合则兼美，离则两伤"，其中的学理很值得探讨。以文史哲为例，中国向来有"文史哲"不分家的说法，尽管文学、历史、哲学各自都是非常成熟的独立学科，但运用历史的视野、站在哲学的高度观照文学，往往能跳出纯文学研究所不能触及的更深层次的文化问题。近年来，人类学、心理学、统计学、经济学等学科研究的方法也逐渐被运用到文学研究中来，也取得了令人耳目一新的成果。究其原因，则是因为这些学科都以人的需要为本位，共同关注人性的需求使得它们与文学研究有了共同的契合点，在此基础上的研究才是有意义的也是有效的。

（杨雨，知名文化学者，中南大学文学与新闻传播学院教授）

蒋广学博士访谈实录

问：研究分析表明，行政职能与学术资源对于学科文化建设都产生重要影响。请您谈谈大学管理对学科文化建设有何作用和影响。

答：我认为，高校的行政职能及学术资源是大学管理的两个基本内容维度，一般意义上讲，它们对学科文化建设既起到了正面积极的作用，也存在潜在的负面影响。

一方面，行政职能能够通过投入大量的人力、物力、财力，保障学科文化建设的大环境。但是这种通过行政职能干预保驾护航的模式却有以下几个缺陷，极大地约束了行政职能正向作用的发挥：第一，这只能作为一种外在性的保障，起到协同支持、辅助性的作用。从长远来看，学科文化的建设不仅仅需要物质性的支持，更需要学科本身内生性的体验以及学科主体的价值认同和学术信念意志的长期投入。第二，这种模式尽管从短期来看能够起到一定效果，但是行政资源一旦干预过久，逐步占据主导型和支配性的地位，便会越俎代庖、拔苗助长，极大妨碍学科自发理性地建设。第三，每个学科都有自身独特的学科特性，应当根据不同的学科特点有针对性地给予不同的支持方式。但是过多重视行政职能，却可能造成不加以区分、一视同仁地给予人、物、财力的支持。

另一方面，相较于行政职能，学术资源在学科文化的建设过程中所起的作用更核心，能够起到更加直接本质的推动和支持作用，因此在学科文化建设中占据更加主导以及决定性的地位。但是，学术资源在发挥作用的过程中，也应当根据学科特性，调配整合，科学、妥善、全面地发挥作用。

综上所述，我认为，学科文化是一个生命有机体，具有内在的发展规律，不能通过计划调配的手段掌控其建设进程。因此，大学管理只能作为辅助性的手段对其成长进行"灌溉"和"施肥"，以适度的干预在一定程度上促进学科文化的建设。

问：从您本身的经历和研究出发，您认为学科文化融合与创新的根本出路在哪里？

答：基于我自身在北大的专业学习经历以及目前所从事的研究工作，我认为解答这个问题要从以下两个角度来阐释。

首先，从历史规律特点出发。举个不大恰当的例子：纵观现代化进程的演进，非西方国家的现代化过程充满了波折与崎岖。究其原因，往往是因为其现代化进程主要依赖外力推进，而非社会内生性的转型而促生。与社会政治经济文化转型发展相类似，学科文化的创新与融合，也应与时俱进地关照人类发展命运，与现实社会历史产生内生性的紧密联系，只有这样，才可能获得蓬勃生命力。任何学科的发展和成果的取得，都是呼应一定的历史发展阶段和社会发展的需要。因此，只有充分尊重学科现实性与历史性的体验，将研究与创新学科文化的现实生命力同研究者内在精神体验相互联系，才能够有效培育学科文化力。

其次，"人"是建设学科文化的主体，能够对学科文化力的培育起到主体性的建设与激发作用。其中，挖掘学术队伍的凝聚力、培育学术氛围的吸引力，能够唤起学科主体的参与热情与奉献精神，推动产生学术灵感与创新能力，形成学科自信力，从而有力促进学科文化的发展。

我认为，只有充分尊重历史发展规律、增强现实关怀、重视人的因素，利用学科文化的内生性发展特点以及学科主体性特点，同时客观辩证看待学科自我生存、发展和消亡的一般规律，才能够真正有效地培育学科文化力，促进学科文化的融合及创新。

（蒋广学，青年文化学者，北京大学青年发展研究中心主任）

刘路研究员访谈实录

问：你曾经在本科阶段成功解决了"西塔潘"猜想，能给我们介绍一下你的成果与学科文化间的关系吗？

答：我从小就对数学感兴趣，但能解决"西塔潘"猜想，离不开母校良好办学氛围与学科文化的熏陶与培育。

解决猜想，得益于母校"求真务实"的校园精神。这种精神就是我们的学习和科研，要从解决现有理论和实际应用的瓶颈出发，敢于冲击一些前沿的问题。"西塔潘"猜想是由英国数理逻辑学家西塔潘于20世纪90年代提出的一个猜想，多年来许多研究者一直努力都没有解决。按常理说，解决这个数学猜想对于本科生而言是望尘莫及的，我当初也是抱着尝试的态度去证明解决，后来因为偶然的灵感成功了。我想正是最初敢于去尝试的态度，让我最终圆满地解决了这个猜想。

解决猜想，得益于母校"尊重兴趣"的校园氛围。解决"西塔潘"猜想，是源于我对数学的兴趣。如果要说我与同龄人有什么不同之处的话，那就是我对数学特别关注。上初中时，一些同学还在为数学教科书上的习题抓耳挠腮时，我就开始自学数论了。我是在自学反推数学的时候，第一次接触到"西塔潘"猜想的，我在阅读大量文献时发现，海内外不少学者都在进行反推数学中的拉姆齐二染色定理的证明论强度的研究。这激起了我极大的兴趣，这期间我有了尝试解决猜想的想法，这种想法也得到了老师的鼓励。每到课余时间，我就会去图书馆，一回来，准会带上一大堆全英文数学书籍，常常捧着看到深夜。其实，我在思考"西塔潘"猜想时好像灵光一现，突然想到利用之前用到的一个方法稍作修改便可以证明这一结论，连夜将这一证明写出来，投给了数理逻辑国际权威杂志《符号逻辑杂志》。正是学校给我们的宽松的学习环境，能让我静下心来对数学进行深入探索，所以我想这个猜想的解决，也是得益于母校"尊重兴趣"的校园氛围。

解决猜想，得益于学院数学学科"鼓励创新"的学科文化。大二时，我开始学习数理逻辑。数理逻辑是数学基础的一个不可缺少的组成部分。相对其他数学课程，我对这个数学方向比较偏爱。学院的老师也给予了我许多指导和鼓励，学院何伟教授在组合学课程中还专门提及了拉姆齐二染色定理——这正是我几个月来冥思苦想的问题，这也坚定了我攻克这个难题的信心。我所在的数学院数学学科在经过50多年的发展，逐渐形成了"鼓励创新"的学科文化特色，这在学院侯振挺教授身上得到了集中体现。从创造"侯氏定理"到形成"侯氏梯队"的20年时间里，侯振挺教授在马尔可夫过程及相关领域内，对马氏过程、半马氏过程、逐段确定的马氏过程等分支进行分析概括，取得了一系列深刻而丰富的科研成果。正是在这种学科文化的熏陶下，我才有了解决"西塔潘"猜想的勇气和毅力。

问：根据一份关于"学科文化"的调查发现，对于教师和管理人员，他们中66.7%和59.8%的人都表示接触过学科文化，而学生群体则相对较低，研究生中有52.0%表示接触过，本科生只有37.4%。请问你认为产生这一现象的原因是什么，你觉得学科文化在学生群体的日常学习、生活中的体现或内涵是什么？

答：我认为造成这一现象的原因是：教师和管理人员是知识的传授者，学生群体是知识的接受者，前者站在更为全局的角度，对人才培养和学科文化建设有着更多的关注和感受，对本学科的学科文化有着更为清晰的认识。对于学生群体来说，对学科文化可能没有具体的概念，但随着年级的增加，认知度也有一定的提高。学生虽然不能对学科文化有概念性的认识，但在平时的上课生活过程中仍是受到学科文化潜移默化的熏陶和培育的。

我认为学科文化在学生群体的日常学习、生活中的体现或内涵主要是三方面：一是学科文化能促进学生的自主学习实践。学科发展中形成的学科文化，会促进学生按照学科特色和专业特点，自主进行学习和实践。二是学科文化会影响学生的行为举止。三是学科文化会给学生的一生打上深刻烙印。

（刘路，"2012中国科学年度新闻人物"，23岁被中南大学聘为正教授级研究员）

参考文献

[1] Alasuutari P., *Research culture: qualitative method and cultural studies*, London: Sage publications, 1995.

[2] Becher T., *Academic tribes and territories*, Bury St. Edmunds: SRHE & Open University Press, 1989.

[3] Becher T. Paul R., *Trowler academic tribes and territories*, Buckingham: SRHE & open University Press, 2001.

[4] Blau P. M., *The organization of academic work*, New York: Wiley, 1973.

[5] Burke J. C., *New perspectives on system and campus roles in a public multi-campus system*, Albany: State University of New York, 1994.

[6] Burton R. C., *The higher education system-academic organization in Cross-National Perspective*, London: University of California Press, 1986.

[7] Becher T., *The significance of disciplinary differences*, Studies in Higher Education, Vol. 5, No. 19, 1994.

[8] John B., "Motivating students to study-expectations, rewards, achievement", *NASSP Bulletin*, Vol. 11, No. 3, 1989.

[9] Clark B. R., *National, disciplinary and institutional settings*, Berkeley: University of California Press, 1987.

[10] Clark B. R., *Creating entrepreneurial university*, Guildford: IAU presspergamum, 1998.

[11] Clark R. B., *Academic power in theUnited States*, Washington: the American Association for Higher Education, 1976.

[12] Council of Student Personnel Associations in Higher Education (COSPA), "Student development services in post-secondary education", *Journal of College Student Personnel*, Vol. 16, No. 2, 1975.

[13] Gaither G H., *The multi-campus system: perspectives on practice and prospects*, Sterling: Stylus Publishing, 1999.

[14] Greertz C., *The Interpretation of Cultures*, New York: Basic Books, 1997.

[15] Huber L., "Disciplinary cultures and social reproduction", *European Journal of Education*, Vol. 6, No. 25, 1990.

[16] David Lyle J. Dominic M., *Rethinking the future of the university*, University of Ottawa Press, 1998.

[17] Joan H., "Graduate students: institutional climates and disciplinary cultures", *New Directions for Institutional Research*, Vol. 8, No. 25, 1998.

[18] Kolb D A., *Learning styles and disciplinary differences in: Chickering the modern American college.*, San Francisco Jossey-Bass, 1981.

[19] Mataira K. Karen A. Van Peursem, , "an examination of disciplinary culture: Two professional accounting associations in New Zealand", *Accounting Forum*, Vol. 7, No. 34, 2010.

[20] McGrath C P., *Governing the public multi-campus university*, Washington DC: Association of Governing Boards of Colleges and University, 1990.

[21] Michael M., "The origins of interdisciplinary studies", *Eighteenth-Century Studies*, Vol. 2, No. 28, 1994.

[22] Moses I., "Teaching, research and scholarship in different discipline", *Higher Education*, Vol. 11, No. 19, 1990.

[23] Ruth N., "Disciplinary difference and university teaching", *Studies in higher education*, Vol. 26, No. 2, 2001.

[24] Ogawa Y., "Challenging the traditional organization of Japanese university", *Higher Education*, Vol. 3, No. 1, 2002.

[25] Richardson R C., *California case study summary, prepared for*

the CHEPC, *State structures for the governance of Higher Education*, San Joes: The Center, 1997.

[26] Smeby J., "Disciplinary differences in university teaching", *Studies in higher education*, Vol. 16, No. 19, 1996.

[27] *Stark J. S.*, "*Lowther M. A.*, *Bentley R. J.*, *Disciplinary differences in course planning*", *The Review of Higher Education*, Vol. 6, No. 13, 1988.

[28] Valimaa J., "Culture and identity in higher education research", *Netherlands*: *Higher Education*, Vol. 11, No. 36, 1998.

[29] [美] 埃德加·沙因：《企业文化生存指南》，机械工业出版社2004年版。

[30] [美] 埃德加·沙因：《组织文化与领导》，马红宇、王斌等译，中国人民大学出版社2011年版。

[31] [美] 埃里克·古尔德. 吕博：《公司文化中的大学》，北京大学出版社2005年版。

[32] [西] 奥尔特加·加塞特：《大学的使命》，徐小洲等译，浙江教育出版社2001年版。

[33] 柏昌利：《高等教育管理导论》，西安电子科技大学出版社2006年版。

[34] 边国英：《学术文化的影响因素分析——〈学术部落与学术领地〉述评》，北京大学教育评论2007年6月第10期。

[35] 暴占光：《组织文化与心理契约的理想缔结》，《管理现代化》2005年3月第1期。

[36] [美] 彼得·圣吉：《第五项修炼——学习型组织的艺术与实务》，郭进隆译，上海三联书店1998年版。

[37] [美] 伯顿·R. 克拉克：《高等教育系学术组织的跨国研究》，王承绪等译，杭州大学出版社1994年版。

[38] [美] 伯顿·R. 克拉克：《高等教育新论——多学科的研究》，王承绪等译，浙江教育出版社2001年版。

[39] [美] 伯顿·R. 克拉克：《探究的场所——现代大学的科研与研究生教育》，王承绪等译，浙江教育出版社2001年版。

［40］蔡劲松：《大学文化理论构建与系统设计》，文化艺术出版社 2009 年版。

［41］陈达人：《关于加强学科建设的思考》，光明日报 2005 年版。

［42］陈佳贵：《企业管理学大辞典》，经济科学出版社 2000 年版。

［43］陈何芳：《大学学术文化与大学学术生产力》，《高等教育研究》2005 年 4 月第 12 期。

［44］陈何芳：《论大学的学科文化及其功能》，《教育研究与实验》2009 年 8 月第 4 期。

［45］陈华文：《文化学概论》，上海文艺出版社 2006 年版。

［46］陈平：《论学科文化在研究生培养中的作用》，《学位与研究生教育》2005 年 3 月第 12 期。

［47］陈燮君：《学科学导论——学科发展理论探索》，生活·读书·新知三联书店 1991 年版。

［48］陈燮君：《世纪之交新学科崛起的理论思考》，http://www.citysuc.com/wzny.asp?id=2548。

［49］陈晓萍：《跨文化管理》，清华大学出版社 2005 年版。

［50］程刚：《和谐视野下的大学校园文化建设》，光明日报 2007 年 5 月 15 日。

［51］成长春：《赢得未来——高校核心竞争力研究》，人民出版社 2006 年版。

［52］辞海委员会：《辞海》，上海辞书出版社 1979 年版。

［53］戴钢书：《现代企业文化新论》，武汉大学出版社 2002 年版。

［54］戴晓霞、莫家豪、谢安邦：《高等教育市场化》，北京大学出版社 2005 年版。

［55］戴玉纯：《基于战略的大学绩效管理》，中国科技大学出版社 2007 年版。

［56］丁钢：《大学：文化与内涵》，合肥工业大学出版社 2006 年版。

［57］董云川、张建新：《大学文化的传承与创新：云南大学个案研究》，云南大学出版社 2006 年版。

［58］段从清、董林：《企业战略管理》，人民出版社 2006 年版。

［59］段建国、孟根龙：《构建大学和谐校园》，社会科学文献出版

社 2006 年版。

[60] 段万春、王鹏飞、仲崇峰：《企业文化构建及评价》，科学出版社 2008 年版。

[61] 樊平军：《论大学学科文化的知识基础》，《江苏高教》2007 年 4 月第 6 期。

[62] 方明、谷成久：《现代大学制度论》，安徽大学出版社 2007 年版。

[63] 方文：《学科制度建设谈》，《中国社会科学》2002 年 1 月第 3 期。

[64] 冯契：《哲学大辞典》，上海辞书出版社 1992 年版。

[65] 冯燕：《空心课程论——中国高等教育外语教育批判》，《现代大学教育》2006 年 7 月第 6 期。

[66] 冯倬琳、赵文华、冯玉广：《研究型大学校长的战略领导》，《清华大学教育研究》2009 年 3 月第 10 期。

[67] [美] 弗雷德里克·E. 博德期顿：《管理今日大学——为了活力、变革与卓越之战略》，王春春等译，广西师范大学出版社 2006 年版。

[68] [美] 菲利普·R. 哈里斯、罗伯特·莫兰：《跨文化管理教程》，关世杰主译，新华出版社 2002 年版。

[69] 高桂娟：《现代大学制度演进的文化逻辑》，中国海洋大学出版社 2007 年版。

[70] 高文武、王虎成：《从管理思想发展趋势看文化管理与战略管理的互补》，《长安大学学报》（社会科学版）2011 年 7 月第 3 期。

[71] [英] 格里·约翰逊、凯万·斯科尔斯：《战略管理》，王军译，人民邮电出版社 2007 年版。

[72] 郭必裕：《文化力量与大学发展》，《江苏高教》2006 年 2 月第 5 期。

[73] 郭石明：《社会变革中的大学管理》，浙江大学出版社 2005 年版。

[74] 韩明涛：《大学文化建设》，山东人民出版社 2006 年版。

[75] [德] 黑格尔：《小逻辑》，贺麟译，商务印书馆 1980 年版。

[76] 洪智敏:《知识经济对传统经济理论的挑战》,《经济研究》1998年6月第2期。

[77] 侯光明:《中国研究型大学的理论探索与发展创新》,清华大学出版社2005年版。

[78] [美] 华勒斯坦等:《学科·知识·权力》,刘健芝等编译,生活·读书·新知三联书店1999年版。

[79] 江树人:《全球化视野中的中国大学文化建设》,《中国高等教育》2006年7月第11期。

[80] 蒋洪池:《大学学科文化的内涵探析》,《江苏高教》2007年3月第3期。

[81] 蒋洪池:《高等教育市场化及其对大学学科文化影响》,《江苏高教》2010年6月第4期。

[82] 教育部直属高校司:《引领创新,追求卓越——高水平大学建设理念与方略》,厦门大学出版社2007年版。

[83] 教育部中外大学校长论坛领导小组:《中外大学校长论坛文集(第三辑)》,高等教育出版社2006年版。

[84] 金顶兵:《论大学组织中文化的整合功能》,《北京大学教育评论》2004年5月第3期。

[85] [美] 金·S.卡梅隆、罗伯特·奎因:《组织文化诊断与变革》,谢晓龙译,中国人民大学出版社2006年版。

[86] 郭启贵、潘少云:《文化管理及其对管理本质的凸显》,《求索》2013年7月第4期。

[87] [美] 理查德·鲁克:《高等教育公司——营利性大学的崛起》,于培文译,北京大学出版社2006年版。

[88] [美] 理查德·帕斯卡尔、安东·阿索斯:《日本企业管理艺术》,张小冬、周全译,新疆人民出版社1988年版。

[89] 李福华:《大学治理的理论基础与组织架构》,教育科学出版社2008年版。

[90] 李建群:《全球化背景下的文化冲突与先进文化的建构》,《西安交通大学学报》(社会科学版)2002年3月第2期。

[91] 李明,赵宗庆:《论高校高层次学术团队的建设》,《理论界》

2006年11月第7期。

［92］李培根：《解析大学学科建设的误区与真谛》，中国高等教育2007年版。

［93］李延保：《大学的文化与大学的管理》，《中山大学学报》（社会科学版）2006年7月第2期。

［94］李平：《YLT集团公司企业文化管理问题研究》，宁夏大学2013年版。

［95］李余生、张怀国：《学科文化建设的理性认识与思考》，《国土资源科技管理》2001年8月第1期。

［96］李振玉：《文化视野中的高等教育系统——伯顿·R.克拉克的学术文化思想及其意义》，《外国教育研究》2003年11月第12期。

［97］李政涛：《教育学科与相关学科的"对话"——从知识、科学、信仰和人的角度》，上海教育出版社2001年版。

［98］李兰芬、崔绪治：《管理文化——管理哲学的新视野》，苏州大学出版社1999年版。

［99］梁传杰：《学科建设理论与实务》，武汉理工大学出版社2009年版。

［100］廖小平：《大学文化研究的四种范式及其批判》，《吉首大学学报》（社会科学版）2006年2月第3期。

［101］刘根东：《高校战略管理的基本特征及实施策略》，《中国高教研究》2009年第14卷第5期。

［102］刘光明：《企业文化（第五版）》，经济管理出版社2008年版。

［103］刘向兵、李立国：《大学战略管理导论》，中国人民大学出版社2006年版。

［104］刘彦武：《发展文化学——一门建设中的学科》，中央编译出版社2009年版。

［105］刘志迎：《企业文化通论》，合肥工业大学出版社2004年版。

［106］娄成武、史万兵：《研究型大学管理模式研究》，高等教育出版社2005年版。

［107］陆根书：《关于大学文化的几点思考》，《西安交通大学学报》（社会科学版）2009年第6卷第9期。

[108]［美］罗伯特·M.赫钦斯：《美国高等教育》，汪利兵译，浙江教育出版社2005年版。

[109] 罗云、孙东平：《世界一流大学学科建设的基本经验及其启示》，《高等理科教育》2006年第9卷第3期。

[110] 罗云：《中国重点大学与学科建设》，中国社会科学出版社2005年版。

[111] 罗长海：《企业文化学（第三版）》，中国人民大学出版社2006年版。

[112] 马万华：《从伯克利到北大清华——中美研究型大学建设与运行》，教育科学出版社2004年版。

[113] 马宗晋：《学科交叉的自我思考》，《地球科学—中国地质大学学报》2002年第3卷第9期。

[114] 潘懋元、王伟廉：《高等教育学》，福建教育出版社2006年版。

[115] 庞青山：《大学学科论》，广东教育出版社2006年版。

[116] 庞青山、曾山金：《大学学科制度内涵探析》，《现代大学教育》2004年第7卷第4期。

[117] 潘少云：《管理的本质研究》，华中师范大学2011年版。

[118] 秦琳：《多维视角下的学科、学术文化及高等教育——读学术部落与学术领地》，《北京大学教育评论》2007年第14卷第10期。

[119] 任远河：《企业生态文化研究》，东北财经大学出版社2005年版。

[120]［英］C. P. 斯诺：《两种文化》，陈克艰等译，上海科学技术出版社2003年版。

[121] 申作青：《当代大学文化论——基于组织文化子系统视野的认识与探索》，浙江大学出版社2006年版。

[122] 沈红、沈曦：《多校区大学管理的理论与实践》，华中科技大学出版社2009年版。

[123] 石伟：《组织文化》，复旦大学出版社2004年版。

[124] 舒扬：《当代文化的生成机制》，中央编译出版社2007年版。

［125］宋旭红：《大学学科：一个组织与文化交汇而成的学术部落》，《辽宁教育研究》2008年第14卷第7期。

［126］眭依凡：《大学与"大学文化"》，《求是》2004年第2卷第8期。

［127］孙进：《德国的学科文化研究：概念分析与现象学描述》，《比较教育研究》2007年第8卷第12期。

［128］孙美堂：《文化价值论》，云南人民出版社2005年版。

［129］谭光兴、刘庆：《大学学科文化特色的内涵探析》，《民办教育研究》2009年第15卷第7期。

［130］谭伟东：《西方企业文化纵横——当代企业管理思想》，北京大学出版社2001年版。

［131］唐安奎：《学科、学科文化与研究生教育》，《学科与研究生教育》2005年第5卷第12期。

［132］［美］特雷斯·迪尔、阿伦·肯尼迪：《企业文化——企业生活中的礼仪与仪式》，李原、孙链敏译，中国人民大学出版社2009年版。

［133］［美］托马斯·J.彼得斯、小罗伯特·H.沃特曼：《成功之路——美国最佳管理企业的经验》，余凯成等译，中国对外翻译出版公司1985年版。

［134］［英］托尼·比彻，保罗·特罗勒尔：《学术部落及其领地：知识探索与学科文化》，北京大学出版社2008年版。

［135］王立凤：《论企业的文化管理与文化建设》，西北大学2003年版。

［136］万力维：《大学学科等级制度的建构逻辑》，高等教育研究，2006年第12卷第6期。

［137］万力维：《控制与分等——大学学科制度的权力逻辑》，南京师范大学出版社2005年版。

［138］王朝晖：《跨文化管理》，北京大学出版社2009年版。

［139］王成华：《大学学科建设——学科发展的动力分析》，《科学学与科学技术管理》2002年第19卷第5期。

［140］王冬梅：《高等教育系统变革的文化机制——伯顿·R.克

拉克高等教育系统文化思想述评》，《石油大学报》（社会科学版），2005 年第 9 卷第 6 期。

［141］王环宇：《教育群体与研究型大学》，华中科技大学出版社 2008 年版。

［142］王冀生：《大学文化的科学内涵》，《高等教育研究》2005 年第 16 卷第 10 期。

［143］王冀生：《大学文化是大学核心竞争力之所在》，《高教发展与评估》2006 年第 14 卷第 4 期。

［144］王冀生：《现代大学文化学》，北京大学出版社 2002 年版。

［145］王冀生：《铸造大学之魂》，《大学教育科学》2009 年第 3 卷第 5 期。

［146］王胜桥、敖晓妍：《论合并高校的文化整合与重构》，《教育发展研究》2001 年第 17 卷第 1 期。

［147］王秀艳：《高校教师文化管理初探》，广西大学 2007 年版。

［148］王英杰：《大学学术权力和行政权力冲突解析》，《北京大学教育评论》2007 年第 9 卷第 1 期。

［149］［美］威廉·墨菲：《芝加哥大学的理念》，彭阳辉译，上海人民出版社 2007 年版。

［150］［美］威廉·大内：《Z 理论——美国企业界怎样迎接日本的挑战》，孙耀君、王祖融译，中国社会科学出版社 1984 年版。

［151］魏文斌：《第三种管理维度——组织文化管理通论》，吉林人民出版社 2006 年版。

［152］文君、陈海燕：《大学文化的培育与创新》，《高等教育研究》2005 年第 5 卷第 12 期。

［153］吴今培、李学伟：《系统科学发展概论》，清华大学出版社 2010 年版。

［154］席酉民、郭菊娥、李怀祖：《现代大学功能和创新文化研究》，中国人民大学出版社 2008 年版。

［155］向东春、唐玉光：《"985 工程"平台中学科互涉的阻力与对策——基于学科文化的分析视角》，《清华大学教育研究》2006 年第 12 卷第 6 期。

［156］徐警武：《论高校学科建设的制度创新》，《学科与研究生教育》2006 年第 15 卷第 7 期。

［157］徐力：《高等教育系统——学术组织文化浅析》，《浙江大学学报》（人文社会科学版）2001 年第 7 卷第 3 期。

［158］许明、花建：《文化发展论》，北京大学出版社 2005 年版。

［159］肖谦：《多视野下的大学文化》，西南交通大学出版社 2009 年版。

［160］胥秋：《大学学科文化的冲突与融合》，博士学位论文，华中科技大学 2010 年。

［161］徐书业：《学校文化建设研究——基于生态的视角》，广西师范大学出版社 2008 年版。

［162］许迈进、杜利平：《美国研究型大学的学科发展战略及其启示》，《中国高教研究》2005 年第 16 卷第 4 期。

［163］许迈进：《美国研究型大学研究——办学功能与要素分析》，浙江大学出版社 2005 年版。

［164］薛天祥：《高等教育系统论》，广西师范大学出版社 2001 年版。

［165］徐子健：《组织行为学》，对外经济贸易大学出版社 2005 年版。

［166］［英］亚当·斯密：《国民财富的性质和原因的研究》，商务印书馆 2002 年版。

［167］［美］亚伯拉罕·弗莱克斯纳：《现代大学论——美英德大学研究》，徐辉等译，浙江教育出版社 2001 年版。

［168］阎光才：《识读大学——组织文化的视角》，教育科学出版社 2002 年版。

［169］延宏：《我国学科发展呈六大特点和趋势》，科技日报 2007 年 3 月 23 日。

［170］杨德广：《大学文化建设的内涵和作用》，《高校教育管理》2007 年第 6 卷第 2 期。

［171］杨月坤：《企业文化》，清华大学出版社 2011 年版。

［172］于留成、李爱民：《大学文化建构与高校可持续发展》，《中国高教研究》2004 年第 3 卷第 4 期。

［173］游玉佩：《学科文化核心因素及其研究探讨》，中南大学

2009 年版。

[174]［美］约翰·S. 布鲁贝克：《高等教育哲学》，徐辉、张民选译，浙江教育出版社 2002 年版。

[175]［加］约翰·范德格拉夫等：《学术权力——七国高等教育管理体制比较》，王承绪等译，浙江教育出版社 2006 年版。

[176]［英］约翰·亨利·纽曼：《大学的理想》，徐辉等译，浙江教育出版社 2006 年版。

[177] 翟亚军：《大学学科建设模式研究》，博士学位论文，中国科技大学 2007 年。

[178]［美］詹姆斯·杜德斯达：《21 世纪的大学》，刘彤译，北京大学出版社 2005 年版。

[179] 张德：《企业文化》，清华大学出版社 2007 年版。

[180] 张德祥：《面向 21 世纪的大学自我重塑》，人民教育出版社 2001 年版。

[181] 张建新：《大学文化的传承与创新》，云南大学出版社 2006 年版。

[182] 张婕、王保华：《高校战略管理研究述评与思考》，《辽宁教育研究》2007 年第 13 卷第 10 期。

[183] 张静抒：《让员工的激情点燃企业成功的火焰——激情管理》，《管理科学》2001 年第 11 卷第 5 期。

[184] 张秀清、梁周清等：《大学和谐文化建设研究》，山东大学出版社 2008 年版。

[185] 张振刚：《中国研究型大学知识创新的战略研究》，高等教育出版社 2003 年版。

[186] 赵国浩：《企业核心竞争力理论与实务》，机械工业出版社 2005 年版。

[187] 赵倩：《论大学文化管理及其实现模式》，《教育发展研究》2005 年第 18 卷第 7 期。

[188] 赵婷婷：《大学何为——理想与现实间的冲突及协调》，高等教育出版社 2006 年版。

[189] 赵婷婷：《文化研究与高等教育内部的文化选择与建构》，

《大学教育科学》2010 年第 2 卷第 3 期。

[190] 赵亚平、王剑、王洪斌:《大学管理中的文化思辨:综述、启示与展望》,《现代教育管理》2009 年第 6 卷第 7 期。

[191] 赵中利、韩艳:《高校学科资源整合与核心竞争力的提升》,《中国高教研究》2008 年第 7 卷第 10 期。

[192] 郑红午:《大学学科建设进程中的学科文化研究》,硕士学位论文,山西大学 2007 年版。

[193] 郑兴山、范利民、黄红灯:《大学知识资本的管理创新》,上海交通大学出版社 2007 年版。

[194] 郑永扣:《大学发展战略:理念、目标与管理》,人民出版社 2006 年版。

[195] 中国社会科学院文献情报中心:《社会科学新辞典》,重庆出版社 1988 年版。

[196] 周朝成:《当代大学中的跨学科研究》,华东师范大学 2008 年版。

[197] 周鸿铎:《文化传播学通论》,中国纺织出版社 2005 年版。

[198] 周玲:《大学组织冲突研究》,华东师范大学 2006 年版。

[199] 周其凤、王战军等:《研究型大学与高等教育强国》,科学出版社 2009 年版。

[200] 周庆山:《传播学概论》,北京大学出版社 2005 年版。

[201] 周亚芳:《大学文化与高校核心竞争力》《江苏高教》2006 年第 9 卷第 4 期。

[202] [美] 朱丽·汤普森·克莱恩:《跨越边界——知识、学科、学科互涉》,姜智芹译,南京大学出版社 2005 年版。

[203] 朱为鸿、朱应强:《大学文化创新与组织发展——华中科技大学个案研究》,《高等教育研究》2009 年第 11 卷第 8 期。

[204] 邹晓东:《研究型大学学科组织创新研究》,浙江大学 2003 年版。

[205] 邹晓东等:《基于学科核心能力的学科组织创新》,《科学学研究》2004 年第 3 卷第 4 期。

后　记

　　十年时间，从博士论文的撰写到书稿的出版。
　　深深地感谢黄健柏教授对我的教导。2006年初，我清楚地记得当时在北京出差，当我向导师惴惴不安地汇报我的选题设想时，老师给予了我充分的鼓励，并花了很长的时间与我探讨选题的意义与如何开展研究工作，老师的谆谆教诲让我迈出了艰难的第一步。之后，在每一个关键的步骤，老师总是为我指引着方向，总是给予我巨大的精神支持与实际的帮助。老师以他的博学、睿智，以他的宽容、关爱，以他的勤奋、坚韧，使我看到了人生的追求与坚守。
　　深深地感谢高文兵书记、黄伯云校长、张尧学校长对我的帮助与支持。他们以自己的人格魅力、杰出的工作业绩和忘我的工作精神给我树立了人生的榜样，他们的关怀和指导，让我点滴在心，永铭感怀。
　　深深地感谢教育部思想政治工作司冯刚司长、王光彦副司长、张文斌副司长、江嵩主任、吕志国处长、蒋宏潮处长的指导与支持，他们的鼓励和关心让我更有信心去面对挑战。
　　深深地感谢黄伯云院士、何继善院士、陈来教授、蔡言厚教授、杨雨教授、杨毅董事长、蒋广学博士、刘路研究员在百忙中接受访谈，他们睿智的思想、妙趣横生的谈话，让我受益匪浅，也让我对本书的出版增加了更多的信心。
　　深深地感谢我的硕士指导老师廖才英教授、吕锡琛教授，他们不仅把我带入了学术研究的大门，而且教了我许多做人做事的道理，给本书的写作也提供了不少指点和帮助。
　　深深地感谢商学院的高阳教授、李一智教授、陈晓红教授、胡振华教授、曹兴教授、游达明教授、王国顺教授、任胜刚教授、洪开荣博士、黄生权博士，是他们的传道授业解惑，让我在专业上初窥门径。同时也要感谢研工办的彭丹老师对我的帮助。感谢湖南大学金融学院晏艳阳教授、湖南省政府经济研究信息中心贝兴亚研究员在论文答辩过程中对论文的结构和内容提出的宝贵意见和建议。

深深地感谢朱学红、彭忠益、唐忠阳、杨飞龙、钟美瑞、邵留国、伍如昕、薛亮、曹裕、向英明等诸位同学对我的鼓励与支持以及论文写作中的无私帮助。

深深地感谢我的学生游玉佩及她的先生周子龙博士对我论文写作的帮助，我们亦师亦友，教学相长。学生陈威华、王远征参与问卷调查的数据统计和校对工作，一并致谢。

深深地感谢我工作中的同事和朋友们，没有大家的支持，和在关键时候帮我分担繁重的工作压力，我是不可能静下心来去完成博士学习和论文写作任务的。

深深地感谢先后在研究生院工作的邬力祥、李亮、饶秋华、刘光连、王月平、黄志平等诸位先生和女士给我提供的条件和支持，感谢高教所的张少雄、庞青山、刘鸿在论文写作中给我的指点与帮助。

深深地感谢中国社会科学出版社的关注和对本书内容的认可，喻苗女士的精心编辑和认真态度令人感动。

深深地感谢母亲邓令辉女士、父亲高家安先生、妻子邓艳君女士的理解和支持，正是这样的关爱和默默奉献与支撑，才让我有着不断向前的勇气与动力。也感谢我亲爱的儿子，他的聪慧与日新月异的成长，给了我新的激情和压力。

感谢所有直接或间接给予我帮助的人，同时也感谢这个伟大的时代，让一切皆有可能。"山外青山楼外楼"，下一次再写类似的谢辞，会是什么时候呢？谢谢你们，我爱和爱我的人们！

高　山
2016 年 7 月 6 日于云麓园